U0820212

中国高校哲学社会科学

管 理 评 论

Chinese Academic Humanities and Social Science Management Review

第 2 辑

北京师范大学出版集团
BEIJING NORMAL UNIVERSITY PUBLISHING GROUP
北京师范大学出版社

图书在版编目(CIP)数据

中国高校哲学社会科学管理评论.第2辑 / 高校社会科学科研管理研究会编. —北京：北京师范大学出版社，2010. 2
ISBN 978-7-303-10766-7

I. ①中… II. ①高… III. ①高等学校—哲学社会科学—科研管理—中国—文集 IV. G12-53

中国版本图书馆CIP数据核字（2010）第014527号

营销中心电话 010-58802181 58808006
北师大出版社高等教育分社网 http://gaojiao.bnup.com.cn
电子信箱 beishida168@126.com

出版发行：北京师范大学出版社 www.bnup.com.cn
北京新街口外大街19号
邮政编码：100875
印　刷：北京新丰印刷厂
经　销：全国新华书店
开　本：175 mm × 250 mm
印　张：14
字　数：243千字
版　次：2010年2月第1版
印　次：2010年2月第1次印刷
定　价：30.00元

责任编辑：郭兴举　　装帧设计：红十月工作室
责任校对：李　菡　　责任印制：李　丽

《中国高校哲学社会科学管理评论》

电 话：010-58800103
传 真：010-58800103
Emial：skc@bnu.edu.cn
邮 编：100875
地 址：北京市新街口外大街19号北京师范大学主楼A区203室

目录

特稿

名家访谈

管理战略

体制创新

学科建设

学风评价

科研评价

方法创新

管理采风

管理团队

青年园地

管理动态

特稿

深入贯彻落实科学发展观 以改革创新精神推进高校哲学社会科学繁荣发展

李卫红

改革开放三十年，高校哲学社会科学事业从恢复起步到蓬勃发展，走过了一条不平凡的道路，取得了显著成绩。我们要在回顾总结高校哲学社会科学三十年发展历程的基础上，以科学发展观为指导，进一步认清现实、把握机遇，解放思想、开拓创新，大力推进高校哲学社会科学新的繁荣发展。

一、推进高校哲学社会科学实现新的繁荣发展，需要我们更加自觉地总结历史，认清现实

以 1978 年真理标准大讨论、党的十一届三中全会重新确立“解放思想、实事求是”思想路线为开端，高校哲学社会科学拨乱反正，突破“两个凡是”的思想禁锢，积极贯彻全国科学大会提出的科学技术是生产力、知识分子是工人阶级的一部分、四个现代化关键是科学技术现代化等重要精神，全面落实高校教师作为知识分子的社会地位，迎来发展的春天。这一时期，高校哲学社会科学工作者热情空前高涨，文史哲等人文学科迅猛发展，高校哲学社会科学师资队伍、研究机构、学科建设基本得到恢复，科学研究作为高校中心工作的地位得到初步确立，开始呈现“百花齐放、百家争鸣”的良好局面。

1983 年邓小平同志提出“教育要面向现代化，面向世界，面向未来”的战略思想。“三个面向”使高校哲学社会科学研究新视野得到进一步拓展。面向现代化是“三个面向”的基础和核心。面对轰轰烈烈的社会主义现代化建设热潮，高校哲学社会科学为现代化建设培养急需人才，围绕现实问题开展研究的科研意

识明显增强，学科自身的现代化步伐显著加快。面向世界是教育面向现代化在空间上的扩展。面对与西方发达国家的落后差距，高校哲学社会科学开始以开阔的世界眼光，积极地学习借鉴人类文明的一切优秀成果。面向未来是教育面向现代化在时间上的延伸。面对20世纪下半期新技术革命，高校哲学社会科学以面向未来的姿态和前瞻性意识，积极应对新思想、新文化、新技术带来的挑战，着力推进学术创新。“三个面向”迅速成为推进高校哲学社会科学进一步解放思想、谋求发展的行动指南，对此后高校哲学社会科学发展产生了深远影响。这一时期，人文学科的发展相对平稳，以经济、管理、法律为代表的社会科学发展速度加快。

1992年邓小平同志南方谈话后，全社会思想解放的力度进一步加大，改革开放的步伐进一步加快。高校哲学社会科学研究面向经济建设“主战场”的意识更加明确，改革与发展成为这一时期鲜明的特征。1995年教育部建立了全国高校人文社会科学研究成果奖奖励制度，极大地调动了高校教师的科研积极性；为鼓励深入实际，体现科学研究面向经济建设主战场的导向，1996年高校人文社会科学研究项目中增加了专项任务项目，支持从校外有关部门获取横向经费开展课题研究，大大拓展了哲学社会科学研究领域；1997年启动“跨世纪优秀人才培养计划（人文社会科学）”，大大促进了中青年学术骨干的成长，提高了科研队伍的整体实力；1999年启动实施百所教育部人文社会科学重点研究基地建设计划，使高校社会科学研究的体制环境及条件发生重大变化，科研机构以固定人员为中心的运行体制正在向以研究项目为中心的新的运行体制转变，逐步改变了人浮于事和科研力量分散的状况。这一时期，制度和管理创新带来了高校社会科学研究的大变化，使高校在我国哲学社会科学事业中的主力军地位得到稳固确立。

世纪之交，面对中国社会的深刻变化以及全球化背景下文明碰撞、金融风暴、新霸权主义、民族冲突等不断涌现的新情况、新问题、新挑战，以江泽民同志为核心的中央第三代领导集体充分认识到哲学社会科学的重大作用，提出哲学社会科学与自然科学“四个同样重要”等一系列重要观点，对哲学社会科学提出明确期望和要求。党的十六大以来，以胡锦涛同志为总书记的党中央高度重视哲学社会科学，作出一系列重大战略部署和重大决策。2004年中共中央颁布《关于进一步繁荣发展哲学社会科学的意见》，提出“繁荣发展哲学社会科学是建设中国特色社会主义的一项重大任务”，“哲学社会科学是人们认识世界、改造世界的重要工具，是推动历史发展和社会进步的重要力量。哲学社会科学的研究能力和成果是综合国力的重要组成部分。”这一时期，高校哲学社会科学最突出的成就是，启动实施了“高校哲学社会科学繁荣计划”。“繁荣计划”的实施，使高校哲学社会科学研究的整体实力显著增强。高校哲学社会科学的学科建制规模、教学科研人数、科研成果的数量都得到空前增长，极大地推动了高等教育的全面快速健康发展。

站在新的历史起点，党的十七大对繁荣发展哲学社会科学提出新的更高的目标和要求。高校哲学社会科学开始迈入立足创新，提升质量，实现哲学社会科学从重数量增长向重质量提升转变的新阶段；开始进入构建一个以马克思主义为指导，具有中国特色、中国风格、中国气派哲学社会科学的新时期。立足创新、提升质量，构建高校哲学社会科学创新体系成为当前和未来一个时期高校哲学社会科学发展的重要任务。

经过三十年的发展，我国高校哲学社会科学事业取得了巨大的成绩，为改革开放和社会主义现代化建设提供了思想保证、精神动力和智力支持。回顾三十年高校哲学社会科学发展历程，可以看出，繁荣发展高校哲学社会科学的根本在于：以思想解放为先导，以开放促改革，以改革促发展，紧密结合新的实践不断进行创新。

当前，高校哲学社会科学呈现出一些新的阶段性特征，主要是：门类比较齐全、适应各层次人才培养需要的学科体系和教材体系基本形成，同时体系的内部结构和布局还有待进一步优化和提升；国家、地方和高校三级哲学社会科学研究创新平台体系基本形成，同时各类平台的创新能力还有待进一步提高；符合各类研究人员特点的哲学社会科学研究项目资助体系基本形成，同时突出问题导向，适应跨学科发展要求的新型科研项目有待尽快设立；一批具有时代特征和较高水平的研究成果不断呈现，同时具有原创性和实际价值，能很好回答重大理论和现实问题的成果还不多；一支相当规模、较高水平的哲学社会科学教学研究队伍基本形成，同时在国内外有重要影响的理论大家和优秀中青年理论人才特别是基础研究理论人才还比较缺乏；与国外大学和科研机构的学术交流与合作日益广泛，同时实质性、高水平国际学术交流和合作还有待进一步加强；符合哲学社会科学研究规律的科研制度基本建立，同时哲学社会科学管理体制机制还有待进一步完善。这些阶段性特征是高校哲学社会科学发展现状的具体体现，是我们推进改革、谋划发展的根本依据。

进入新时期新阶段，坚持和发展中国特色社会主义理论体系，推进社会主义文化大发展大繁荣；深入贯彻落实科学发展观，大力实施科教兴国战略和人才强国战略，建设人力资源强国和创新型国家；积极应对经济全球化、新技术革命挑战，提高国家文化软实力都对高校哲学社会科学提出了新使命新任务。站在新的历史起点上，我们必须坚持以科学发展观为指导，进一步解放思想，谋划高校哲学社会科学新的繁荣发展。

二、推进高校哲学社会科学实现新的繁荣发展，需要我们更加自觉地贯彻落实科学发展观

深入学习实践科学发展观活动，是党的十七大作出的重大战略决策。对于高校哲学社会科学来讲，贯彻落实科学发展观，最根本的是紧紧抓住繁荣发展这一主题，努力解决好高校哲学社会科学“实现什么样的发展”和“怎样实现发展”这一重大问题，以改革创新精神谋划和推动高校哲学社会科学又好又快发展。在这一过程中，我们必须始终坚持以马克思主义为指导，始终坚持以人为本，始终坚持实事求是，尊重规律。

（一）推动高校哲学社会科学繁荣发展，必须始终坚持以马克思主义为指导

哲学社会科学具有鲜明的意识形态属性，坚持什么样的指导思想，关系哲学社会科学的性质和方向，关系哲学社会科学作用的发挥。马克思主义是我们立党立国的根本指导思想，是指导哲学社会科学研究的理论基础。我们之所以反复强调哲学社会科学的发展必须坚持以马克思主义为指导，重要的原因之一是因为哲学社会科学的大多数学科，都具有鲜明的意识形态属性，而能否主动做好意识形态工作，直接关系到中国特色社会主义事业的前途和命运。事实反复证明，经济工作搞不好，要出大问题，意识形态工作搞不好也要出大问题。当前意识形态领域的斗争极其复杂，做好意识形态工作，要求我们必须坚定不移、理直气壮地强调坚持马克思主义的指导地位。在这一过程中，我们必须正确处理好坚持马克思主义指导与尊重差异，包容多样的关系。要积极探索用社会主义核心价值体系引领社会思潮的有效途径，善于用马克思主义的立场、观点和方法甄别各种错误观点，有力抵制各种错误和腐朽思想的影响，同时又要尊重差异、包容多样，鼓励不同学术观点的争鸣和交锋，促进学术繁荣。马克思主义是不断发展的开放的理论体系，它是在回答和解决那个时代与实践提出的问题中诞生的，也要在回答和解决这个时代与实践的问题中得到丰富和发展。因此，我们必须立足中国特色社会主义伟大实践，从社会主义初级阶段的实际出发，把马克思主义基本原理同中国国情结合起来，与时代发展的要求结合起来，善于从人民群众的伟大创造中汲取营养，善于从中国传统文化中汲取营养，善于从中国特色社会主义建设的实践中创新理论，坚持解放思想，实事求是，与时俱进，不断赋予当代中国马克思主义鲜明的实践特色、民族特色、时代特色。

（二）推动高校哲学社会科学繁荣发展，必须始终坚持以人为本

坚持“以人为本”，关键就是解决好“发展为了谁”、“发展依靠谁”这一根本问题。

坚持以人为本，必须坚持哲学社会科学服务中国特色社会主义、服务人民这

一根本宗旨。中国特色社会主义实践是我国哲学社会科学繁荣发展的肥沃土壤；广大人民群众的实际需要是我国哲学社会科学繁荣发展的不竭动力。高校哲学社会科学必须服从于改革开放和社会主义现代化建设事业的要求，服务于广大人民群众的实际需要，以更加广阔的视野，更加开放的姿态，更加执著的努力，坚持“以服务为宗旨，在贡献中发展”，以最广大人民群众的根本利益为出发点和落脚点，紧跟时代步伐，投身火热生活，努力把个人的学术兴趣与国家利益、社会发展、人民需要结合起来，将学术责任与社会责任结合起来，将繁荣发展哲学社会科学与促进社会和人的全面发展结合起来，在对经济社会发展提出的重大问题的积极回应中创新理论、繁荣学术，作出无愧于时代的杰出贡献。

服务中国特色社会主义、服务人民这一根本宗旨，内在地包含着哲学社会科学必须自觉地担负起培养中国特色社会主义建设者和接班人这一光荣而神圣的使命。大学生是民族的希望，祖国的未来。加强和改进大学生思想政治教育，提高他们的思想政治素质，把他们培养成中国特色社会主义事业的建设者和接班人，是广大高校哲学社会科学工作者义不容辞的职责，是以人为本在高校的根本体现。高校哲学社会科学对帮助大学生树立正确的政治方向，正确认识和分析复杂的社会现象，提高思想道德修养和精神境界具有十分重要的作用。高校哲学社会科学工作者必须坚持育人为本，德育为先，把科学研究与教育教学、人才培养结合起来，在哲学社会科学教学中充分体现马克思主义中国化的最新理论成果，用科学理论武装大学生，用优秀文化培育大学生。要紧密联系大学生普遍关心的重大问题，做好解疑释惑和教育引导工作。

坚持以人为本，必须尊重学者在繁荣发展哲学社会科学中的主体地位。哲学社会科学研究，是一项光荣而神圣的事业，是一种繁重而复杂的创造性劳动。要坚持研究以贡献为本，以学者为主体。全心全意依靠学者，充分发挥他们在教育教学、科学研究中的主人翁作用。要着力营造求真务实、生动活泼的学术环境，形成大胆探索、勇于创新的良好氛围，充分调动广大哲学社会科学工作者的积极性、主动性和创造性。要紧紧抓住培养、吸引、用好人才三个环节，政治上关怀，事业上支持，学术上尊重，生活上关心，努力造就优秀人才脱颖而出，各类人才人尽其才的良好局面。当前，要高度关注青年学者的生活和学习，努力为他们营造脱颖而出的良好环境和条件。对其中政治立场坚定，立足学术前沿，具有较强研究能力和创新能力的拔尖人才要倍加关注；对潜质突出，勤奋努力，志在学术，政治合格的青年后备队伍要更加扶植，使我国哲学社会科学事业后继有人，人才辈出。

（三）推动高校哲学社会科学繁荣发展，必须始终坚持实事求是，尊重规律

改革开放三十年，高校哲学社会科学事业不断取得新的成就，根本原因就在于我们逐渐认识了哲学社会科学的发展规律，探索出一条符合高校哲学社会科学实际的发展道路。面向未来，我们只有认识规律、把握规律、尊重规律、一切按规律办事，才能保证高校哲学社会科学沿着科学的道路阔步前进。

尊重规律，就要深刻把握哲学社会科学的创新本质。科学的本质是创新，没有创新，就没有包括哲学社会科学在内的一切科学的发展。创新的前提是发现问题和提出问题，创新的标志是继承前人而又突破成规，创新的本质是以新问题替代旧问题，不断推进问题的解决，创新的动力是对科学的敬畏和对人民高度负责的精神。衡量高校哲学社会科学创新发展的标准，是产出一大批具有原创性和实际价值的研究成果和培养出一大批创新人才。深刻把握哲学社会科学的创新本质，是尊重哲学社会科学发展规律的重要体现，也是推动哲学社会科学繁荣发展的根本要求。要按照党的十七大要求，深刻把握哲学社会科学发展规律，“大力推进学科体系、学术观点和科研方法创新”。

尊重规律，就要大力弘扬理论联系实际的优良学风。理论联系实际是哲学社会科学生命力的源泉。理论联系实际既是认识世界的正确方法，也是研究世界的正确方法。基础理论研究是高校学者的优势，但同时表现出来的劣势就是对现实问题了解不够，知之欠深。中国国情，就是我们研究的最大的素材库和原料库，如果对于中国的昨天和今天一概不感兴趣，而是热衷于从传统到传统，从理论到理论，从西方到西方的研究方法，那么所谓的研究成果，肯定是空洞的、不切实际的。高校专家学者一定要走出校门，走向田野，走进大众，把握时代脉搏，立足中国实际，以我们正在做的事情为中心，着眼于马克思主义理论的运用，着眼于对实际问题的理论思考，着眼于新的实践和新的发展，加强与各级政府实务部门的合作，切实提高哲学社会科学的社会服务能力，产出更多高质量的研究成果。

尊重规律，就要正确认识和处理哲学社会科学发展中的一系列重要关系。

第一，正确处理基础研究与应用对策研究的关系。促进基础研究与应用对策研究紧密结合，以基础研究带动应用对策研究，以应用对策研究促进基础研究，是繁荣发展哲学社会科学的重要任务。一方面，基础研究是繁荣发展哲学社会科学、推进理论创新的重要源泉和内在动力，必须加大投入，巩固高校基础理论研究的优势，特别是马克思主义理论研究的优势；另一方面，哲学社会科学研究成果只有应用于社会实践，才能体现自身的价值。因此，要立足国情，根植实践，大力加强应用对策研究，切实为党和人民事业发挥思想库作用。

第二，正确处理科学研究与人才培养的关系。高校科学研究承载着教书育人的重要职责。要努力探索科学研究与人才培养的结合点，围绕教学搞研究，搞好研究促教学，形成研究与教育教学、人才培养良性互动、相互促进的良好局面。

要着力培养学生的科研意识，提高科研兴趣，提升学术品质，严守学术规范，提高研究能力，努力使自身成为繁荣哲学社会科学的后备人才。要充分发挥哲学社会科学研究在大学生思想政治教育中的主渠道作用，大力促进中国特色社会主义理论体系“进教材、进课堂、进学生头脑”工作，把科研与育人结合起来，引导学生坚定对马克思主义的信仰，对中国特色社会主义的信念，对党和政府的信任，对改革开放和社会主义现代化建设的信心。

第三，正确处理数量和质量的关系。科学研究，数量是基础，质量是生命。不断增多的研究成果是我国哲学社会科学繁荣发展的表现，是提高质量的坚实基础。没有数量的增长就不会有质量的提升。要牢固树立质量第一的发展观念，坚持数量与质量的辩证统一，把提升哲学社会科学研究质量放在突出位置，改变重数量轻质量的发展理念、管理模式和评价标准，在保证一定数量增长的基础上，着力提高研究质量，做足做大“立足创新，提高质量”这篇文章。

第四，正确处理本土化与国际化的关系。一方面，要立足本土，既继承中华民族文化传统，汲取精华，剔除糟粕，使民族文化薪火相传，又围绕改革开放和现代化建设中的重大理论和现实问题，深入调查研究，深入钻研探索，形成具有中国特色的哲学社会科学；另一方面，又要面向世界，准确把握当今世界的发展趋势，充分吸收世界文化优秀成果，通过“引进来”，充分吸收和借鉴其他国家的最新成果，不断提升我国哲学社会科学的研究水平；通过“走出去”，推动我国哲学社会科学优秀成果和优秀人才走向世界，增进世界各国对中华文化、中华学术的了解，提高我国哲学社会科学的世界影响力。

三、推进高校哲学社会科学实现新的繁荣发展，需要我们更加自觉地解放思想，开拓创新

学习实践科学发展观，重在学习、贵在实践、关键在应用。要把学习的收获转化为谋划科学发展的正确思路，转化为科学发展的实际能力，转化为科学发展的政策措施，推进高校哲学社会科学科学发展。

第一，提高认识，加强领导。要结合学习实践科学发展观活动，根据高校哲学社会科学发展新阶段的实际，深入开展大调研、大讨论，在哲学社会科学与自然科学同等重要的重大论断上形成共识，在实现什么样的发展、怎样实现发展的重大问题上形成共识，确立起符合科学发展观要求的思想观念、方式方法、体制机制。发展需要提高认识、转变观念，发展更需要实实在在地加大经费投入。没有必要的经费保证，科学研究难以为继，加强领导就成为一句空话。在教育经费紧张的情况下，2007 年教育部党组将哲学社会科学研究的年度经费史无前例地增加到 1 亿元，2008 年又决定增加到 2 亿元。“十一五”期间，教育部将加强领

导，加大投入，大力改善高校哲学社会科学研究条件，努力实现经费逐年增长。

第二，面向未来，谋划发展。继续做强做大“高校哲学社会科学繁荣计划”，着力构建高校哲学社会科学创新体系。一是发挥马克思主义理论研究和建设工程对繁荣发展高校哲学社会科学的引领和推动作用，大力推进理论创新，推动当代中国马克思主义大众化，切实提高高校马克思主义理论研究和教育普及水平，着力构建以当代中国马克思主义为指导，具有中国特色、中国风格、中国气派的哲学社会科学学科体系和教材体系。二是适应学科发展交叉性、综合性的发展趋势和解决国家重大问题的需要，以研究回答重大问题和推进方法创新为导向，凝练学科方向，汇聚学术队伍，着力加强跨学科研究基地、社会科学实验基地建设，努力构建以教育部人文社会科学重点研究基地为核心的高校哲学社会科学研究创新平台体系。三是遵循哲学社会科学研究特点和规律，确定重大领域，实施重大专项，培育学术精品，加强成果转化，不断完善项目类别，努力构建团队攻关研究与个人自由探索并重的教育部社会科学基金项目体系。四是以信息化为手段，重点建设一批社会调查数据库、统计分析数据库、基础文献数据库、案例集成库等专题数据库，建设一批中外文的权威学术网站，进一步加强高校哲学社会科学研究的基础设施建设，形成功能完善、方便快捷、资源共享、保障有力的条件支撑体系。

第三，改进评价，提升质量。科研评价是牵“牛鼻子”的事情，对改进学风，提升质量具有重要意义。教育部正在调研，起草制定《关于进一步改进高校哲学社会科学研究评价的意见》，其基本思路是：一是将质量导向作为科研评价基本方向，不断强化哲学社会科学研究和评价的质量意识，将质量导向贯穿于哲学社会科学研究和评价的各个环节、各个层面，通过强化哲学社会科学研究评价的质量导向，促进哲学社会科学创新能力和研究质量的提升，促进哲学社会科学优秀人才和精品力作的涌现。二是将分类评价作为基本原则，对项目、机构、人员、成果等不同评价对象，人文科学和社会科学等不同学科领域，基础研究和应用研究等不同研究类型，论文、著作、研究报告等不同研究成果形式，及时建立科学合理的分类评价标准。三是建立同行评价和社会评价相协调、定性评价与定量评价相结合、过程评价与结果评价相衔接、适时评价和延时评价相补充的多元评价体系。

第四，以人为本，加强队伍建设。按照党的十七大提出的“培养和造就一批马克思主义理论家特别是中青年理论家”的新要求，教育部正在研究制定《全国普通高等学校马克思主义理论队伍建设规划（2009—2015）》，力争到2015年，建设一支规模适度、结构合理、素质全面、富有朝气的高校马克思主义理论队伍。由中央五部委联合举办的高校哲学社会科学骨干研修班已成功举办四年，已成为理论队伍建设的品牌项目，第一轮研修计划2009年结束，中央决定继续开展研修工作。从2009年开始，研修范围将扩大到所有“211工程”高校。今后，在教育部实施的各类人才计划中，将不断增加高校文科教师所占比例，建设一批哲学社会科学研究创新团队，切实提高解决重大现实问题的能力和水平。

第五，扩大开放，走向世界。党的十七大提出，要“推动我国哲学社会科学优秀人才和优秀成果走向世界”。实施“走出去”战略，高校是主力军。高校哲学社会科学要积极扩大对外开放，加强国际学术交流与合作。一是支持和鼓励高校与国外高水平科研机构开展高水平的实质性合作，依托教育部人文社会科学重点研究基地，探索设立海外中国学术研究中心。二是有计划地组织面向国外翻译、出版和推介高校哲学社会科学优秀成果，鼓励在国外发表、出版高质量学术论文和著作，加强高校哲学社会科学外文学术期刊和外文网站建设。三是大力培养和引进哲学社会科学国际优秀拔尖人才，培育能在国际学术界自由交流、引领国内学术研究潮流的创新人才和创新团队。四是加强对策研究，为“走出去”战略实施提供有效的理论支撑。

（作者单位：中华人民共和国教育部）

名家访谈

顾明远谈改革开放以来中国教育研究领域的争鸣与实践

李兴洲

2009 年 11 月，袁贵仁部长指出“教育公平是社会公平的重要前提、社会和谐的重要基础”，在社会上引发了强烈的反响，学界乃至社会各界关心教育的人们都投身到了关于“教育公平问题”的大讨论中，而这一场讨论无疑对于未来中国教育的良性发展将起到积极的推动作用——对于现状的更深层次的透视、对于未来的更长远的规划。纵观改革开放以来的教育发展史，凡教育得到快速发展的阶段必定伴随着关于某些教育问题的大讨论，而这些大讨论对于学界、对于整个社会的进步都是有着深刻而重要的影响。在“教育公平”正成为人们热议的中心的时候，《中国教师》杂志社常务副社长李兴洲带着“改革开放以来中国教育研究领域的争鸣与实践”的论题拜访了顾明远先生，以求重新审视那些被铭记于中国教育丰碑上的“争鸣与实践”是如何为中国教育的发展披荆斩棘的。

问：改革开放 30 年以来，中国在教育科研领域取得了令世界所瞩目的成就，您觉得这种成就主要体现在哪些方面呢？

顾明远：30 年来教育领域最重大的成绩是在思想解放下教育观念的转变。在教育观念转变中有两点尤其重要，这就是从“教育是阶级斗争的工具”转变到“科教兴国”、“教育先行”的发展战略；从“知识分子是臭老九”到“知识分子是工人阶级的一部分”。这两点改变了我国教育的命运，也改变了我国整个社会的命运。

30 年来我国教育科研主要呈现以下几个特点：

首先，根据“教育必须为社会主义建设服务，社会主义建设必须依靠教育”的方针，教育科研工作者走出书斋，结合我国教育改革和发展中的重大问题开展理论研究，为国家的教育决策服务，为学校提高教育质量服务。改革开放以前我国教育科研不仅局限于师范院校的少数教学、科研人员，而且只研究中小学的教育教学等微观教育问题，很少研究教育与国家发展的宏观问题。改革开放以后教育科研界从第一天起就开始对教育的本质、教育与市场经济的关系、教育与社会发展、建立世界一流大学等重大问题进行讨论；同时引进国际教育新理念、新经验，研究学校教育、课程内容、教学方法和技术手段的改革。许多科研人员还走出学校，走到基层，开展了各种实验研究。

其次，教育科研走入了群众。改革开放以前教育科研队伍很小，只有几所师范院校的教育学科教师从事业余的研究，全国除少数设立于大学的外国教育研究机构外，没有单独的科研机构。据统计，1979 年召开第一次全国教育科学规划会时全国教育科研人员，以师范院校的教育学科教师为主，总共不足 400 余人。30 年来不仅有了一支庞大的教育科学研究队伍，而且教育科研成了广大教师促进自我发展，提高教育质量的主要途径。

中央教育科学研究所于 1978 年春天得以恢复，接着各地纷纷建立了教育科学研究所，有的省市成立了教育科学研究院；许多高等学校成立了高等教育研究所或高等教育研究室，教育科研队伍不断壮大。《中华人民共和国学位条例》颁布以后，20 多年来教育学培养了数以万计的硕士和博士，充实了教育科研队伍，他们是教育科研的生力军，正在发挥教育科研的骨干作用。

特别可喜的是广大教师加入到教育科研队伍中来，许多第一线的中小学教师参加各种教育实验，更多的是结合自己的日常教学开展研究，把科研作为自我成长，提高教育质量的主要途径。

再次，教育科研走向世界。30 年来我国教育从封闭走向开放，走向国际化。改革开放以前，只有一本以苏联教育学为蓝本的教育学一统天下。30 年来我们大量引进借鉴世界教育的新理念、新经验，促进了我国教育科学的发展，使我国教育科研呈现出百家争鸣，百花齐放的局面。在改革开放思想路线的指引下，我国教育科学也走向国际化。我们积极参加联合国教科文组织、联合国儿童基金会等国际组织的活动；参加了如世界比较教育学会联合会、世界教师教育协会联合会、国际教育评价协会等国际民间组织的会议。我们还在国内组织了多次国际教育会议；科研人员的交往、留学生的互换、学术资源的交流更是日益频繁。不仅使我们了解世界，也让世界了解我们。

问：您刚刚谈到 30 年中，教育科研界在教育的本质等重大问题上进行了长时间的深入讨论，是否可以这样说，这些讨论显示了教育科研界在思想观念的转变上所经历的过程？您认为这一过程对于中国教育科研的发展产生了怎样深远的影响？

顾明远：改革开放以后，在“解放思想，实事求是”的思想路线的指引下，教育思想界开始活跃起来。关于教育的许多命题都开展了大讨论，整个学术界，有时甚至是全社会都参与到里面来。

例如，主要在20世纪90年代初进行的关于“教育本质”的讨论，实际上是对教育的反思。改革开放前，中国从领导到普通教师都把教育视为“无产阶级专政的工具”，现在要搞经济建设，科学技术是生产力，教育是培养人才的基础，那么，教育有没有为经济发展服务的功能？还有没有其他功能？讨论持续了近十年，基本达到共识：教育是传承文化，创造知识，促进人的成长的社会活动，它的功能是多元的，有政治功能、经济功能、文化功能，等等。对教育本质和价值的正确全面的认识是我国教育科学走向现代化的最重要的一步。

又如，20世纪90年代随着计划经济向社会主义市场经济的转变，把教育推向市场、实行教育产业化的思潮开始兴起，在社会各界引起了很大的争论。参加讨论的除教育界的学者外，还有经济学家、企业家。在讨论过程中，出现许多不同的观点。归纳起来有以下几种：1. 教育是一种产业，是生产知识、生产科技、生产人才（人力资本）的产业。应该把教育推向市场，特别是非义务教育阶段，应积极建立教育产业。2. 教育是培养人才的社会公益事业，不能产业化，更不能市场化。如果把教育推向市场，势必影响一部分家庭子女的入学，扩大教育的不公平。3. 教育具有某种产业属性，可以在市场调节下流动；同时教育具有公益性。因而有些方面可以引入市场机制，特别是非义务教育阶段。毫无疑问，随着市场经济的进一步深化，寻找教育与经济发展之间的平衡点依然是广大教育界人士理应承担的责任，讨论仍将继续，教育必然能够在这样自由的空间里恣意发展。

再如，20世纪80年代后期素质教育一经提出就引起了教育界的热烈争论。有人说，素质是指人的生理心理的遗传素质，难以在后天培养；有人说，素质是中性的，有好的素质，有坏的素质，笼统地讲素质教育不好理解；有人问，素质教育与全面发展什么关系？与教育方针什么关系？是不是用素质教育代替教育方针？在学校工作的校长和教师更关心的是提倡素质教育还要不要考试？考试能力是不是也是一种素质？这次讨论一直持续到今天，大体上达成某些共识。1999年6月12日，中共中央、国务院做出了《关于深化教育改革全面推进素质教育的决定》，对素质教育作了全面的阐述：“实施素质教育，就是全面贯彻党的教育方针，以提高国民素质为根本宗旨，以培养学生的创新精神和实践能力为重点，造就‘有理想、有道德、有文化、有纪律’的、德智体美等全面发展的社会主义事业建设者和接班人。全面推进素质教育，要坚持面向全体学生，为学生的全面发展创造相应的条件，依法保障适龄儿童和青少年学习的基本权利，尊重学生身心发展特点和教育规律，使学生生动活泼、积极主动地得到发展。”从此素质教育成为我国的教育国策，同时也逐渐被大家所认识。

毋庸置疑的是，这些大讨论，包括高等教育大众化、建设世界一流大学、职业教育的发展、教育信息化等，使得教育研究界以及整个社会对于教育的本质及意义有了更加深入的认识，为我们实践教育理念开拓了思路，厘清了脉络，指明了方向，中国的教育也因此有了突飞猛进的发展。

问：1989 年 5 月您在《瞭望》周刊上发表了《必须使教师职业具有不可替代性》的文章，提出了“教师要具有不可替代性”的观点。这间接促生了面对中小学教师的在职教育硕士学位制的诞生。时至今日，已经有大量的中小学因此而受益，并成为教育工作的中坚力量。您认为，作为在一线工作的中小学教师，将部分精力投入到教育研究中的意义究竟是什么呢？

顾明远：我认为任何一个社会的职业，只有具有不可替代性，这个职业才能有社会地位，才能受到社会的尊重。教师尤甚。

1980 年我为了编写中师学生用的《教育学》教材，和靳希斌、赵敏成二位老师到四川、湖北、湖南、浙江、上海等地调研。在湖北武汉时住在省委招待所，同屋住的是一位劳动人事部的干部。茶余饭后闲聊时就讲到知识分子的待遇太低，体脑倒挂，我说我们教师的待遇也很低，特别是农村小学教师的待遇太低。他忽然说，“小学教师怎么能算是知识分子？”我说，“小学教师是教书的，有知识的人，怎么就不是知识分子呢？”他说：“你没有看到吗？农村小学教师大多是半文盲，怎么能称为知识分子呢？”这句话对我的刺激很大。有这样一个笑话：有一个村干部对小学教师说：“你好好干，干好了我提拔你去当合作社售货员！”可见小学教师地位竟然不如售货员！因此我想，怎么才能让社会尊重教师呢？首先要使我们的教师提高自己的业务水平，值得人们尊敬。因此可以说，虽然一线教师的工作很繁忙，但是如果能抽出一些精力从事教育科研，不仅是使自己得到了提高，更重要的是使自己作为教师的职业认可度得到了提高，这必定会带来社会对一线教师的尊敬和重视。

其次，作为一名“授业解惑”的传道者，自身的提高是职业的必然要求，“谁也不能够把自己没有的给别人”。

问：对于教育科研人员而言，改革开放不仅带来了思想的解放，也使得我们有机会走出去，从更加广阔的视角审视我们自己的得失。您认为这 30 年来，在引进国外先进的教育理念方面我们做了哪些卓有成效的工作？

顾明远：教育要改革，就要吸收世界一切先进文化成果。20 世纪 60 年代，是世界教育大发展、大改革的年代，是世界教育进入现代化的重要历史时期。可惜这时我们正在大闹“文化大革命”，对世界上发生的重大变革一无所知。改革开放以后，我们的眼界才被打开，于是积极引进国外先进的教育思想、教育内容和方法。

我国引进最早的一本书是华东师范大学外国教育研究室翻译的、联合国教科文组织 1972 年发表的教育报告《学会生存——教育世界的今天和明天》，书中介绍了 20 世纪 60 年代产生的最重要的教育思潮——终身教育。

在介绍国外教育经验中，比较教育工作者起了重要的作用。北京师范大学外国教育研究室于 1979 年经教育部批准改建为外国教育研究所，1993 年又更名为国际与比较教育研究所。1965 年创刊的《外国教育动态》在停办 10 年以后，1980 年被批准正式出版，国内外公开发行，1993 年改名为《比较教育研究》，是我国改革开放以后恢复最早的杂志之一。80 年代初，华东师范大学又创办了《外国教育资料》，东北师范大学创办了《外国教育研究》，中央教科所创办了《外国教育》。除了在这些杂志上翻译介绍这些国家的教育外，各种报刊都辟有外国教育的栏目，一时间热闹非凡。

1980 年 3 月至 6 月，北京师范大学教育系邀请美国哥伦比亚大学比较教育学者胡昌度教授来校讲学，同时教育部高教司组织了一个比较教育教师研修班，学员来自全国 10 所高等学校的十多名教师。他们一方面跟随本科生听课，同时又请胡昌度教授介绍国外比较教育学科发展的情况和趋势。在此基础上这十多名教师，在老一辈比较教育学者王承绪、朱勃、檀仁梅教授的指导下，编写出了我国新中国成立以后第一部大学本科生使用的《比较教育》教科书。初步恢复了比较教育学在我国的重建。

学习外国教育经验，我们首先瞄准了发达国家。当时苏联尚未解体，因此选定的发达国家为：美国、英国、法国、西德、日本和苏联。在当时教育部的推动和支持下，几所大学外国教育研究机构编辑出版了一批介绍外国教育经验的图书。比较重要的有：人民教育出版社出版的《外国教育丛书》（35 册）《六国教育概况》《二十国教育概况》《今日美国教育》《美国教育基础》等，还有全国哲学社会科学“六五”规划国家重点课题“战后各国教育研究”（江西教育出版社 1991 年出版）、赞科夫编，杜殿坤等译《教学与发展》（文化教育出版社 1980 年出版）、苏霍姆林斯基著，周蕖等译《给教师的一百条建议》（天津人民出版社 1981 年出版）、布鲁纳著，上海师范大学外国教育研究室译《教育过程》（上海人民出版社 1978 年出版）等。当时在报刊上介绍最多，影响我国教育实践最大的有以下一些教育思潮：赞科夫的发展性教学理论、苏霍姆林斯基的“和谐教育”思想、布鲁纳的结构主义教育理论和发现法、范例教学理论、布卢姆的掌握学习理论。

引进这些外国教育理论和经验对我国的教育改革和发展产生了重大影响。例如1978年在邓小平的指示下从国外购进了一批中小学教材，我国拨乱反正以后第一批教材就是参考了外国教材编写出来的。又如赞科夫、苏霍姆林斯基、布卢姆的教育思想至今在中小学还有影响。许多中小学教师了解了外国教育的经验，开阔了视野，启发了思想，开始开展实验研究，取得了很好的效果。

问：1983年国庆前夕邓小平为景山学校题词："教育要面向现代化，面向世界，面向未来。"可以说改革开放30年的教育发展历程，正是为这句题词进行佐证的30年，您觉得在未来的发展过程中，要真正构建起我国自己的教育体系还要特别注意哪些问题呢？

顾明远：改革开放迎来了教育科学的春天，在党的正确路线的阳光照耀下，在广大教育工作者的努力灌溉下，中国教育科学已经长成参天大树。但是要建设有中国特色社会主义教育理论体系，同志尚需努力。特别要正确处理好以下几个关系：

一是现代教育与传统教育的关系。中国教育是在中国的文化基础上发展起来的，中国传统文化是它的核心基础。因此中国教育在实现现代化的过程中，要正确对待中国传统文化。要继承和发扬文化的优秀传统，批判和摒弃陈旧落后的思想观念。我们反对民族虚无主义，认为中国的文化是落后的，不如西方先进。中国传统文化有落后的一面，特别是近代以来，中国是落后了。但中国文化从根本上讲是优秀的，它凝聚着生活在960万平方公里上的中华民族，不畏强暴，自强不息，克服天灾人祸，走向胜利。今天，这种民族精神正在鼓舞着13亿人民走向新的时代，走向世界。我们也不赞成民粹主义，认为中国文化是最优秀的，无须向别人学习，一切新鲜事物都是中国"古已有之"，拒绝接受新观念、新经验。一个民族和一个人一样，看不到自己的缺点的时候，落后即将开始。中国近代以来所以落后于世界，就是因为夜郎自大，闭关自守。这个深刻的教训值得我们时刻铭记在心。

二是外国教育经验与本土经验的关系。中国现代教育制度是从引进西方教育制度开始发展起来的，自然渗透着许多西方文化思想。一百多年来我们接受和吸收了许多西方国家的教育思想和经验，近三十年来更是各种教育思潮蜂拥而入，如何鉴别、吸纳并使之本土化，内化为中国教育的传统，是需要认真对待的问题。我们反对西方中心主义，认为西方一切都是好的，现代化就是西方化，中国只有全盘西化才有出路。历史证明，这条道路是走不通的。只有结合中国的国情，走自己的路，才能真正实现中国教育的现代化。但是，我们也不赞成东方主义。当今，西方文化霸权主义的猖獗，惹起了一些东方学者的极大反感，于是产生了狭隘的东方主义思潮。实际上，西方中心和东方中心都是受殖民文化的影响，东方主义只是对西方殖民文化的消极抵制，是对自我民族文化缺乏自信的表现。正确的态度应该是，在继承和宏扬我国优秀文化的基础上，积极吸收人类文明的一切优秀成果，借鉴世界上先进的办学经验和管理经验，并和我国自己的经验相结合，实现教育传统的本土化。

三是理论和实际的关系。理论来源于实践，同时又指导着实践。列宁曾经说过：没有实践的理论是空洞的，没有理论的实践是盲目的。建设有中国特色的社会主义教育理论体系只有立足于中国的实践。中国的教育理论工作要走到教育实践的第一线，研究实际中的理论问题。从这点上讲我国许多老一辈的教育家如陶行知、陈鹤琴等值得我们学习，虽然他们都是留学生，但他们都不是照搬外国的理论，而是脱下西装，深入民众，所以他们提出的理论至今仍放射出光芒。当前我国有丰富的教育实践经验，也有许多亟待解决的理论问题，我相信，有中国特色社会主义教育理论体系一定会和我国现代化建设同步完成！

（本稿由《中国教师》杂志社常务副社长李兴洲采写，经顾明远先生本人审定）

管理战略

创新发展理念　破解哲学社会科学发展难题

张东刚

一、把握高校哲学社会科学的发展规律

哲学社会科学的本质属性是价值性和科学性的辩证统一，这就决定了哲学社会科学具有继承性、实践性、时代性、民族性、国际性等显著特点，彰显了哲学社会科学具有认识世界、传承文明、创新理论、咨政育人、服务社会等社会功能。坚持价值性和科学性的辩证统一就是尊重哲学社会科学的发展规律。

站在新的历史起点，面向未来，促进高校哲学社会科学实现更好更快地发展，就要求我们必须进一步认识、尊重高校哲学社会科学发展的特点和规律，把握科学性、体现时代性、坚持实践性、富于创造性。把握哲学社会科学发展的科学性是尊重哲学社会科学发展规律的本质要求。体现时代性要求我们必须把握时代脉搏，将繁荣发展哲学社会科学事业与建设中国特色社会主义事业结合起来。坚持社会实践是哲学社会科学的源泉和动力，切实提高哲学社会科学的社会服务能力。富于创造性要求我们必须坚持创新是哲学社会科学的灵魂，是繁荣发展哲学社会科学的必由之路。

二、创新高校哲学社会科学的发展理念

实现高校哲学社会科学新的繁荣发展，要树立质量第一、服务社会、扩大开放、统筹兼顾四大理念，实现高校哲学社会科学新的跨越发展。

树立质量第一的理念。提高哲学社会科学研究质量，对构建以当代中国马克思主义为指导，具有中国气派的哲学社会科学学科体系和教材体系，具有重要的意义。树立服务社会的理念。高校哲学社会科学承载着服务社会的重要职责，坚持服务社会的导向是彰显高校哲学社会科学的科学价值和实际价值的重要体现。

树立扩大开放的理念。瞄准哲学社会科学的世界先进水平，以更加广阔的视野开展高质量的国际学术交流与合作，增进世界各国对中华文化的了解，不断增强我国哲学社会科学在世界上的影响力。树立统筹兼顾的理念。统筹哲学社会科学与自然科学协调发展，统筹高校哲学社会科学研究规模、质量、结构、效益协调发展，统筹各级各类学校哲学社会科学研究协调发展，统筹中、东、西部地区高校哲学社会科学研究协调发展等。

三、破解高校哲学社会科学的发展难题

实现高校哲学社会科学新的繁荣发展，要创新科研组织，改进研究方法，促进成果转化，改革评价制度，加强学风建设，真正解决影响和制约高校哲学社会科学发展的难题。

切实通过科研体制改革和制度创新，消除各种体制性壁垒，整合科研力量，孕育和催生新的学科、新的研究领域和新的研究方法，完善高校哲学社会科学研究组织创新体系。推动哲学社会科学的综合研究、实证研究、模拟仿真研究，将实验方法引进哲学社会科学领域已是大势所趋，也是科研方法创新的主要方向。哲学社会科学的终极目标是“顶天立地”。哲学社会科学研究必须走出书斋、走出象牙塔，走进学生、走进大众、走进生活、走进社会，大力促进研究成果的普及转化。建立科学高效的科研评价制度对于促进科研资源优化配置，尊重研究者作为繁荣发展哲学社会科学的主体地位和首创精神，充分调动他们的积极性具有重要意义。学术道德是增强学术创新、促进学术繁荣的重要保证。良好的学风是社会风气的引导力量，对形成良好的社会风气具有扛鼎作用。

四、提升高校哲学社会科学的发展质量

高等学校是我国哲学社会科学研究的主力军。繁荣发展哲学社会科学，是坚持和发展中国特色社会主义理论体系，推进社会主义文化大发展大繁荣的迫切需要是深入贯彻落实科学发展观，大力实施科教兴国战略和人才强国战略，建设人力资源强国和创新型国家的迫切需要，是积极应对经济全球化、新技术革命挑战，提高国家文化软实力的迫切需要。

进一步繁荣发展高校哲学社会科学必须坚持以马克思列宁主义、毛泽东思想、邓小平理论和“三个代表”重要思想为指导，深入贯彻落实科学发展观，坚持为人民服务、为社会主义服务的方向和百花齐放、百家争鸣的方针，坚持解放思想、实事求是、与时俱进，立足国情、面向世界，立足创新、提高质量，大力推进学科体系、学术观点和科研方法创新，大力推动哲学社会科学优秀成果和优秀人才走向世界，切实为建设中国特色社会主义提供强有力的思想保证、精神动力和智力支持。

（作者单位：中华人民共和国教育部社科司，
摘自《中国高等教育》2009 年第 6 期）

体制创新

新中国高校哲学社会科学管理60年

——回顾与展望

姜　红　张嘉艳

伴随着我国经济、科技和教育体制改革的推进，高校的哲学社会科学研究逐渐成为我国科学研究中的一支重要力量，为国家的思想理论战线和科学文化事业的发展做出了重要贡献。高校的哲学社会科学研究，是在马克思主义的指导下，以广大高校教师和科研人员为主体，在建设新中国的实践中，逐步发展壮大起来的。高校的哲学社会科学研究走过了60年的风雨历程，虽然其间有过挫折和反复，但目前已形成硕果累累、繁荣昌盛的大好局面，成为改革开放和现代化建设的有力推手。然而，随着高等教育发展与改革的不断深入，我国高校的哲学社会科学管理制度面临着一些困境和思考。本文拟就新中国成立60年来高校哲学社会科学管理模式作简要的回顾，并对未来的发展动向做出展望。

一、新中国60年高校哲学社会科学管理的发展历程

高校科研管理体制泛指政党或政府在一定的历史时期内，为了实现一定的目标而制定的高校科研制度规范和协调高校科研内外关系所依据的行动准则。具体而言，高校的科研管理体制可以从高校科研机构设置与相应制度、上级主管部门与高校科研关系和高校内部的科研管理机构及职权范围等几大方面的政策规定来理解。

高校的哲学社会科学管理既从属于整个高校科研管理体制，又有其区别于自然科学的独特方面。回顾60年来新中国高校哲学社会科学管理的发展历程，大致可以分为三个阶段。

1. 奠基起步阶段（1949—1965）

1949年新中国诞生后，我们的政党高度重视哲学社会科学的复兴和发展。周恩来同志在《动员更多的力量从事社会科学研究》的讲话中明确提出马列主义是哲学社会科学的指导理论，要求调动旧中国从事哲学社会科学工作人员的积极性。而首次在法律上确定发展马克思主义指导下的哲学社会科学研究是在中国人民政治协商会议上，《共同纲领》"提倡用科学的历史观点，研究和解释历史、经济、政治、文化及国际事务，奖励优秀的人文社会科学著作"。

1950年中国人民大学成立，这是新中国第一所以哲学社会科学类为主的大学。国家开始加强哲学社会科学研究和教学机构的建设，加快人才培养，并相应充实了各大学哲学社会科学的教学研究力量。1956年，国务院规划委员会制定了我国哲学社会科学研究工作12年（1956—1967）远景规划，第一次用规划形式提出了我国今后一段时期内哲学社会科学发展的主要任务。同年，毛泽东同志提出了"百花齐放，百家争鸣"这一发展和繁荣我国科学文化工作的基本方针。可以说，新中国的哲学社会科学事业开始呈现欣欣向荣的发展态势。

在高校内部，受到苏联模式的影响，我国在高度集中的计划经济体制下形成了系、所合一的高校管理体制。高校的哲学社会科学管理也是如此，普遍实行的是校、院（系）、教研室（所）三级管理体制，按照学科门类或一级学科建设学院，按二级学科设系，哲学社会科学研究都是以专业为依据组织起来的。科研处是主管全校科研工作的职能部门，负责组织教师申报科研项目；各院系的科研工作由科研主管院长负责，并设置科研秘书负责协调日常科研管理工作。

我国高校多采用这种哲学社会科学管理模式，自上而下地进行科研管理。这是一种金字塔形的等级体制，层次分明，信息从金字塔底层向顶层流动，外界环境的变化反应不灵敏，进而阻碍高校哲学社会科学研究的健康发展。

2. 严重挫折阶段（1966—1976）

这一阶段是我国的十年浩劫，我国各行各业都受到了相当程度的影响，高校的教学和科研工作也不例外。由于指导思想的失误和理论上的僵化，哲学社会科学研究的作用受到否定。在"文化大革命"时期，我国高校的哲学社会科学事业遭受了严重破坏。高校的学术风气很不正常，大量的科研教学人员遭受迫害，高校的哲学社会科学管理主要是"以阶级斗争为纲"，高校的科研工作几乎处于停滞状况。

3. 改革创新阶段（1978年至今）

1978年，中国开始进入改革开放的新阶，以党的十一届三中全会的胜利召开为标志，我国经济发展和社会事业进入黄金时代，高校的哲学社会科学管理也迎来了新的起点。回顾这30年来高校哲学社会科学管理的发展历程，又大致可以分为三个历史时段，即从全面复苏到繁荣发展，再到改革创新。

（1）全面复苏时期（1978 年至 20 世纪 80 年代中期）

如上所述，1978 年是中国新时期科学研究发展的起点。真理标准大讨论后确认了“实践是检验真理的唯一标准”，党的十一届三中全会也确立了“解放思想，实事求是”的思想路线。邓小平同志复出后，非常关心我国哲学社会科学事业的恢复和发展，并且指出要从科学与教育来着手，他认为“四个现代化，关键是科学技术的现代化”“科学，当然包括社会科学”“重点大学既是办教育的中心，又是办科研的中心”。这些都为高校当代的哲学科学研究提供了根本性的前提和思想基础。1979 年教育部首次设立高校人文社会科学研究管理部门——文科科研处。到 1979 年年底，不到一年时间，全国高校哲学社会科学研究机构就已达到 309 个。[1]

改革开放后，高校的哲学社会科学学科结构开始调整，若干新学科得以建立和发展。哲学、文学、历史学等基础学科研究回归本位，与现代化建设、改革开放密切相关的经济学、法学、管理学等应用性学科愈来愈受重视。以管理学为例，我国从 20 世纪 70 年代末期才开始真正的管理学研究，若干高校从 1978 年、1979 年开始招收管理学专业的学生，1984 年开始在几所重点大学成立管理学院或经济管理学院。此外，一些大的学科门类内部产生了许多新的分支学科。如法学内部，除理论法学、法律史学、国际法学外，还产生了为数不少的部门法学；[2]再如教育学和经济学内部，新兴的教育经济学等分支学科和交叉学科开始形成。

这一时期，高校开始有了国家的科研经费支持，教育部也组织力量制定了重点学科发展规划、行业科技与新技术发展规划、基础研究发展规划等，其中提出了许多具有战略意义的发展思路。[3]高校的哲学社会科学研究日益受到国家重视，获得了发展的良好环境和支持。1982 年，中共十二大对新时期的哲学社会科学提出了明确的要求；中央宣传部和中国社会科学院于同年联合召开了全国哲学社会科学规划座谈会，在后来的《全国哲学社会科学规划座谈会纪要》中，中共中央对哲学社会科学规划工作做出了多方面的规定，并逐步落实。1983 年，全国哲学社会科学规划领导小组建立，下设全国哲学社会科学规划办公室（正式成立于 1991 年 6 月）。1986 年国家社会科学基金设立，国家开始资助哲学社会科学研究，高校的哲学社会科学研究管理体制开始探索改革的道路。

（2）繁荣发展时期（20 世纪 80 年代中期—90 年代后期）

这一时期，一系列重要文件的出台使高校的哲学社会科学学术人才培养和成长成效卓著。1985 年，中共中央先后颁布了《关于科学技术体制改革的决定》和《关于教育体制改革的决定》；1993 年，教育部在理工农医学科设立“跨世纪优秀人才培养计划”；1997年，教育部启动“跨世纪优秀人才培养计划”（人文社会科学），希望通过连续若干年的支持，选拔150名左右具有较高政治素养、有较突出学术成就的高等学校中青年教师，从中培养出一批哲学社会科学家、跨世纪的学科带头人，并通过这项计划的实施进一步推动各级教育主管部门和高等学校哲学社会科学跨世纪人才培养工作。1993年起，在落实《中国教育改革和发展纲要》的过程中，国家启动“211工程”，促进了重点高校一批哲学社会科学研究中心的建设和科研人才的发展。

高校的哲学社会科学管理体制改革在这时也成为热门的议题。1991年召开的全国哲学社会科学“八五”规划工作会议和1996年召开的全国哲学社会科学“九五”规划工作暨项目评审会议都为下一阶段的哲学社会科学管理工作指明了方向。在此期间教育部不断加强对高校的哲学社会科学管理力度，举措频出。1994年3月，教育部发布了《关于加强和改进高等学校人文社会科学研究工作的若干意见》，该意见有三大主要内容：一是采取有力措施，扶持基础研究，突出重点，择优扶持；二是深化科研管理改革，加强管理队伍建设；三是加强和改善对人文社会科学的领导。1991年，由国家统计局批准，全国普通高校建立哲学社会科学研究统计年报制度，教育部社政司每年编辑出版《全国高校社科统计资料汇编》。1994年，教育部推广使用“全国普通高校人文社会科学研究管理系统”，加强对哲学社会科学的现代化和信息化管理。1996年，教育部发布《人文社会科学研究项目管理办法》，规范科研管理工作。从1995年起，教育部设立全国高等学校人文社会科学研究优秀成果奖，作为教育部的三大奖项之一，每三年评选一次。开展高等学校科学研究优秀成果奖（人文社会科学）评奖工作，是教育部为表彰全国高校人文社会科学工作者所取得的突出成绩，鼓励广大科研人员以马克思主义为指导，坚持理论联系实际，积极探索，勇于创新，大力推进学科体系、学术观点、科研方法创新，推动高校人文社会科学事业繁荣发展，更好地为建设中国特色社会主义服务而进行的一项重要工作。

在对哲学社会科学的科研评价方面，从这时开始普遍采用量化评价的方法。自中国社会科学院在1994年设立重点课题《社会科学成果评估指标体系研究与设计》后，1997年年底该课题的成果得到鉴定，量化评价的方法开始在学术界推广。学术期刊界的“核心期刊”评定也是在这一时段开始进行的。[4]量化评价的方法注重客观性标准、注重科研成果数量、强调物质性激励，这种管理体制对我国高校的哲学社会科学研究产生了很大的影响。学术管理和学术评价的加强，彰显了高校哲学社会科学研究向规划化和科学化迈进，但其弊端也在一定程度上开始显现。

（3）改革创新阶段（20世纪90年代后期至今）

进入新世纪后，国家对高校的哲学社会科学事业给予了高度重视。党的第三代领导集体强调哲学社会科学的发展，将其提到与自然科学并重的地位。2002年11月，李鹏同志在中国人民大学建校65周年大会上，发表了人文社会科学与自然科学是“车之两轮”“鸟之双翼”的讲话。江泽民同志从2001年8月起，在不到一年的时间里，三次发表关于哲学社会科学的谈话。2001年8月7日，江泽民在北戴河会见部分国防科技和社会科学专家，指出：哲学社会科学与自然科学同等重要。2002年4月28日，江泽民考察中国人民大学时强调，必须大力促进我国哲学社会科学事业的发展繁荣。2002年7月16日，江泽民考察中国社会科学院时强调，大力加强我国哲学社会科学建设，为有中国特色社会主义事业服务。胡锦涛总书记于2004年5月29日在中共中央政治局第十三次集体学习时强调，始终坚持马克思主义的指导地位，大力推进哲学社会科学繁荣发展。2005年3月7日，胡锦涛总书记在全国政协十届三次会议上强调，哲学社会科学具有不可估量的战略地位和不可替代的重要作用。[5]

在国家的重视下，教育部于2003年下发了《关于进一步发展繁荣高校哲学社会科学的若干意见》，开始实施“高校哲学社会科学繁荣计划”，该计划包括重大课题攻关计划、重点研究基地建设计划、人才培养和奖励计划、学术精品奖励计划、文科教育改革计划、基础设施和信息化建设计划，并且要切实加强对哲学社会科学的领导。国家成立了教育部社会科学发展领导小组，加强对高校哲学社会科学工作的宏观领导；成立教育部社会科学委员会，发挥专家对高校哲学社会科学发展的参谋咨询作用；高度重视哲学社会科学研究和人才培养条件的改善，不断加大经费投入力度。[6]

这一时期，高校的哲学社会科学管理体制改革进一步深化，这次改革有两个重点：一是以哲学社会科学的科研资源整合和学术人才队伍建设为重点。高校积极推进研究机构开放和研究人员流动，引进公平竞争机制，建立科学公正的评审制度和评价体系，加快了“中文社会科学引文索引”系统的建设；建立健全科研管理部门，加强管理人员的配备和培训，增强服务意识，提高管理水平；并通过“985”工程的实施带动了国内若干一流大学的哲学社会科学创新基地建设。二是以提高哲学社会科学成果转化和社会服务能力为重点。长期以来，社会仍然不同程度地无视哲学社会科学成果转化的重要性，对哲学社会科学成果的转化，既欠缺实践上的有效举措，也缺乏理论上的深入研究。进入新世纪后，高校开始认识到哲学社会科学成果转化的广大空间。2004年8月，在北京举行的第二届中外大学校长论坛上，中外校长们就此发表了各自看法。2005年11月，“北京市哲学社会科学成果转化数据库管理系统”投入使用，为政府决策提供了资源支持。虽然取得了一定的成绩，但哲学社会科研成果的转化尚面临很多困难，这也是未来需要进一步探索的道路。

倡导遵守学术道德和学术规范，整治学术腐败，注重保护哲学社会科学研究成果的知识产权是这时期的另一个重要特点。学术腐败现象从20世纪90年代后期以来愈演愈烈，社会和高校的讨伐声势也愈来愈大。中共中央在2004年下发的《关于进一步繁荣哲学社会科学的意见》指出："要深化哲学社会科学研究体制改革，整合研究力量，优化哲学社会科学资源配置……要深化哲学社会科学规划体制改革，按照公正、透明、竞争的原则，改革国家社会科学研究基金项目评审制度……要建立和完善哲学社会科学评价和激励机制"，"要加强哲学社会科学队伍的思想道德和学风建设。哲学社会科学工作者要树立正确的世界观、人生观和价值观，坚持严谨治学、实事求是、民主求实的学风。要增强社会责任感，加强学术道德修养，提倡做人、做事、做学问相一致，坚决抵制各种不正之风，自觉维护哲学社会科学工作者的良好形象。"[7]教育部和高校也是重拳出击：2002年，教育部发布了《关于加强学术道德建设的若干意见》；2004年，教育部社会科学委员会通过了《高等学校哲学社会科学研究学术规范（试行）》；2009年，教育部社科委学风建设委员会组织编写《高校人文社会科学学术规范指南》。这些都是关于哲学社会科学研究学术规范建设的重要举措。再看高校，北京大学等著名大学也先后出台了有关遏制学术腐败的规范、规定和措施。如北京大学于2002年3月通过了《北京大学教师学术道德规范》，其他高校也相继出台了本校的科研规范条例，有的高校已经将论文反剽窃软件应用于学位论文的检测。尽管社会和高校对整治学术腐败做出了许多努力，但学术腐败至今未能得到很好的遏制，惩治学术腐败任重而道远。

二、高校哲学社会科学管理60年的成就与问题

1. 60年发展历程中所取得的成就

高校哲学社会科学管理制度的目的，在于通过建立完善的制度，保障高校的哲学社会科学科研工作，实现科研与教学互动。新中国成立60年特别是改革开放30年来，高校的哲学社会科学研究在改革中发展，取得了重大的成就。哲学社会科学研究体系基本形成，高校哲学社会科学创新基地和人才工程建设成绩斐然。哲学社会科学研究队伍不断壮大，科研人员的数量、质量和水平不断提升，哲学社会科学实力不断提高，对社会的贡献不断增加。

2. 我国现行高校哲学社会科学管理制度的不足

成就虽有目共睹，但高校哲学社会科学管理体制的改革并非一蹴而就，一劳永逸，随着时代的发展，现行的管理体制也逐渐暴露出弊端。所谓科研管理还局限于传统的对科研项目、经费、成果鉴定登记、报奖等的被动管理，很少进行科研信息管理，基本还没有对科研人员申报的课题进行认真的审查、咨询和论证，

还没有有效的科研激励政策，还没有通过市场将科研成果转化为生产力。

现行的科研管理还存在着整合能力差的问题，特别是对哲学社会科学研究而言，需要大规模的、跨学科的整合研究。但长期以来，高校哲学社会科学研究队伍整合难，科研资源和成果共享水平低，大多是个体和小规模研究活动。这个问题出现的主要原因在于系、所合一的管理体制缺乏有效的调控手段和凝聚机制。

3. 我国高校哲学社会科学管理改革展望

时代的发展给高校的哲学社会科学管理提出了挑战，管理创新势在必行。多年来，许多高校在科研管理工作中不断摸索哲学社会科学研究的功能、特点和规律，不断调整哲学社会科学管理的重点和方法，形成了一些新的科研工作思路和管理方法，这些有益的探索都为我国高校的哲学社会科学管理发展提供了方向。

（1）以重大攻关课题为抓手，创新科研组织结构和运行机制

如前所述，高校的科研在组织和管理方面存在许多不利于哲学社会科学研究发展的问题。近年来，国家对于哲学社会科学的课题经费的投入和重大攻关课题的立项数量不断加大，继 2003 年教育部首次设立了教育部哲学社会科学研究重大课题攻关项目以后，各大部委、省市也相继开展了重大攻关项目的招标工作。要开展跨学科的重大攻关课题研究，整合科研力量、组织联合攻关队伍申报项目十分重要。这也给我们的科研管理提供了新的思路，即以重大攻关课题为抓手，优化组织结构，强化整合与协调，促进学科交叉，构筑研究平台。国内有的高校就进行了这样的尝试：通过科研平台，从外部把学者们联合起来，围绕一个中心课题进行科学研究，以改变科研资源分散、科研目标偏小的局面。通过抓品牌项目来扩大学校的学术影响；通过抓重大课题来带动学校的学术研究；通过抓学术沙龙的组织管理，来促成跨学科研究；通过抓基地建设，以科研平台来支持高水平系统性研究。初步形成了以重大攻关课题为核心，以研究基地为平台，组织多学科、交互式、多层次、跨学科的科研管理模式。[8]

（2）以哲学社会科学的特征为中心，创新科研评价和成果转化体制

尽管自然科学与哲学社会科学同属于科学研究的领域，但二者毕竟存在很多不同，有各自的研究体系和方法，因此，促进二者繁荣发展的有效体制也应有所不同。当前我国高校的科研管理体制基本上延续同一模式，这种模式在许多方面，如科研评价和成果转化方面就比较适合自然科学，没有更多地考虑到哲学社会科学的学科特性。以评价体系而言，现行的科研管理侧重于量化考核，对自由研究、基础研究和人文科学研究缺乏应有的考量。再看成果转化方面，现在对科研成果转化和产学研一体化的关注，多集中在科技成果领域，对哲学社会科学领域内的成果转化问题认识还远远不够。未来，高校要进一步研究哲学社会科学自身的特点，建立一套有利于哲学社会科学人才发展的科研评价机制、激励机制，

并创造好的科研环境，对高校文科类的成果转化问题进行重新认识，搭建科研转化的平台，创新高校和学者参与成果转化的体制机制。

参考文献：

[1]［2］［4］［5］余三定．回眸中国新时期30年学术发展［J］．复旦学报社科版，2009年第4期，72－78.

［3］顾建民，王爱国．我国高校科研体制改革30年——成就与经验、问题与展望［J］．中国高教研究，2008年第9期，12－15.

［6］《教育部关于进一步发展繁荣高校哲学社会科学的若干意见》（教社政［2003］1号），http://law.baidu.com/pages/chinalawinfo/4/87/5190f414adcaecb4a73799963f01335a_0.html.

［7］《中共中央关于进一步繁荣发展哲学社会科学的意见》（中发［2004］3号），http://hi.baidu.com/%C2%B7%B6%AB%C0%B46601/blog/item/68df780816676f38e824883d.html.

［8］郝立新，杨燕萍．抓重大攻关课题探索哲学社会科学管理新模式［J］．中国高等教育，2004年第17期，15－16.

（作者单位：首都经济贸易大学）

学科建设

科学化道路

——创建中国特色的社会主义教育体系

韩　震　李兴洲

2009年10月1日，我们迎来了中华人民共和国成立60周年的盛大庆典。60年来，我国的教育科学发展取得了巨大的成就：教育理论体系的初步创建，教育学科的枝繁叶茂，教育实践的深化改革等，显现出我国教育科学发展的繁荣景象。综观60年我国教育科学的发展历史，从教育理论的引进、吸收、改造和建构，到教育实践的不断革新和探索，再到今天具有中国特色的社会主义教育科学体系的初步形成，显示了60年来我国教育科学工作者勇于探索、敢于创新的精神和智慧，以及我国教育科学发展的脉络和取向。厘清其中的脉络，把握发展的取向，将有利于我国教育科学未来更好的发展。

一、中华人民共和国成立60年来中国教育发展的巨大成就

2009年8月17日，教育部原部长周济接受中央主要媒体采访时感慨地说："新中国60年，教育与祖国共命运，与人民同呼吸，教育发展历程波澜壮阔，教育发展成就巨大辉煌。其中，最重要的成就是培养了一代又一代社会主义事业建设者和接班人。"① 他从5个方面总结了中华人民共和国成立60年来我国教育发展的巨大成就："两个跨越"，一个是全面普及九年义务教育，这是我国教育发展史上伟大的历史性跨越，另一个是实现高等教育大众化，这是又一次历史性跨越；"一个突破"，就是职业教育不断发展，教育宏观结构调整取得重要突破；

① 余冠仕：《人民教育　奠基中国——教育部部长周济谈新中国60年教育改革发展》，《中国教育报》，2009年8月27日。

“一个重大步伐”，是指实现教育公平迈出重大步伐；“一个确立”，就是确立了中国特色社会主义教育体制的基本框架，走出了一条中国特色的社会主义教育发展道路。

1. 实现全面普及九年义务教育的历史性跨越

中华人民共和国刚刚成立的时候，我国80%以上的人口是文盲，适龄儿童小学入学率不到20%，初中入学率仅为6%。到2008年，全国小学净入学率达到99.5%，初中毛入学率达到98.5%，青壮年文盲率降低到3.58%。这是一个根本性的变化。

根据教育部2008年5月发布的《2007年全国教育事业发展统计公报》，到2007年年底，实现“两基”验收的县（市、区）累计达到3022个（含其他县级行政区划单位205个），占全国总县数的98.5%，“两基”人口覆盖率达到99%。

2000年，我国15岁及以上人口的平均受教育年限达到7.85年，比1982年提高2.52年；25岁及以上人口的平均受教育年限达到7.42年，比1982年提高3.16年。2007年，15岁及以上人口的平均受教育年限更是上升到8.5年，充分体现了我国教育进入21世纪后的快速发展（见表1）。

表1 1982—2007年全国不同人口群体平均受教育年限的变化 （单位：年）

年份 人口群体	1982年	1990年	2000年	2007年
15岁及以上人口	5.33	6.43	7.85	8.5
25岁及以上人口	4.26	5.79	7.42	—

资料来源：1982年、1990年和2000年国家统计局关于全国第三、四、五次人口普查数据。2007年数据来自中华人民共和国国家统计局《中国统计年鉴2007》，中国统计出版社2008年版。

2. 实现了高等教育进入大众化阶段的历史性跨越

1949年，我国高等教育在校生仅为12万人；1965年，我国高校招生人数为20万人；1998年，我国高校招生人数为108万人；2009年，我国高校招生人数已达600多万，全日制在校生达到2021万人，全国高等教育毛入学率达到23. 3%。

与此相对应的是，为了更快地实现高等教育大众化，普通高校规模急剧扩张。2006年全国普通高校的校均规模是8148人，大约是1992年的4倍；其中本科院校的校均规模是13973人，是1992年的5倍多；专科院校的校均规模是4515人，是1992年的4倍多（见下图）。

1978年我国高校招收的研究生只有10708人，2007年我国高校招收了41.86

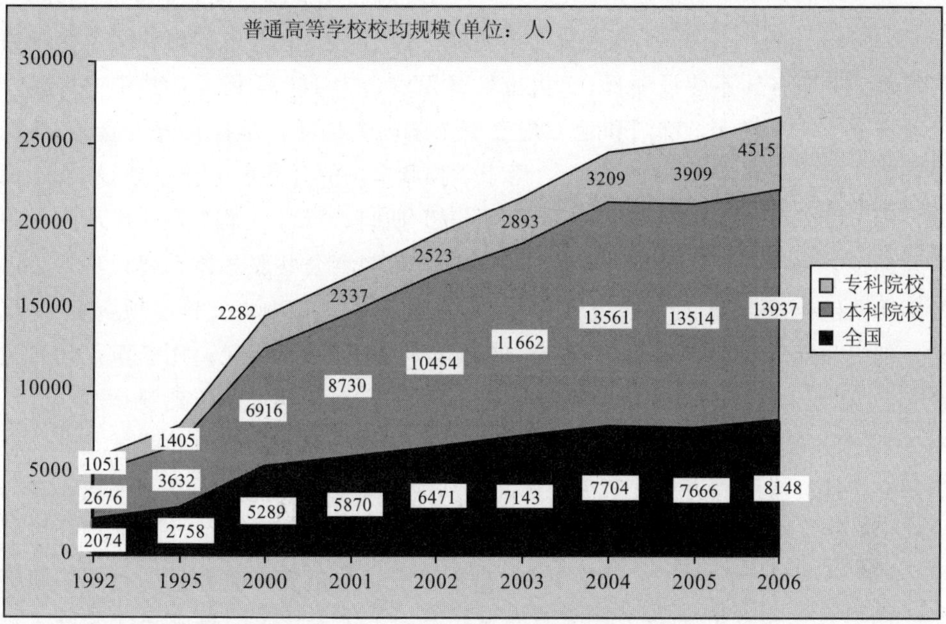

普通高等学校校均规模变化图（1992—2006）

数据来源：教育部2006年的教育统计数据。

万名研究生。1978年我国高校当年招收的本专科生40.15万人，2007年，我国高校招收各类本专科生合计超过756万人。同时，规模发展与结构调整正同步进行。按照新的统计口径，2002—2007年，我国高校研究生的招收势头最猛，翻了一番，而专科生的扩招速度远远比不上本科生的扩招速度（见表2）。

表2　2002—2007年高校研究生、本科、专科招生情况

指标	2002年	2003年	2004年	2005年	2006年	2007年
招生数（万人）						
合计	563.08	631.38	701.13	733.96	770.28	798.89
研究生	20.26	26.89	32.63	36.48	39.79	41.86
本科	219.81	243.54	285.86	311.08	330.85	364.18
专科	323.01	360.95	382.64	386.4	399.64	392.85
所占比例（%）						
研究生	3.60	4.26	4.65	4.97	5.17	5.24
本科	39.04	38.57	40.77	42.38	42.95	45.59
专科	57.36	57.17	54.57	52.65	51.88	49.17

数据来源：教育部2002—2007年的教育统计数据。

为了提高高等教育的质量，1995 年中国政府启动实施“211 工程”。“九五”期间，“211 工程”在 99 所高校中实施建设，包括 602 个重点学科和两个全国高等教育公共服务体系建设项目。“九五”建设资金为 186.3 亿元，其中中央安排专项资金 27.55 亿元，部门和地方配套资金 103.2 亿元，学校自筹资金 55.6 亿元；用于重点学科建设 64.7 亿元，用于学校和全国的公共服务体系建设 36.1 亿元，用于基础设施建设等 85.5 亿元。“十五”期间，“211 工程”在 107 所大学中实施建设，包括 821 个重点学科和 3 个全国高等教育公共服务体系建设项目，以及师资队伍建设。“十五”建设资金为 187.5 亿元，其中中央安排专项资金 60 亿元，部门和地方配套资金 59.7 亿元，学校自筹资金 67.8 亿元；用于重点学科建设 97.9 亿元，用于公共服务体系建设 37.1 亿元，用于师资队伍建设 22.2 亿元，用于基础设施建设等 30.4 亿元。经过 10 年建设，“211 工程”学校人才培养、科学研究、社会服务能力都有了很大提高，其中研究生培养能力提高了 5 倍，科研经费增长了 7 倍，SCI 论文发表数增长了近 7 倍，具有博士学位的教师增加了近 5 倍，仪器设备总值增长了 4 倍。一批高水平大学与世界一流大学的差距明显缩小。1995 年全国高校被 SCI 收录的论文数总和，还不及美国哈佛大学和麻省理工学院两所学校同期被 SCI 收录的论文数之和。我国早期设置研究生院的 28 所“211 工程”大学，与国际公认的美国最好的 61 所大学（美国高校联盟 AAU）的 SCI 论文发表和被引用次数平均值之比，从 1995 年的 1∶15.1 和 1∶51.7，缩小到 2005 年的 1∶3.6 和 1∶6.2。“211 工程”的成功实践，为发展中国家如何从国情出发集中力量建设高水平大学提供了借鉴。“211 工程”学校仅为全国高校总数的 6%，却承担了全国 4/5 的博士生、2/3 的硕士生、1/2 的留学生和 1/3 的本科生的培养任务，拥有 85%的国家重点学科和 96%的国家重点实验室，占有 70%的科研经费。

1998 年中国开始实施“985 工程”，“985 工程”建设的总体思路是：以建设若干所世界一流大学和一批国际知名的高水平研究型大学为目标，建立高等学校新的管理体制和运行机制，牢牢抓住 21 世纪头 20 年的重要战略机遇期，集中资源，突出重点，体现特色，发挥优势，坚持跨越式发展，走有中国特色的建设世界一流大学之路。教育部通过与各个省市共建一流大学，使得工程建设在促进高校学科建设、队伍建设、人才培养、科学研究和社会服务等方面也做出了骄人的成绩。“985 工程”一期建设成效显著，调整和优化了学校的学科结构和学科方向，快速集聚了一批优秀人才充实了师资队伍，提高了高层次创造性人才的培养质量，取得了一批接近或达到世界先进水平的研究成果，增强了所建高等学校的整体实力，带动了高等教育整体水平的提高，为在中国建设世界一流大学积累了一定经验，奠定了较好的基础，为国家的经济、社会、文化建设做出了重要贡献。教育部《2003—2007年教育振兴行动计划》提出要继续实施“985工程”，在“985工程”二期（2004—2007）建设中，巩固一期建设成果，为创建世界一流大学和一批国际知名的高水平研究型大学进一步奠定坚实基础，使一批学科达到或接近国际一流学科水平。目前“985工程”已进入第三期的建设周期。

3. 职业教育在改革创新中加快发展，教育宏观结构调整取得重要突破

职业教育是面向人人的教育。中华人民共和国成立后，职业教育一直是培养技能型人才的摇篮。改革开放后特别是进入21世纪以来，党和国家把发展职业教育放在更加突出的位置，确立了大力发展职业教育的方针。2008年，全国有1900多万初中毕业生，其中840万上了普通高中，810万上了中等职业学校，中等职业学校和普通高中的规模和数量已经大体相当。这是非常重要的结构调整。

改革开放以来，中央政府先后召开6次全国性的职业教育大会。特别是进入21世纪以后，3次召开全国职业教育工作会议，把职业教育作为经济社会发展的重要基础和教育工作的战略重点，提出了一系列推进职业教育改革与发展的政策措施。在优先发展教育的全局中，明确要大力发展职业教育，加快培养数以亿计的高素质劳动者和数以千万计的技能型专门人才，为全面建设小康社会和构建和谐社会提供强大的智力支持和人才保障。2002年制定了《国务院关于大力推进职业教育改革与发展的决定》，2005年又制定了《国务院关于大力发展职业教育的决定》，这些政策的出台有力地促进了职业教育的发展。

“十一五”期间，国家至少安排专项资金20亿元支持100所示范性高职院校建设，这是中央财政对高等职业教育的首次巨额投入。国家对中高等职业院校实训基地建设的投入预计为25亿元。自2003年以来，中央财政已经累计投入53亿元，重点支持了1080个职业教育实训基地、1235个县级职教中心和示范性中等职业学校、70所示范性高等职业技术学院的建设，组织实施了“中等职业学校教师素质提高计划”，完成了1.2万名骨干专业教师的国家级培训任务。从2006年起，中央财政每年安排8亿元设立中等职业教育国家助学金，资助中等职业学校家庭贫困学生。2007年5月，中国政府加大了对普通本科高校、高等职业学校和中等职业学校家庭经济困难学生的资助力度，国家财政每年将安排500亿元资助2000万名家庭经济困难的学生，使他们能够上得起大学、接受职业教育。按照政策规定，中等职业学校在校一、二年级所有农村学生和城市家庭经济困难学生，每人每年都能得到国家财政1500元的资助，可连续获得两年资助，共3000元。国家还做出规定，中等职业学校在校三年级学生可以通过工学结合、顶岗实习获得一定报酬，用于支付学习和生活费用。各项资助政策到位后，全国将有1600万名中等职业学校学生受到资助，能够解决学习和生活的基本需求。接受高等职业教育的家庭经济困难的学生享受普通高等学校的资助政策。2007年秋季学期，中央和地方财政用于中等职业学校的国家助学金的经费达到90多亿元，高职学生也享受到了国家奖学金、助学金和助学贷款。高职学生受资助面达到20%以上，中职学生受资助面达到90%以上。①

2005—2006年，中等职业学校连续两年分别扩招100万人；2007年再扩大招生50万，当年招生规模达到801万人，占整个高中阶段教育的半壁江山，普通高中和中等职业教育的招生规模已经大体相当，提前实现了“十一五”期间中等职业教育规模发展的目标。2007年，高等职业教育和中等职业教育加起来招生数接近1100万，在校生数接近3000万，基本实现了教育结构调整的战略意图。

中央财政从2005年开始，拿出100亿元用于职业教育的基础能力建设，实施5个计划：第一个计划是实训基地建设计划，“十一五”期间建2000个用于职业院校学生实习实训的场所，并投入相应的设备。第二个计划是加大投入，建设1000个县级职教中心。第三个计划是建设1000所示范性中等职业学校。第四个计划是建设100所示范性高等职业学院。第五个计划是实施中等职业学校教师素质提高计划。目前，这5个计划的实施取得了明显的成效，对于改善学生的实习实训条件，改善学校的设施，吸引各方面支持职业教育，吸引学生接受职业教育起到了重要的作用，教师素质也得到了一定的提高。

为提高劳动者的就业能力，各级政府的相关部门以及社会机构举办了多种形式的职业技术培训。2007年，全国资格证书培训共注册学生467.6万人次，比2002年增加444.4万人次，结业学生达到662.8万人次，比2002年增加630.9万人次。岗位证书培训也迅速发展起来，2007年全国岗位证书培训共有注册学生614.1万人次，比2002年增加587.6万人次，结业学生804.5万人次，比2002年增加684.7万人次。②

另外，国家通过组织实施“国家技能型人才培养培训工程”、“国家农村劳动力转移培训工程”、“农村实用人才培训工程”、“成人继续教育和再就业培训工程”，年培训城乡劳动者达1.5亿人次。

4. 实现教育公平迈出重大步伐

用教育发展促进教育公平，是教育起点的公平，也是最大、最重要的教育公平。近年来，我国通过加强农村教育、西部地区教育、民族地区教育、特殊教

① 周济：《解放思想改革创新　推动中等职业教育又好又快发展——周济在2008年度职业教育与成人教育工作会议暨中等职业学校招生工作会议上的讲话》，《中国教育报》，2008年4月3日。

② 陈国良：《中国教育：从指标看发展状况》，OECD教育决策与教育指标研讨会，北京师范大学，2008年4月16日。

育，想方设法使教育有更好的发展，使弱势群体能够享受更好的教育，这是教育的大公平。让所有的孩子都能够享受良好的教育，是教育公平的基本追求。

近年来，中国各级政府通过如国家贫困地区义务教育工程、西部地区“两基”攻坚、农村危房改造工程、农村寄宿制学校建设工程、农村中小学现代远程教育工程、义务教育保障机制建设等，大大缩小了城乡差异和地区差异。就义务教育阶段的初中入学率而言，2002 年，初中入学率全国平均为 91%，东部地区高达 95.5%，西部地区仅为 82.1%，东西部差距达到 8.8%。随着西部地区“两基”攻坚的实施，西部地区初中入学率迅速提高，2006 年达到 89.4%，与东部地区相差 5.8%，东西部差距比 2002 年减少了 3%（见表 3）。

表 3　2002—2006 年初中入学率地区差距的变化①　（单位：%）

地区＼年份	2002 年	2004 年	2005 年	2006 年
全国	90.96	93.65	94.01	95.20
东部	95.46	96.99	97.65	97.34
中部	93.36	96.30	96.97	98.29
西部	82.14	86.30	86.38	89.37
东西差距	8.82	7.35	7.63	5.83

我国特殊教育事业近年来有了很大的发展，除了招生人数和毕业人数大幅增加之外，由于随班就读政策的实施，更多有着特殊需要的儿童和正常儿童一起接受教育，更有利于整个社会的融合以及消除歧视。2006 年，我国共有 1605 所特殊教育学校，比 2000 年增加 55 所；小学随班就读招生人数达到 16419 人，比 2000 年（2403 人）增加接近 6 倍；普通初中随班就读招生人数达到 12370 人，比 2000 年（470 人）增加了 25 倍多。

2004 年，男女童入学率分别为 98.97%和 98.93%，性别差距由 1995 年的 0.7%下降到 0.04%；普通初中和高中在校女生的比例分别达到 47.4%和 45.8%；中等职业学校在校女生的比例达到 51.5%；全国普通高等院校在校女生为 609 万人，占在校生总数的 45.7%，比 1995 年提高 10.3%；女硕士、女博士的比例分别达到 44.2%和 31.4%，比 1995 年分别提高 13.6%和 15.9%。2004 年，全国城镇地区 15 岁及以上女性文盲率为 8.2%，比 1995 年下降 5.7%；农村地区 15 岁及以上女性文盲率为 16.9%，比 1995 年下降 10.5%；全国青壮

① 陈国良：《中国教育：从指标看发展状况》，OECD 教育决策与教育指标研讨会，北京师范大学，2008 年 4 月 16 日。

年妇女文盲率为4.2%，比1995年下降了5.2%，超过总文盲率的下降幅度。第五次全国人口普查数据表明，2000年中国妇女的平均受教育年限为7.0年，比1990年增加了1.5年，十年间性别差距缩小0.5年。①

根据2000年第五次全国人口普查的数据，我国少数民族人口占总人口的比重为8.41%。而随着教育事业的发展，少数民族受教育人口的数量也越来越体现出其在总人口中的地位，同时也体现出国家对于少数民族教育的重视。2006年，小学阶段的少数民族学生占学生总人口的10.09%，比2000年提高了一个百分点，而这个教育阶段的少数民族专任教师的数量也有所增加（见表4）。

表4　少数民族人口在教育人口中的比重（%）

少数民族人口 / 学校教育	少数民族学生占学生总人数的比重		少数民族专任教师占专任教师总数的比重	
	2000年	2006年	2000年	2006年
普通高等学校	5.71	6.19[a]	5.43	4.68
普通中学	6.77	6.74[b]	7.03	6.39
小学	9.08	10.09[c]	9.44	10.24
特殊教育学校	2.91	7.13	5.05	5.5
幼儿园	3.42	6.23	3.43	4.51

注：a. 采用的是普通本专科的数据。b. 采用的是普通高中的数据。c. 采用的是普通小学的数据。

数据来源：教育部2000年和2006年的教育统计数据。

5. 实现了教育大国的崛起，确立了中国特色社会主义教育体系的基本框架

中华人民共和国成立60年来，一贯坚持教育改革创新，与时俱进地推进教育管理体制、办学体制、投入体制改革等，确立了中国特色社会主义教育体制的基本框架；逐步形成了由法律、法规和规章3个层次组成的教育法制体系框架；坚持以开放促改革、促发展，不断提高教育国际交流与合作水平，形成了多层次、宽领域、全方位的教育对外开放格局。

60年来，我国教育为社会主义现代化建设培养了数以亿计的高素质劳动者、数以千万计的各类专门人才和一大批拔尖创新人才。目前，我国15岁及以上人口和新增劳动力平均受教育年限分别超过8.5年和11年，有高等教育学历的从业人数达到8200万人，均处于发展中国家前列。这一巨大发展，使我国实现了

① 中华人民共和国国务院新闻办公室：《中国性别平等与妇女发展状况》，国务院新闻办公室，2005年。

从人口大国转变为人力资源大国的目标，将沉重的人口负担转化为巨大的人力资源优势。作为一个发展中的大国，在经济基础薄弱、人口众多、穷国办大教育的情况下，始终坚持以服务为宗旨、在贡献中发展，将教育主动融入全面建设小康社会和社会主义现代化建设中，走出了一条中国特色社会主义教育发展道路。

二、中华人民共和国教育发展的历史轨迹

2009年，共和国教育走过了60年的风雨历程，与之相伴的社会主义教育学科也进行了60年的艰难探索，从最初的“以苏为师”到1957年开始独立探索有中国特色的社会主义教育道路，从“文化大革命”前为社会主义政治服务的教育理论到改革开放后以为经济建设服务为中心的教育科学，教育学科的每一次理论转向都无不与中国社会的政治、文化、经济变迁有着密切的关系。

1. 全面学习苏联教育思想的时代（1949—1957）

1949年10月，中华人民共和国成立，中国的社会政治、经济、文化发生了巨大变迁，为了充分发挥教育事业在国家经济社会建设中的作用，党和政府坚持教育为工农服务、为生产建设服务和培养社会主义全面发展新人的方针，采取了诸如教育向工农开门、改革学制与课程、开展教师思想改造运动、发展少数民族教育、学习苏联教育经验等重大举措，将使半殖民地半封建的旧教育转变为新民主主义教育并逐步改造为社会主义教育作为教育工作的方向和目标。

1956年，社会主义改造基本完成之后，我国开始探索适合中国国情的社会主义教育发展道路，培养社会主义新人的要求日益强烈。1957年，毛泽东提出：“我们的教育方针，应该使受教育者在德育、智育、体育几方面都得到发展，成为有社会主义觉悟的有文化的劳动者。”这段论述，概括了中华人民共和国成立以来我党对教育的基本共识，成为社会主义教育方针的经典表述。

从新民主主义教育过渡到社会主义教育是一个渐进的过程。前者的使命在于完成全国范围内的接收、接管和改造旧学校的任务，重点是树立为人民服务的思想，提高工农群众的文化水平，培养建设人才，为社会主义建设奠定智力和人才方面的基础。后者的使命在于为实现以工业化为中心的社会主义建设、满足人民群众日益增长的物质和文化需要提供文化知识、科学技术和人才支持，重点是提高人民的社会主义思想政治觉悟，使人们掌握现代科学技术和文化知识，培养全面发展的各类建设人才。

社会主义教育制度的建立标志着中国教育发展的一次质的飞跃，对教育学科的发展也产生了巨大的影响，教育科学亦发生了重大的理论转向，即从以杜威为代表的实用主义教育学转为以凯洛夫为代表的马克思主义教育学，杜威的三大命题即“教育即生活、学校即社会、教学做合一”逐渐被凯洛夫教育学体系所取

代。应该说，学习苏联的马克思主义教育思想和教育模式，对建立以马克思主义思想为指导的教育学，对建立新中国正规的教育模式是有一定的积极意义的。但由于“全面学苏”口号的片面性以及苏联教育思想的绝对化，教育理论呈现出脱离中国教育实际、教育研究过于模式化和集中化等特点。

2. 社会主义教育理论曲折发展的时代（1958—1977）

从1958年开始，在“大跃进”、“教育大革命”的高潮中，中共中央开始批判教育部门的教条主义、右倾保守思想和教育脱离生产劳动、脱离实际，并在一定程度上忽视政治、忽视党的领导的错误，并提出了“教育为无产阶级的政治服务、教育与生产劳动相结合”的社会主义教育方针，反映了“极左”思潮的泛滥，否定了教育为经济建设服务，不提学习文化科学知识，把“劳动者”限定为“生产劳动者”、“体力劳动者”。1962年，毛泽东提出“千万不要忘记阶级斗争”之后，“教育为无产阶级政治服务”更被突出强调，逐步演变成了“教育为阶级斗争服务”、“学校应当成为无产阶级专政的工具”，使教育事业完全从属于阶级斗争的需要，这一倾向在“文化大革命”的十年中发展到极端荒谬的地步，严重背离了社会主义教育的精神实质和基本内容。1975年修改通过的《中华人民共和国宪法》指出：“无产阶级必须在上层建筑其中包括各个文化领域对资产阶级实行全面的专政。文化教育、文学艺术、体育卫生、科学研究都必须为无产阶级政治服务，为工农服务，与生产劳动相结合。”并以此为依据，炮制了破坏文化教育、迫害知识分子的“两个估计”。在这一“极左”的时代，新中国17年的教育工作被全盘否定，知识分子被批判，教育部门的规章制度被废除，日常的教学秩序和师生关系都被打乱，进一步把我国教育引入歧途。

与此同时，教育学科也陷入了共和国建立以来的第一个低谷：教育学成了政策学、语录学，教育学科与教育事业被紧紧地拴在阶级斗争的战车上，全面走向为政治服务、为阶级斗争服务的歧路。

3. 教育学科大发展的30年（1978—2008）

改革开放以来的30年是教育思想解放的30年，是教育改革不断发展和深化的30年，同时也是教育学科大发展的30年。

改革开放之初，在邓小平亲自推动和积极督促下，教育领域的拨乱反正、解放思想、改革开放得以顺利开展，社会主义教育进入历史性转折的阶段。在这个阶段，教育系统积极贯彻“调整、改革、整顿、提高”的方针，从而扭转了“文化大革命”造成的教育战线的混乱局面，全面地恢复了学校日常的教育教学秩序，并恢复了高考制度；重新树立尊重知识、尊重人才及尊师重教的社会风尚，转变了教育工作的服务方向，即从“教育是阶级斗争的工具”转变到“教育必须为社会主义现代化建设服务”；确立了“科教兴国”、“教育先行”、“教育要面向现代化，面向世界，面向未来”的战略方针，从战略高度为我国教育改革与发展指明了方向。为落实教育的战略地位，把我国沉重的人口负担转化为巨大的人力资源优势，1985 年，党和国家从教育体制改革入手，积极推进教育结构改革，大力发展职业教育，并带动各级各类教育教学的改革和发展，呈现出九年义务教育逐步普及，高等教育、职业教育和成人教育主动为经济建设和社会进步服务，农村和城市教育综合改革相互促进，教育国际交流与合作全方位展开的生动局面，从而使整个教育的发展迈向一个新的台阶。

20 世纪末，我国的社会主义教育进入深化改革与加速发展的新阶段。在这个阶段，我国在建设中国特色社会主义教育的理论和实践上都取得了新的突破。在邓小平教育理论和“三个代表”重要思想教育理论指导下，教育系统进一步深化教育体制改革。改革以往那种适应社会主义计划经济体制下高度集中的教育体制，逐步建立起适应社会主义市场经济体制、政治体制和科技体制的教育新体制。全面推进素质教育、倡导教育创新、实施基础教育新课程改革、完成全国普及九年制义务教育、不断深化教育教学改革、加快依法治教进程，取得了显著成绩和重要经验。

与之相适应，教育学科也开始关注教育与市场经济的关系、新课程与教学理论、教育的投入与保障、农村教育与教育公平等教育实践问题，并逐步探索以实践为主导的教育学科体系。教育事业的发展和教育改革的深入推动了这一时期的教育学科的发展，传统学科如教育哲学、教育社会学、教育史学、教育统计学等得到恢复与加强，新兴学科如教育文化学、教育经济学、教育管理学、教育人类学等不断建立并有了不同程度的发展，初步形成了一个庞大的教育学科群。与此同时，外国教育思想被大量引进，流派纷呈，形成了教育学科多元化的发展趋势。

纵观中华人民共和国教育理论发展的历程，我们可以看到贯穿于整个共和国教育发展过程中的一条主线：始终坚持以马克思主义为指导并紧密与中国教育实际相结合，不断总结教育实践经验和借鉴世界教育发展的有益经验，创造性地探索中国特色社会主义的教育理论。围绕这条主线，教育理论界以教育现代化为基础，对社会主义教育的目标与功能、体制与体系、理论与实践、传统与现代、继承与创新、本土化与国际化等问题进行了越来越深入的研究，逐步探索出一条既是现代化的，又具有中国特色的教育科学发展之路，以创新的精神为建设教育大国、教育强国做出贡献。

三、中华人民共和国成立 60 年来教育科学研究的重大突破

中华人民共和国成立 60 年来，我国教育科学取得了重大突破，实现了从新

民主主义教育科学走向社会主义教育科学、从为政治服务走向全面为社会经济发展服务、从“一枝独秀”走向“百花齐放”、从“以苏为师”走向全面开放的转变，基本上确立了有中国特色的社会主义教育科学体系。

1. 从新民主主义教育科学走向社会主义教育科学

20世纪二三十年代，杜威的实用主义思想对我国教育科学的发展产生了重要影响，其著作《民主主义与教育》在新民主主义革命时期的中国备受推崇。1949年颁布的《中国人民政治协商会议共同纲领》指出：“中华人民共和国的文化教育为新民主主义的，即民族的、科学的、大众的文化教育。”中华人民共和国成立之初，教育科学的发展是以新民主主义精神为指导，当时编写的一些教材和课程标准都是以新民主主义教育为研究对象的。随着社会由新民主主义向社会主义转型时期的到来，我国教育科学也发生了由新民主主义向社会主义的转变。社会主义制度确立以后，我国教育科学的指导思想确立为马克思主义。当时，盛极一时的苏联“凯洛夫”教育学正是以马克思主义思想为指导的典型，我国的社会主义制度确立之初，教育理论的发展简单地确立了“全面学苏”的目标。尽管“全面学苏”的做法备受质疑，但不可否认的是它曾对我国社会主义教育科学的建立和发展起过一定积极的作用。教育科学发展走上了并不平坦的社会主义发展道路，尽管道路是曲折的，但前途是光明的。社会主义教育科学的发展道路上，我们经历了“教育大革命”、“文化大革命”，我们也经历了改革开放，经历了建设有中国特色社会主义的新时期。

2. 从为政治服务走向全面为社会经济发展服务

中华人民共和国成立之前，毛泽东同志曾指出教育要为革命战争和阶级斗争服务，同时也要与生产劳动联系起来，使广大中国人民都成为享受文明幸福的人。中华人民共和国成立以后，毛泽东同志又强调“教育必须为无产阶级政治服务，教育必须与生产劳动相结合”，“培养有社会主义觉悟的有文化的劳动者”。从这些指导思想中我们可以看到，当时的教育理念具有明显的阶级性和政治性。中华人民共和国成立之初的教育科学充分发挥了阶级斗争工具这一社会职能。在学习苏联教育学的过程中，教育为政治服务的功能则得到了进一步加强。1956年，中国共产党第八次全国代表大会上提出党和国家的工作重点从阶级斗争转移到经济建设上来，但受到种种因素的影响，教育改革之路并非一帆风顺。1958年的“教育大革命”和之后的“文化大革命”阻碍了我国教育科学的发展。

1978年党的十一届三中全会的召开为我国社会主义现代化建设带来了希望，也给我国教育科学带来了曙光。“一个中心，两个基本点”基本路线的确立为教育战线的思想解放和教育科学的重建奠定了思想基础，使教育从为阶级斗争服务的误区走上了为社会主义经济建设服务的道路。中华人民共和国成立60年来，长达30年的教育本质问题的讨论则是教育理论界思想解放的典型。教育本质问题的讨论不仅使中国教育界摆脱了由苏联教育学一统天下的局面，还彻底地摆脱了“教育是阶级斗争的工具”这一观念的束缚，出现了“百花齐放”的景象。教育理论问题得到深入探讨的同时，教育实践问题也有了明显的改善。教育本质问题的讨论不仅引起了教育理论界的反思，还影响到了国家教育方针的制定，使教育由过去单纯地为政治服务转向为社会主义现代化建设服务，尤其是我国进入到社会主义市场经济阶段以来，教育与市场经济的关系更加密切。特别是1983年邓小平同志为景山学校的题词——“教育要面向现代化、面向世界、面向未来”，为此后的“科教兴国”发展战略的形成奠定了坚实的理论和实践基础，也为教育科学的发展指明了方向，教育科学从为政治服务走向全面为社会政治、经济、文化、科技的发展服务。

3. 从“一枝独秀”走向“百花齐放”

中华人民共和国成立之初，教育理论界积极响应国家“向苏联学习”的号召，掀起了学习以凯洛夫主编的《教育学》为代表的苏联教育理论与教育模式的热潮。苏联的教育理论极大地影响了新中国教育理论和实践的发展，当时中国教育科学的发展由苏联模式“一统天下”，可谓“一枝独秀”。

随着20世纪50年代末中苏关系的恶化，中国教育界也开始了批判苏联教育学的行动，在外交上“反帝反修”的同时，教育学界也提出要走自己的路、要创建新中国教育学。然而，1958年的“教育大革命”和长达10年的“文化大革命”阻碍了中国教育学的健康发展。中国教育思想的真正解放出现在改革开放以后。在1979年召开的教育科学规划会议上，大家认识到了“全面学苏”政策存在的种种弊端：苏联模式指导下的教育系科的学习内容太窄，根据苏联师范学院的教学计划，取消了过去曾经开设过的如教育哲学、教育社会学、比较教育学、教育统计学等学科是错误的，应当重新开放；当时世界教育科学大发展中出现的一些新学科，比如教育经济学、教育文化学、教育人类学等，也应当引进和开设。至此，中国教育科学的发展开始逐渐摆脱“一枝独秀”的局面，走向“百花齐放”。首先，教育学分支学科的建立。教育原理、教学论、德育原理、学校管理4个分支代替了过去的一本“大教育学”的“四大块”，这些大的分支也在随着社会发展的需要逐渐分化成更多的子学科。其次，各级各类的教育学科纷纷设立。从高等教育学到学前教育学、从普通教育学到职业教育学、从一般教育学到特殊教育学等先后出现。各个学科的研究队伍不断扩大，研究对象不断细化，研究方法不断改进，研究水平不断提高。再次，交叉边缘学科逐渐发展。中华人民共和国成立的60年间，教育社会学、教育伦理学、教育经济学、教育政治学等一大批与教育相关的交叉学科不断涌现，拓展了教育科学发展的领域，提高了教育科学研究的层次，增强了教育科学研究的科学性。

4. 从“以苏为师”走向全面开放

中华人民共和国成立的60年间，教育科学的发展经历了从“全面学苏”到“解放思想”、全面开放的过程。20世纪50年代初提出“全面学苏”的“一边倒”政策，教育科学的发展以苏联模式为旗帜，从教育思想到教育制度以至教育组织形式和方法，全部照搬苏联的一套。凯洛夫主编的《教育学》成为当时我国各级教育工作者的必读教科书。刚刚建立的新中国政权和教育制度确实需要苏联式系统化的、正规化的教育模式来保障，但是过浓的政治色彩却对我国教育科学的发展形成了障碍，使教育科学发展的道路越来越窄。1958年的“教育大革命”提出了要反对“全面学苏”的政策，但当时的一些错误思想却阻碍了新中国教育科学发展命运的改变。此后的“文化大革命”让教育科学蒙上了政治的阴影，陷入了停滞不前甚至倒退的艰难境地。

十一届三中全会以后，国家的工作重点转移到了经济建设上面，当时我国对于国外的态度也开始转变，改革开放的春风也吹到了教育科学领域。过去“以苏为师”的观点在教育科学领域发生了彻底转变。教育理论研究者开始放眼世界，学习各个国家的先进经验，并与我国教育科学发展的实际情况相联系，为我国教育科学的发展提供了多方面的借鉴。与过去的“全面学苏”不同，改革开放后的中国教育界“全面学优”，向教育理论发展较为完善、教育实践较为合理、教育决策较为科学的国家和地区学习。对于那些落后的国家和地区，我们同样用客观的态度来面对，帮助他们探究原因、解决问题。现在，各种形式的国际交流纷至沓来，例如教育国际论坛和研讨会的举办和参与为加强我国教育科学与世界的交流提供了更为广阔的平台，与国内外师生的交流和互动也为我国师生学习国内外的先进经验提供了更多机会。在改革开放政策的指引下，我们将国外的先进经验与本国的基本国情相结合，向有中国特色的社会主义教育科学迈进。

中华人民共和国成立60年来，特别是改革开放以来，我国教育科学始终坚持以马克思主义为指导思想，坚持社会主义的政治方向，坚持将国外先进教育理论与我国的社会主义教育实践相结合，着力探索我国教育改革与发展的重要理论和重大现实问题，基本确立了有中国特色的社会主义教育科学体系，为我国教育改革和发展做出了重要贡献，为初步形成具有中国特色、中国风格和中国气派的教育科学体系奠定了坚实的基础。

四、继往开来的教育科学研究展望

1. 回归“自身”的教育理论研究取向

100多年来，中国教育学科的发展呈现出两条比较明显的脉络：一是教育学科的中国化；二是教育学科的科学化。中华人民共和国成立之前的半个多世纪，中国教育学科的发展取向是教育学科的中国化；中华人民共和国成立60年来，教育学科的发展主线是教育学科的科学化。

综观中华人民共和国成立60年来我国教育学科的发展，大致经历了政治形态话语、经济形态话语、文化形态话语3个发展阶段。

从中华人民共和国成立之初一直到改革开放之前，“阶级斗争”一直是整个国家的主导意识形态和霸权话语，教育理论研究和教育实践探索自然被熏染上许多政治色彩，教育学科的“政治挂帅”表现明显。这虽然有当时社会现实的需要和局限，但教育毕竟不是政治，更不能沦为政治的附庸。

改革开放，开启了国家战略重点转移的伟大航程，“经济建设”逐步取代了“阶级斗争”。随着战略重点的转移，教育理论研究的重点和方向也发生了积极的变化。20世纪80年代关于教育本质的大讨论是教育领域的一次思想大解放，开启了人们对教育的全方位理解和认识的思想进程。从此，人们不再仅仅以政治的眼光看待教育问题，而是从政治、经济、文化等多角度多方面认识和研究教育理论和实践问题。整个20世纪90年代，教育的经济形态话语频繁出现，教育理论研究更多地转向教育的经济功能、教育的市场化趋向、素质教育改革、教育公平与协调发展以及优化教育结构、提高教育质量等，都是基于对教育本质与功能的科学探索与追问，都是对教育自身的重新认识和不断深入认识的结果。因此，教育理论研究必将回归教育本身，这是60年来教育的政治化、经济化之后，人们对教育科学认识的必然取向。

2. 展现“本原”的教育实践诉求

教育理论指导和影响着教育实践。60年来，中国的教育从运动到改革再过渡到当下的教育实践建构，表明了我国教育研究和实践的“寻根”脉络。

无论当下正在进行的各项教育事业改革（如教育体制改革、课程改革、教学改革等），还是正在进行的未来教育事业发展规划，其背后的根本指导思想，无不体现着对教育的本质、教育的本性的深刻思考和理解，追求的最终目的就是按教育的规律办教育。

如何才能实现按教育的规律办教育的最终目的？这必然要对教育规律的内在规定性做出科学的探索与解释。教育理论的研究与探索最终要落实到教育实践当中，而且会深刻影响着教育实践的开展和成效。我国当下的教育实践，已经逐渐摆脱了政治狂热和经济利益最大化的理论范式的影响，逐步恢复到教育自身，从教育的“本原”探索相应模式，这是走向教育实践正确发展道路的积极努力，必然会成为今后教育理论研究和实践探索的发展诉求。

3. 彰显“科学”的教育决策意蕴

科学发展观不仅要求理论研究和实践探索是科学的，而且要求教育决策也是科学的。教育决策一方面是教育理论研究成果和教育实践效果在管理层面的反映，另一方面也会对教育理论研究和教育实践探索起指导和引领作用。这反映了教育决策在教育科研和实践中的重要作用。

在当今社会，决策管理的重要价值日益凸显，它不仅影响着理论研究和实践探索的方向和效率，而且是理论和实践发展的政策保障。因此，决策是否科学，至关重要。

教育学作为一门社会学科，其科学性建构一直在努力进行之中，教育科学问题的确立、教育科学研究的方法、教育实践过程的呈现等，都会伴随着科学与伪科学的争斗，而且这种状况还会持续下去。60 年来，我国教育决策的质量和水平不断提高，决策的科学性日益增强，这也映射出我国教育理论研究和实践探索的科学性在不断提高。展望未来，“科学发展”将成为时代发展的主旋律，教育决策也必然更加强调科学性。可以预期，更加科学的教育决策，必将更好地推进我国教育理论研究和教育实践探索的科学性。

4. 面向世界的教育互动潮流

中国教育学科的产生和发展，本身就是一种全球化的产物。近代以来，西方教育学科的引进和输入，开启了我国教育学科的发展历程。即使中华人民共和国成立之初教育学科乃至教育学术的“苏化”，也没有阻断我国教育领域与世界的互动和交往。改革开放之后，尤其是“三个面向”教育指导思想提出之后，我国教育领域与世界的互动和交流日益增多。这种互动，主要表现为学术研究和教育实践的交流、学习和借鉴。

在全球一体化的现代社会大背景下，任何一个国家的发展都不可能孤立进行；同样，任何一个领域、任何一门学科的发展也不能闭门造车，“面向世界”成为现代社会发展的必然需求。改革开放以来我国教育理论研究和教育实践探索所取得的巨大成就，离不开教育界面向世界、与世界的互动和交往。在今后的教育理论研究和实践探索过程中，这种互动和交往仍将继续下去，并会呈现出更加多样、更加频繁、更高水平等特征；而且，随着与世界交往的不断深入，中国的教育必将对世界的发展做出自己积极的贡献。

5. 表现“自我”的本土学术范式

中华人民共和国成立以来，中国的教育理论和实践一直在探索和开辟属于自己的发展模式。虽然至今我们还没有形成具有足够影响力的教育理论学说和教育实践模式，但是，不同理论观点、不同学术流派、不同实践范式的异彩纷呈，依然构成了我国当下教育理论和教育实践的繁荣局面。

实践证明，中华人民共和国成立之初的全盘“苏化”的教育理论和实践形式并不是我们需要的最恰当、最有效的教育科学发展模式。改革开放之后，关于教育重大理论和实践问题的大讨论，有力地推动了我国教育科学的本土化发展，尤其是随着素质教育理念的推行和实践、新一轮课程改革的不断深化，具有中国特色的社会主义教育理论和实践体系逐渐浮出水面。有关教育理论问题的不同见解以及各具特色的教育实践探索，逐渐形成了我国教育科学领域“百花齐放、百家争鸣”的繁荣景象，有力地推动了我国教育科学的自我发展、自我繁荣。

面向未来，中国教育科学的发展必须展示出自己的理念和追求，展示出“自我”的存在和特色。因此，鼓励和推动具有中国特色的教育科学理论和实践体系的建设，形成中国自己的教育科学理论和实践体系，将是未来教育理论研究和实践探索的重要方面。

（作者单位：北京师范大学，摘自《新中国教育发展60年》）

走向更加公平合理的社会资源配置格局

——新中国60年社会发展和建设成就

郑杭生

1949年新中国的成立，标志着中国人从此站起来了。60年发展和建设的辉煌成果，标志着我们祖国的和平崛起，中华民族的伟大复兴，新中国对人类和世界发展进程作出了伟大贡献。

新中国60年发展和建设之路很不平坦，取得成果极不容易，这是一条在“一穷二白”基础上探索新社会、新制度建设的艰险崎岖之路，是一条克服千难万险、勇往直前、可歌可泣的好事多磨之路，没有曲折，没有艰辛，倒是不可想象的。如果与初始水平同我国差不多，甚至比我国高的亚洲、拉美一些发展中的大国比较，经过60年发展和建设，我国取得的成就是尤其值得自豪的。

新中国60年发展和建设之路，按照改革开放为界，大体可以分为两个30年：改革开放前30年（1949—1979）和改革开放后30年（1979—2009）。因此，要正确看待新中国60年，首要前提是要正确处理好这两个30年的关系。

实事求是地、具体分析地看待这两个30年的关系，我们必须承认：前30年既为后30年打下了基础，又为后30年留下了问题。① 因此，既不能用后30年来否定前30年，也不能用前30年来否定后30年。用后30年来否定前30年，就是无视前30年为后30年打下了基础的一面，就是无视前30年本身取得的伟大的基础性的成就的一面；而用前30年来否定后30年，则是无视前30年为后30年留下的问题的一面，就是无视后30年本身取得的伟大的发展性的成就的

① 郑杭生：《改革开放30年：社会发展理论和社会转型理论》，《中国社会科学》，2009年第2期。

一面。

本文以社会资源和社会机会合理配置格局为主线，来分析新中国60年来的社会变迁和社会转型、社会建设和社会发展。

一、改革开放前30年社会变迁的总体特征

1949年新中国的成立，是中国历史上最伟大的事件，是中国人民创造自己历史的新的起点，是中华民族一个有重大历史意义转折的里程碑，这就是从善于破坏旧世界转变为善于建设新世界。

毛泽东在新中国成立前夕召开的七届二中全会上满怀信心地指出："我们不但善于破坏一个旧世界，我们还将善于建设一个新世界。"① 对中国共产党来说，这也意味着从过去千难万险的"革命为民"转变为此后充满挑战的"执政为民"，开始了新的万里长征的第一步。

（一）社会运行和社会转型进入新时期

新中国成立只是为"建设新世界"创造了现实可能性，但是要把这种可能性真正变成现实，必须战胜诸多的困难和挑战。

1."建设新世界"的艰难性

新中国成立时，当时面对的客观条件十分严峻。

从国际上看，那时正处在社会主义和帝国主义两大阵营冷战对峙的格局和大背景下，一方面，以美国为首的帝国主义对新中国采取的是包围和封锁政策，时刻企图扼杀这个新生的人民共和国；另一方面，以苏联为首的社会主义国家向新中国伸出援助之手。正是在这样的国际环境下，新中国在外交上别无选择，不能不实行"一边倒"，即倒向以苏联为首的社会主义阵营的政策，在经济建设上提出了向苏联学习的口号。就像毛泽东所说的："为了使我国变为工业国，我们必须学习苏联的先进经验。苏联建设社会主义已经有四十年了，它的经验对于我们是十分宝贵的。大家看吧，谁给我们设计和装备了这么多的重要工厂呢？美国给我们没有？英国给我们没有？他们都不给。只有苏联肯这样做，因为它是社会主义国家，是我们的同盟国家。除了苏联以外，东欧一些兄弟国家也给了我们一些帮助。"②

从国内的情况看，形势同样严峻：

第一，我国还是一个落后的农业国，1949年我国的现代工业在国民经济中所占的比例仅为10%；我国的城镇人口也只是总人口的10.6%。这两个10%，

---

① 《毛泽东选集》，第4卷，人民出版社，1964年版，第1439页。

② 《毛泽东选集》，第5卷，人民出版社，1964年版，第401页。

表明我国工业化、城镇化的水平很低，发展的初始水平很低，我国社会还是一个传统因素占主导地位的传统型社会，从传统型社会向现代型社会的转型的任务十分繁重。

第二，新中国经济建设起步时，面对的是一个千疮百孔的烂摊子，长期战争造成了满目疮痍，民不聊生，留下了百业待兴，百废待举。据统计，1949年与历史最高年份相比，工业总产值减少50%。粮食产量减少近1/4，棉花产量减少48%。铁路只有近万公里线路通车，3200多座桥梁遭到严重破坏。国民党政府滥发货币，通货恶性膨胀，市场物价猛涨。1949年城市中失业人数约有400万人，农村灾民约有4000万人，人民生活极端困难。新中国成立后，必须迅速医治战争创伤，恢复国民经济，以巩固人民政权，改善人民生活，为有计划的社会主义建设和社会主义改造准备条件。

第三，新中国成立初期，土地改革等的任务还未完成，解放战争还在继续，土匪尚未肃清，国民党特务的破坏还很猖獗，随后又开始了抗美援朝。其他旧社会留下的污泥浊水亟待清除，面临繁重的社会改造任务。

所有这些意味着“建设新世界”的艰难性、复杂性、繁重性。

2.“建设新世界”的制度选择

“建设新世界”，从内容上看，首先就是要建设与旧社会不同的新的政治、经济、文化、社会管理制度和体制，实际上是一个制度和体制的创造创新过程的开始。制度和体制最本质的内容，就是社会资源配置的格局和方式。创立新的制度和体制，也就是以新的社会资源配置格局和方式来取代原来旧的社会资源配置格局和方式。

所谓“社会资源”，其内涵是指一个社会赖以生存和发展所需的人力、财力、物力、机会等生产和生活资料。社会资源的外延，按不同划分标准，可分为可再生资源和不可再生资源，人力资源和非人力资源，经济资源和非经济资源，物质资源和非物质资源，即硬资源和“软”资源等。人们还经常按不同领域来划分广义的社会资源，于是又有了政治资源、经济资源、文化资源、社会生活资源等。人们还按照公私关系，把社会资源分为“公共物品”和“私人物品”①。从性质上看，社会资源都是价值性、有限性和主体性的统一。

① “公共物品”（public goods）指具有外在性、共享性、垄断性的资源，如国防、公安系统、公共道路、环境保护以及制度规则等。“私人物品”（private goods）则指具有独立性、排他性、竞争性的资源，这类资源在数量上占绝对优势。但现实生活中存在大量兼有公共物品性质和私人物品性质的资源，如自来水、电力、教育、卫生、信息服务等。它们既有公共物品的经营垄断性又有私人物品的消费排他性。参见陈振明主编《公共管理学》，中国人民大学出版社，1999年版，第224页。

所谓“社会资源配置”是指上述各种资源在各种不同的使用方向之间的分配。社会资源配置，大体可分为合理的和非合理的配置，有效的和非有效的配置，或低效的和高效的配置。只有选择合理的、高效的社会资源配置方式，才能使有限资源的开发利用达到最佳效果。

对新中国来说，改变社会资源配置格局，最首要的就是把过去有利于“三座大山”——帝国主义、封建主义、官僚资本主义压迫、剥削中国人民的不合理的、低效的资源配置方式，改变为有利于中国人民，特别是工农大众当家做主、共享胜利成果的合理的、高效的资源配置方式。这个问题，用更学术化的语言来说，就是要把中国这样一个落后的农业国建设成为一个社会主义现代化强国，应该通过选择什么样的政治、经济、文化、社会制度和体制，选择什么样的资源配置方式来实现。

在制度上，新中国选择了社会主义制度：政治制度是人民民主专政（国体），经济制度是以公有制为主体、多种经济成分共同发展，文化制度是文化为工农兵服务、为人民服务的制度，社会管理制度是人民，特别是劳动人民自己做主、自己管理社会生活领域内的各种事务。

在体制上，政治体制是实行民主集中制的人民代表大会制度（政体），经济体制是高度集中的把经济事务包下来的计划经济体制，文化体制是高度集中的把文化事业包下来的文化管理体制，社会体制是高度集中的把社会事务包下来的社会管理体制。那时，所有经济组织、文化组织和社会组织都是政府组织的延伸，分别承担了办企业、办文化、办社会的职能。其中，经济体制就是社会资源中最基本的资源——经济资源的配置格局和方式。其他政治体制、文化体制、社会体制也是相应的政治资源、文化资源和社会生活资源的配置格局和方式。

新中国的计划经济体制是在1949年到1952年三年国民经济恢复工作的时期初步形成的，1954年以宪法的形式固定下来。1954年一届人大一次会议通过的《中华人民共和国宪法》第15条规定：“国家用经济计划指导国民经济的发展和改造，使生产力不断提高，以改进人民的物质生活和文化生活，巩固国家的独立和安全。”① 这一高度集中的计划经济体制成为前30年中国配置包括经济资源在内的社会资源的主要形式，它作为经济基础，也深深地影响着其他制度和体制。

新中国为什么选择这样的制度和体制？这是由历史原因和现实情况、国内外的形势、主客观的具体理由决定的。我们着重以当时为什么选择计划经济体制为例来加以分析。

---

① 《中华人民共和国宪法》，《建国以来重要文献选编》，第5册，中央文献出版社，1993年版，第524页。

新中国之所以选择高度集中的计划经济体制，概括地说，主要有以下几个原因：

第一是因为毛泽东和中国共产党人在理论上依据马克思主义经典作家有关资本主义经济和社会主义经济的论述。资本主义基本矛盾是生产的社会性与生产资料占有的私人性之间的矛盾。资本主义基本矛盾的表现之一，就是全社会生产的无政府状态和个别企业的有组织状况。社会主义经济是以生产资料公有制为基础的，它与生产的社会化是一致的。这正是社会主义优越于资本主义的地方。社会主义的一个基本特征是克服社会经济的无计划状态，而进行有计划的发展。由此，中国共产党人在很长的时间内把计划经济同社会主义联系在一起，把市场经济同资本主义联系在一起。毛泽东在1953年说："资本主义道路，也可增产，但时间要长，而且是痛苦的道路。我们不搞资本主义，这是定了的，假如又不搞社会主义，那就要两头落空。"① 这意味着：要搞社会主义，就要选择高度集中的计划经济体制。

第二是因为毛泽东和中国共产党人在实践中学习苏联经验的结果。新中国开始探索中国社会主义发展道路时，除了苏联经验，没有任何现成的经验可循。当时苏联高度集中的计划经济表现出它的强烈的示范作用，而它的弊病还没有充分暴露出来。大家知道，在经济体制上，苏联实行高度集中的计划经济体制。当时苏联选择计划经济的理由，也几乎和后来新中国的一样，一方面依据的是马克思主义关于社会主义基本特征的理论；另一方面是苏联自身所处的客观环境的需要。1929年资本主义经济大危机前后，资本主义国家的各种矛盾迅速激化，战争一触即发，备战和抵御外敌入侵成为苏联的首要任务。在这种环境下，苏联必须在经济上高度集中财力、物力、人力由中央使用。正是采取这种办法，苏联在较短的时间内，初步实现了社会主义工业化、农业集体化和国民经济计划化，由一个贫穷落后的国家，变成一个能与资本主义国家抗衡的强国，保证了后来苏联在反法西斯战争中的胜利。苏联在实践中逐步形成的高度集中的计划经济体制，在那个时期充分表现出自己的优越性。这对于社会主义阵营不能不有强烈的示范作用。第二次世界大战后所诞生的一系列社会主义国家，几乎都照搬了它的经验，新中国也没有例外。对此，毛泽东这样说："为了使我国变为工业国，我们必须认真学习苏联的先进经验。苏联建设社会主义已经有四十年了，它的经验对我们是十分宝贵的。"②

第三是因为毛泽东和中国共产党人依据新中国经济建设起步时的实际情况。

---

① 《毛泽东文集》，第6卷，人民出版社，1999年版，第299页。
② 《建国以来毛泽东文稿》，第6册，中央文献出版社，1992年版，第357页。

新中国成立初期，战争还在继续，国内外敌对势力的破坏还在进行，各种物资，特别是与老百姓生活密切相关的必需品，均极短缺，投机商人乘机捣乱。在这样严峻的背景下，为了使有限的资源配置到最急需的地方，必须实行计划管理，建立计划经济体制。用历史的眼光来看，当时选择高度集中的计划经济体制是正确的。如果那时不采取这种体制，就不可能取得新中国成立初期经济建设的一系列成就。事实证明，新中国学习苏联建立高度集中的计划经济体制，在新中国成立初期基本适应了当时中国的生产力发展水平，并且在一个时期内明显推动了生产力的发展。①

由此可见，对于计划经济体制，要用历史的眼光进行具体分析，它所起的历史作用必须肯定，不能一笔抹杀。计划经济体制的弊病是逐渐暴露而为人们逐步认识到的，这些弊病表明了从高度集中的计划经济体制到充满活力的社会主义市场经济体制转变的必要性和必然性。我们很同意这样的观点：对新中国成立初期新中国选择计划经济体制的原因与评价的研究，只有把它放在新中国历史发展的进程背景中，才有深入思考的真正可能与实际价值。计划经济体制作为历史的选择与存在，必然有其选择与存在的理由，也必然有着在中国社会发展中的价值。这种价值，除了积累经验，还应该有为近30年的中国计划体制下的经济社会发展奠定基础的作用。否则，许多问题就难以理解，也不符合历史的逻辑。②

（二）与计划经济体制相适应的社会资源配置格局

如上所述，新中国前30年实行的是高度集中的计划经济体制，即由国家集中计划分配、管理各种社会资源和社会机会。那时，资源配置的主体就是国家一政府一家，与国家相对独立的市场和社会几乎是不存在的。在实际生活中，就表现为“政企不分”、“政社不分”、“政事不分”。

那么，这个体制是如何具体运作的呢？也即国家如何把各种社会资源分配给作为国家延伸的各类社会组织，各类社会组织又如何把不同的社会资源分配给自己的社会成员呢？这就不能不涉及前30年新中国实行的三项重要的“次级制度”：单位制、行政制和身份制。所谓“次级制度”是指从属于基本制度、又为落实贯彻基本制度服务的具体制度。在新中国前30年，单位制、行政制和身份制就是这种为贯彻落实社会主义基本制度服务的具体制度。

---

① 参见廖心文：《从计划经济体制向社会主义市场经济体制的转变——试论毛泽东、邓小平对我国经济体制的探索》，人民网 http://theory.people.com.cn/GB/41038/9534140.html。

② 钟瑛：《建国初期新中国选择计划经济体制的原因与评价研究述评》，《中共党史资料》，2007年第4期。

1. "单位制"与"行政制"

所谓"单位制"，主要是指由国家集中计划、管理的各种社会资源，是通过各种形式的"单位"进行实际运作和操作的。这里所说的"单位"，是社会组织的一种特殊形式，实际上是国家组织的外延产物，其功能和活动方式、范围都是国家分配的结果。①

中国主要有这样几类单位：

首先是单位化程度最高的党政机关、全民所有制企事业单位。它们作为国家组织及其附属物，既受到国家全面直接的控制，也受到国家组织全面而直接的保障。

其次是城镇集体所有制企事业单位。它们依照国家计划的分类也由国家"归口"管理。与全民所有制单位相比较，它们在形式上具有相对的"自主权"。但是，在全民单位占绝对优势并控制大部分重要社会资源的状况下，这种"自主权"不过是对国家不完全保障的一种弥补。

再次是农村各类集体经济单位。过去"政社合一"的人民公社在受到许多行政控制的同时，除了因重大灾害等可享受国家救济外，主要是"自负盈亏"。因而在国家若干直接强制之外（如统购统收、统购统销等），享有较多的"自主权"。它的单位化程度最低，一般称为"不完全单位"。但是，在绝大多数资源由国家直接控制并从农村调往城镇的情况下，可供农村单位自主支配的社会资源已经不多。

除了上述三类"单位"，当时还有一部分社会成员是无单位或几乎无单位的，如城镇中的个体工商户等，但数量极为有限。

当社会普遍单位化时，社会资源也随着单位化了。个人占有资源，至少是大量的、重要的资源已成为不可能。国家通过各种机关、经济、教育、科研、文化等单位，直接控制了绝大部分重要社会资源和社会机会。各种单位的职能是运用这些资源，进行"生产"，并向国家交回"产品"，再由国家计划分配。单位很像国家这个大工厂中的车间、班组。作为社会成员的个人，只有进入某一单位，将个人单位化，才有可能分享某些社会资源，才具有占用国家控制的社会资源的合法权利。不仅收入、声望以及诸如住房等社会福利保障要依赖单位，而且，社会成员外出打工、结婚离婚、参与社会事务乃至出差旅行，也需要单位的介绍信为其身份和行为的合法性作出担保。任何个人或单位，如果脱离国家的计划，自主活动和谋取资源，一般不具有制度上或声望上的合法性。

那么，国家又根据什么标准把不同数量和质量的社会资源分配给不同的单位

① 路风：《单位：一个特殊的社会组织形式》，载《社会科学战线》，1989年第1期。

呢？这就是行政制要解决的问题。

所谓“行政制”，是指中国大陆每个单位都是有行政级别的，如省部军级、厅司师级、县处团级、乡镇科级等。社会资源正是按照行政级别分配给各个单位。不同行政级别的单位享受相应的待遇，包括能看到相应级别的文件。除了单位有行政级别，工作在每个单位的干部也有相应的行政级别。中国社会的行政级别是很彻底的。

在前 30 年，社会成员个人获得何种社会资源以及获得资源的多寡，能够定为何种行政级别，又与身份制有关。

2. “身份制”

所谓“身份制”，是指前 30 年中国社会的成员具有很强的身份属性。每个成年社会成员至少有这样四种身份：

阶级身份。新中国建立后不久，即在全国农村实行了土地改革，按照占有生产资料的状况、有无剥削及剥削的程度划分了地主、富农、中农、贫农、雇农等阶级成分；1954—1956 年，在城市也参照此标准及个人职业，划定了革命干部、革命军人、工人、店员、资产阶级、工商业兼地主、小业主、手工业者、职员、自由职业、高级职员、城市贫民、摊贩等阶级成分。这样就分别在城乡解决了依靠谁、团结谁、打击谁的问题，并在此基础上形成了中国城乡社会的政治与阶级结构。直到 1978 年，阶级成分对中国大陆社会成员的入学、入党、参军、就业、通婚及职务晋升等地位改变过程，也就是对个人从国家和社会获得何种社会资源和何种社会机会，有着非常重要的、甚至决定性的影响。这种做法人为地加剧了社会内部的张力。在“文化大革命”中，这种做法更被推向了极端。1979 年开始，中国政府接受“文化大革命”的惨痛教训，实行一系列新的政策，如在农村给地主、富农分子“摘掉帽子”，在城市宣布原工商业者已经成为社会主义社会中的劳动者等，阶级身份体系便逐渐归于消失。应当说，阶级身份是废除得最彻底的。这既解放了城乡大批劳动力；又使“以阶级斗争为纲”失去了社会基础，意义是十分重大的。

户籍身份。从 1958 年开始，中国户籍制度严格地将城镇户口与农村户口加以明确区分。这个制度极大地强化了中国大陆社会的城乡二元结构，极大地限制了社会流动。中国大陆有一个名词，叫“农转非”，也就是农村户口转为非农村户口的意思。但这对个人是极其困难的。改革开放以来，随着与之配套的制度，如人民公社制、粮油分配票证制等的弱化以至解体和废除，户籍身份对社会流动的限制作用大为减弱。但今天由于户籍制度的“惯性”，户籍身份对进城农民工提升社会地位，仍然是一种障碍。

就业身份。在计划体制下，城市社会成员按其就业性质，被划分为干部和工人。在体制上，这两部分人分别由两个部门管理：干部由人事部管理，而工人则由劳动部管理。这种身份地位的分配一旦完成，个人就很难加以改变。中国大陆还有一个名词，叫“工转干”，也就是由工人身份转向干部身份。但这是很困难的。现在由于资源配置的市场化、公务员的招聘制度等一系列改革，原有的干部、工人身份，正逐步演变成真正的职业身份系列。但是这个过程将是很长的。

所有制身份。改革开放前，中国社会主要存在两种所有制形式，即全民所有制和城镇集体所有制。两种所有制内的职工（包括干部与工人）在工资、劳保福利和社会地位上都有重大的差别。因此，一个在全民所有制企业的女职工，一般不会“下嫁给”集体所有制的男职工；而集体所有制企业的女职工，则一般地会追求或“上嫁给”全民所有制的男职工。改革开放以来，多种经济成分的存在与发展，人们对企业的评价更加重视其经济效益的高低。全民所有制和集体所有制企业的效益，往往发生倒转。区分所有制身份的意义已经大为降低。

总之，改革开放前，中国社会管理体制和资源配置的最大特色是那种与“行政制”紧密结合、什么都管的“单位制”——国家按照行政级别，把各种资源分配给作为自己延伸的不同单位，各单位然后按照行政级别和社会身份把资源和机会再分配给对自己有极强依赖性的本单位成员个人。改革开放后，原有的单位逐步转变为功能单一的利益主体，工厂就是工厂，学校就是学校，不再承担更多的社会事务；大量新形成的单位，也越来越采取“非单位”的管理体制，它们仅仅是工作场所，不再是什么都管的“单位”，相应地，越来越多的社会成员也从对本单位有极强依赖性的“单位人”变成自主性越来越强的“社会人”、“社区人”。

（三）社会建设和社会发展取得新成就

正是由于建立了与旧社会不同的新的政治、经济、文化、社会制度和体制，正是改变了以前不合理的低效的社会资源和社会机会配置格局和方式，新中国在前 30 年的经济和社会发展中取得了伟大的成绩，从而为后 30 年的发展打下了坚实的基础。

1. 民族独立、人民解放、国家统一

民族独立、人民解放、国家统一，是新中国诞生的划时代意义的三个要点①，是新中国取得的伟大历史成就，它既是前 30 年，也是后 30 年建设和发展的根本前提。

民族独立的标志，就是新中国诞生的前夜，毛泽东在中国人民政治协商会议开幕词中说的那句著名的话：“占人类总数四分之一的中国人从此站立起来了!”这表明，我们的民族将再也不是一个被人侮辱的民族了。中国的事情必须由中国

① 金冲及：《新中国诞生的划时代意义》，《光明日报》，2009 年 9 月 16 日。

人民自己作主张，自己来处理，不容许任何帝国主义国家再有一丝一毫的干涉。

人民解放的标志，就是人民真正当了家，做了自己国家和社会的主人。民主从过去少数人的权利，变成多数人都能享受的权利。

国家统一的标志，就是新中国结束了旧中国长期四分五裂、“一盘散沙”的状况，各个地方形成空前统一的局面，各个民族形成“多元一体”的民族格局。人民政府能够根据人民的根本利益，在全国范围内通盘筹划，制定明确的路线、方针和政策，采取重大措施。

关于民族独立、人民解放、国家统一是中国建设和发展的根本前提，毛泽东早于1945年在《论联合政府》中就有所论述：“一个不是贫弱的而是富强的中国，是和一个不是殖民地半殖民地的而是独立的，不是半封建的而是自由的、民主的，不是分裂的而是统一的中国，相联结的。在一个半殖民地的、半封建的、分裂的中国里，要想发展工业，建设国防，福利人民，求得国家的富强，多少年来多少人做过这种梦，但是一概幻灭了。”这就是说：没有独立、自由民主和统一，就不可能在中国实现以工业化为中心的现代化。

2. 没收官僚资本、收回列强特权、完成土地改革

上述三项均属民主革命性质的任务。彻底完成这些任务，根本改变城乡社会资源配置的格局，使新中国社会经济结构发生了巨大变化，为社会主义建设和发展奠定了经济基础。这也只有共产党领导下的新中国才能真正做到。

首先是没收官僚资本。以蒋、宋、孔、陈为首的官僚资本主义代表大地主、大资产阶级的利益，对内实行独裁统治，控制经济命脉，对外依靠帝国主义，是这一时期最反动的经济成分，严重阻碍着新中国的经济发展。因此，推翻官僚资产阶级和没收官僚资本是新民主主义革命的历史任务之一。当时，人民解放军解放哪个城市，就立即没收官僚资本，加以接管。

其次是收回列强特权。对于在华的1300多家外国资本企业，没有采取直接没收的政策，而是首先废除了外国资本企业依据不平等条约所享有的经济特权，然后通过监督和管制、收购、征购等办法，妥善处理外国在华企业。到1952年年底，基本上清理了帝国主义在华的经济势力。

新中国正是在没收官僚资本、收回列强特权的基础上建立起强大的国营经济。国营经济是整个国民经济的领导力量，它形成了人民共和国的物质基础，成为走向社会主义社会的经济基础。

应当指出的是，为了发展经济，新生的人民共和国并不没收其他资本主义的私有财产，并不禁止“不能操纵国民生计”的资本主义生产的发展。

再次是完成土地改革。完成土地改革，是新中国成立之初的一项重大社会改革成就。1950年6月，中央人民政府颁布的《中华人民共和国土地改革法》指出："废除地主阶级封建剥削的土地所有制，实行农民的土地所有制，借以解放农村生产力，发展农业生产，为新中国的工业化开辟道路。"地主土地所有制是封建社会的经济基础。不废除地主土地所有制，民主革命的任务就不能完成，民主革命的下一步任务——实现社会主义也难以完成。到1952年8月，全国除少数民族地区外，土地改革基本完成，消灭了几千年来的封建剥削制度，解放了农业生产力。这是民主革命取得最后胜利的重要标志。在这个基础上，又引导农民在自愿互利的基础上组织起来，走互助合作道路。1952年年底，农业生产互助组达到800多万个，农业生产合作社4000多个，有力地推动了农业生产的恢复和发展。由于土地改革的完成，农民成为新生的人民共和国的基本支持力量，也为农民走上社会主义道路作了很好的准备。

现在国际学术界越来越倾向这样的观点：经过土地改革的国家，现代化进程比较顺利。笔者本人在印度的考察、在泰国的访问，也都有这样的感受。到2004年我们访印时为止，印度只有印共（马）执政的三个邦进行过不彻底的土改，其他邦则没有进行过土地改革。在这种情况下，政府在推进现代化建设时，只要涉及土地、房产问题，就不能不与为数众多的土地、房产私有者一个一个地进行谈判。这成为印度现代化进程想快也快不了的主要原因之一。在这个意义上，毛泽东在20世纪50年代初进行的彻底的土地改革，为邓小平在20世纪70年代末开始的快速现代化进程打下了坚实的基础。

3. 经济建设展开、工业体系形成、"两弹一星"发射

经济建设展开。新中国从1953年开始大规模的经济建设，第一个五年计划的基本任务是：集中主要力量进行以苏联帮助我国设计的156个建设单位为中心的、由限额以上的694个建设单位组成的工业建设，建立我国的社会主义工业化的初步基础；发展部分集体所有制的农业生产合作社，并发展手工业生产合作社，建立对农业和手工业的社会主义改造的初步基础；基本上把资本主义工商业分别地纳入各种形式的国家资本主义的轨道，建立对私营工商业的社会主义改造的基础。"一五"计划时期是改革开放以前中国经济发展最快、效益最好的时期。整个来说，前30年新中国的经济发展是不慢的。据统计局公布的数字：1952年，我国国内生产总值只有679亿元，到1978年增加到3645亿元。

工业体系形成。新中国是在旧中国遗留下来的"一穷二白"的基础上，建立了独立的比较完整的工业体系和国民经济体系的。到1978年，全国工业企业达到三十五万个，全民所有制企业的固定资产达到三千二百亿元，相当于旧中国近百年积累起来的工业固定资产的二十五倍。其中最突出的标志是新中国接受了苏联和东欧国家的资金、技术和设备援助，建设了以"156项"为核心的近千个工业项目。在这些骨干项目的带动下，工业快速建立起来。"一五"期间，我国工业增加值年均增长19.8%，农业年均增长3.8%。工业生产增长明显快于农业。在工农业总产值中，工业的比重由1952年的43.1%，提高到1957年的56.7%，上升13.6个百分点。这些项目的建成投产，建立了一系列新的工业部门，在中国大地上史无前例地形成了独立自主的工业体系雏形，奠定了社会主义工业化的初步基础。

"两弹一星"发射。20世纪60年代中期至70年代，是我国国防科技尖端技术取得多方面重大突破的一个里程碑阶段，先后制成和试验成功了第一颗原子弹(1964年10月)、第一枚导弹核武器、第一颗氢弹（1966年10月27日)、第一艘核潜艇、第一颗人造卫星和第一颗返回式人造卫星；这些成就是从50年代起中国领导人和广大科研技术人员经过不懈的开创和连续科学技术攻关才取得的，也反映了他们在"文革"困难政治环境下的可贵努力，为以后改革开放时期的科学技术赶超世界先进水平，实现现代化目标，奠定了坚实的基础和提供了宝贵的经验。如果六十年代以来中国没有原子弹、氢弹，没有发射卫星，中国就不能叫有重要影响的大国，就没有现在这样的国际地位。

总之，中国在1952—1978年的二十多年内走完了西方发达国家上百年才能走完的工业化道路，成为世界主要工业强国之一；1980年，中国的工业规模已经超过世界老牌工业强国英法两国，直逼在西方强国中坐第三把交椅的西德；中国实现了从农业国到初步工业国的历史性跨越；到20世纪70年代末，几乎所有西方有的中国都有了：喷气式飞机，汽车、火车和轮船，卫星、导弹、原子弹样样俱全。这些成就的取得，与我国高度集中的资源配置格局，集中力量办大事的体制是分不开的。

胡锦涛同志在党的十七大报告中指出："我们要永远铭记，改革开放伟大事业，是在以毛泽东同志为核心的党的第一代中央领导集体创立毛泽东思想，带领全党全国各族人民建立新中国、取得社会主义革命和建设伟大成就以及艰辛探索社会主义建设规律取得宝贵经验的基础上进行的。新民主主义革命的胜利，社会主义基本制度的建立，为当代中国一切发展进步奠定了根本政治前提和制度基础。"在探讨新中国前30年的历史时，认真体会其中的深刻含义是十分重要的。

(四）前30年社会建设和社会发展的社会学分析

社会建设和社会发展有不同的方向，因而表现为不同的类型的社会运行。1985年，笔者曾把社会运行和发展区分为三种类型：良性运行和协调发展、中性运行和模糊发展、恶性运行和畸形发展①。因此，社会建设和社会发展与一般

---

① 郑杭生：《马克思主义社会学的两种形态》，载《光明日报》，1985年7月29日。又见郑杭生《社会学对象问题新探》，载《社会学研究》，1986年第1期（创刊号）。

的社会变迁不同，是一种有规划、有方向的社会变迁。这里，社会变迁是一种社会事实，规划性、方向性是一种社会价值，社会建设和社会发展就是社会事实与社会价值的统一。

对新中国“前30年”，笔者曾经从社会学角度做过这样的分析：1949－1956年可以看作是初步良性运行和协调发展；1956－1959年是中性运行和模糊发展；1959－1962年是局部恶性运行和畸形发展；1962－1966年又回归中性运行和模糊发展；1966－1976年不幸陷入全面的恶性运行和畸形发展；1976－1978年终于摆脱恶性运行和畸形发展转向中性运行和模糊发展①。可见，“前30年”本身是极其复杂的。对此，为了简明，可以列表如下：

新中国成立以来至1978年社会运行状况

时期(年) 运行状况	1949—1956	1956—1959	1959—1962	1962—1966	1966—1976	1976—1978	1978—
良性运行	初步良性						
中性运行		中性运行		中性运行		转向中性	中性运行
恶性运行			局部恶性		全面恶性	摆脱恶性	

所谓社会的良性运行和协调发展，是指特定社会的经济、政治和思想文化三大系统之间以及各系统内不同部分、不同层次之间的相互促进，而社会障碍、失调等因素被控制在最小的限度和最小的范围之内。社会良性运行和协调发展是生产力和生产关系、经济基础和上层建筑相互适应的体现，是社会运行和发展的理想模式。社会的良性运行和协调发展不是清一色的，它因程度不同而表现出多样性。我国20世纪50年代前期，特别是从第一个五年计划时期，党风优良，政治清明，社会风气正，人民的精神面貌好，生产恢复发展快，社会障碍等因素被控制在很小的范围内，但是生产力发展水平毕竟还很低。那时，可以说，我国社会是处在一种初级的良性运行和协调发展的状况之中的。

所谓社会的中性运行和模糊发展，是指社会运行有障碍，发展不甚平衡，包含较多较明显的不协调因素，但它们还未危害、破坏社会的常态运行。因此，社会的中性运行也可称做有障碍的常态运行。这是一种良性运行和恶性运行之间、协调发展和畸形发展之间的中间状态，是一种不稳定状况；它有可能向前者进化，也有可能向后者退化。我国1957—1959年期间、1962—1966年“文化大革命”之前的时期，总的说来，就处在这样的状况之中。反右斗争扩大化、反右倾

① 郑杭生：《社会学对象问题新探》，载《社会学研究》，1986年第1期（创刊号）。又见《社会学对象问题新探》，中国人民大学出版社，1987年版。

运动、片面强调阶级斗争，是政治上的障碍和不协调因素；超越生产力发展的现实阶段，片面地、频繁地进行生产关系方面的调整和革命，如公社化、割“资本主义尾巴”、“提前进入共产主义”以及“大跃进”等，是经济上的障碍和不协调因素。党的实事求是的思想路线日益遭到践踏，又是思想上的不协调因素。对这些“左”的不协调因素失去警惕，不加以及时纠正，任其泛滥，结果是愈演愈烈，终于退化为后来“文化大革命”时的社会恶性运行。

所谓社会的恶性运行和畸形发展，是指社会运行发生严重障碍、离轨、失控。1959—1961 年三年困难时期，我们初步感受到了这种恶性运行；“文化大革命”时期，我们更全面广泛地感受到了它：党组织瘫痪、公检法被砸、工厂停工、学校停课、交通运输混乱、武斗升级、无政府状态泛滥，冤狱遍于国中，人际关系紧张。

应该说，社会主义社会从根本上、总体上是能够良性运行和协调发展的。因为社会主义经济是以生产资料公有制为基础的，它与生产的社会化是一致的。这正是社会主义优越于资本主义的地方。但是，说社会主义社会能够良性运行和协调发展还只是一种可能性，而不是现实性。不仅如此，新中国成立以来的经验和教训从正反两个方面告诉我们：如果搞得不好，社会主义社会也会经常处于中性运行和模糊发展之中；如果再不注意，还会陷入恶性运行和畸形发展。十年动乱给我们上了极其充分的一课。

社会学的核心命题之一是社会资源和社会机会的合理配置和分配。社会学学科的许多基本范畴，如社会正义、社会资本、阶层阶级等，都要用社会资源的配置或获取来定义。现在提出一些重要概念，如社会建设、民生问题等，也不例外。“社会学作为研究社会良性运行和协调发展的条件和机制的综合性具体科学”，其社会良性运行和协调发展归根到底离不开社会资源和社会机会的合理配置和获取。抓住更合理地配置社会资源和社会机会这一核心观点，对我们理解两个 30 年的不同也同样是重要的。

二、改革开放后 30 年的社会变迁总体特征

中国社会后 30 年的建设和发展成就，已为世界不同色彩的政界、商界、传媒界和学界，以不同的方式所承认。这些成就突出地显示出中华民族的复兴，当代中国的崛起，国际地位的提高。在 2008 年成功举办奥运会之后，“鸟巢”、“水立方”等名称，在世界上广泛传播，成为当代中国发展的新的象征，成为全球炎黄子孙的共同骄傲。同时，中国社会发展和转型中的经验教训、问题挑战，也越来越成为世界各国，特别是发展中国家的共同财富。

中国社会后 30 年的建设和发展，是通过经济体制转轨和社会结构转型的方

式实现的。经济体制转轨引起了社会结构转型。社会结构转型又进一步推进经济体制转轨。经济体制转轨，就是从高度集中的计划经济体制转变为充满活力的社会主义市场经济体制，也就是把市场经济体制作为配置社会资源和机会的基础性手段。

要从高度集中的计划经济体制转变为充满活力的社会主义市场经济体制，其理论前提是要正确认识市场经济与社会主义的关系，打破那种认为计划经济与社会主义相关、市场经济与资本主义相连的两极思维。这个问题与搞清楚“什么叫社会主义，怎么样建设和发展社会主义”的根本问题密切联系。解决这个问题，是一个真真切切的解放思想的过程。

（一）从“以阶级斗争为纲”到以经济建设为中心

如果说，“前30年”为“后30年”打下基础这一面，是容易被人忽视的，那么，“前30年”为“后30年”留下问题的这一面，则是明显的。因为“前30年”中，从1966年到1976年有10年时间处在“文化大革命”的动乱之中，经历这一过程的人，大都有“切肤之痛”、“切身之感”；接下来又有差不多三年时间处在结束“文化大革命”的拨乱反正过程中，经历这一过程的人，往往把思想集中在总结“十年动乱”的教训上。

结合当时国内国际的客观实际，“前30年”，特别是十年动乱，提出的建设和发展问题主要是三个方面：

第一，经历“文化大革命”后，在我国社会各个方面大伤元气的情况下，社会主义中国如何建设和发展？

第二，在世界社会主义处在低潮中，特别是苏联在没有硝烟的世界大战中节节败退的情势下，社会主义中国如何建设和发展？

第三，在全球化进程中南北差距加大，中国被发达国家远远地抛在后面的情况下，社会主义中国如何建设和发展？①

1. 邓小平的至关重要的总结性回答

在当时，对这些问题的看法十分不一致。焦点集中在究竟是什么原因导致了十年动乱、导致了低潮的出现、导致了差距的拉开？如果对这些问题的回答不一样，那么对中国今后如何建设发展的一系列做法也会不一样，甚至完全相反。

对此邓小平作了总结性的回答：“我们搞改革开放，把工作重心放在经济建设上，没有丢马克思，没有丢列宁，也没有丢毛泽东。老祖宗不能丢啊！问题是

---

① 参见郑杭生：《邓小平发展思想与中国在经济全球化中的受益》，这是为2000年由北京市召开的“邓小平理论与21世纪中国理论研讨会”准备的论文，后被收入《邓小平理论研究文集（2000）》一书中，该书由中国人民大学出版社在2000年10月出版。

要把什么叫社会主义搞清楚，把怎么样建设和发展社会主义搞清楚。”①

这段话不仅从理论上指出了我们搞社会主义多年的经验教训，在某种程度上回答了苏联瓦解的根本原因，也指出了我国在全球化进程中缩小差距的前进方向，而且也提纲挈领地说明了“一个中心，两个基本点”这一中国执政党在新时期的总路线。这里，“把工作重心放在经济建设上”，即是“一个中心”——以经济建设为中心——的另一种表述，而“搞改革开放”和“老祖宗不能丢”，则是“两个基本点”——改革开放和坚持四项基本原则——深入浅出的表达。只有搞清楚“什么叫社会主义”、“怎么样建设和发展社会主义”这两个根本问题，社会主义中国才能真正得到发展，党的基本路线才能真正得到贯彻；而党的基本路线真正得到有效地贯彻，又使我们进一步搞清楚“什么叫社会主义”、“怎么样建设和发展社会主义”，从而形成良性循环，相互促进。邓小平的这一总结性的回答，可以看作是他的发展思想的总的框架，为中国“后 30 年”的发展奠定了新的起点。

正是围绕“什么叫社会主义”、“怎么样建设和发展社会主义”这两个根本问题，随着改革开放的深入，邓小平先后提出社会主义初级阶段论、社会主义市场经济论和社会主义本质论，为中国特色社会主义理论体系做出了巨大贡献，并在实践上推动中国在建设和发展的康庄大道上创造一个一个的奇迹般的伟大成就。

2. 邓小平三大理论的要旨

社会主义初级阶段论。1987 年 8 月，中国共产党第十三次全国代表大会召开前夕，邓小平明确指出：“我们党的十三大要阐述中国社会主义是处在一个什么阶段，就是处在初级阶段，是初级阶段的社会主义。社会主义本身是共产主义的初级阶段，而我们中国又处在社会主义的初级阶段，就是不发达的阶段。一切都要从这个实际出发，根据这个实际来制订规划。”② 初级阶段意味着，第一，我国已经进入社会主义社会。必须坚持而不能离开社会主义；第二，我国的社会主义社会还处在不发达的阶段，必须正视而不能超越这个阶段。初级阶段的时间是从我国进入社会主义（1956 年）到基本实现社会主义现代化（2050 年左右）的整个历史阶段，是一个长期的历史过程。这表明中国特色社会主义这种新型的社会主义，还非常年轻。

在社会主义初级阶段论中，与我们的分析密切相关的主要是两个问题：

第一，在我国社会主义初级阶段中，社会主要矛盾是什么。1956 年召开的

① 《总结经验，使用人才》（一九九一年八月二十日），《邓小平文选》，第 3 卷，第 369 页。

② 《邓小平文选》，第 3 卷，人民出版社，1993 年版，第 252 页。

党的八大指出，社会主义制度在我国基本建立以后，国内主要矛盾已经不再是工人阶级和资产阶级的矛盾，而是人民对于经济文化迅速发展的需要同当时经济文化不能满足人民需要的状况之间的矛盾。但是由于“左”的错误，这一正确论断没有得以实施，相反提出了“以阶级斗争为纲”，把两个阶级、两条道路的斗争作为主要矛盾，以致发展到“文化大革命“，造成全局指导上的失误。十一届三中全会以后，我们党纠正了这个错误。社会主义初级阶段论重新明确了我国社会的主要矛盾是人民日益增长的物质文化需要同落后的社会生产力之间的矛盾。这是最大的拨乱反正。从十二大到十七大，我们党始终坚持社会主义初级阶段的科学论断。坚持“发展才是硬道理“，大力发展生产力。这里，社会主义初级阶段论的重要意义在于，它为从“以阶级斗争为纲”转变到以经济建设为中心提供了理论支撑。

第二，在我国社会主义初级阶段中，公有制经济与非公有制经济的正确关系是什么。1978 年，党的十一届三中全会吹响了改革开放的号角。为了更快地发展生产力和社会主义经济，需要打破公有制一统天下的局面。随着改革开放的推进，个体经济、私营企业和外资企业发展起来，认识我国处于社会主义初级阶段的现实国情：生产力落后，多层次不平衡，人民日益增长的物质文化需要同落后的社会生产是主要矛盾，明确我国社会主义的根本任务是大力发展生产力，以此作为理论与实践的依据，来说明在大力发展公有制基础上发展非公有制经济的必要性和合理性，就顺理成章了。1997 年的十五大报告提出：“公有制为主体，多种所有制共同发展，是我国社会主义初级阶段的一项基本经济制度”，“非公有制经济是我国社会主义市场经济的重要组成部分”。这一新的提法，进一步提升了非公有制经济的地位，使非公有制经济由体制外进入体制内，又从制度外进入制度内。它进一步表明我国发展非公有制经济，不是短时期内的权宜之计和适应眼前需要的政策措施，而是长期的、构成社会主义市场经济和现阶段基本经济制度内容的战略性选择。①

社会主义市场经济论。上面已经指出，要从高度集中的计划经济体制转变为充满活力的社会主义市场经济体制，其理论前提是要正确认识市场经济与社会主义的关系。早在 1979 年 11 月，邓小平在会见美国客人吉布尼等人时就提出：“社会主义也可以搞市场经济。”② 后来，他又多次谈到这一问题，最集中地谈这一问题的是 1992 年视察南方的谈话，他说：“计划多一点还是市场多一点，不是

① 卫兴华：《新中国 60 年社会主义基本经济制度的形成与巩固》，《红旗文稿》，2009 年第 17 期。

② 《邓小平文选》，第 2 卷，人民出版社，1993 年版，第 236 页。

社会主义和资本主义的本质区别。计划经济不等于社会主义，资本主义也有计划；市场经济不等于资本主义，社会主义也有市场。计划和市场都是经济手段。”① 这些精辟论述从根本上解除了长期以来认为计划经济与社会主义相关、市场经济与资本主义相连的思想束缚。

经济体制作为社会生产关系的综合反映、作为社会资源配置的基本格局，必须促进生产力的发展，并为经济增长方式的转变提供制度环境。高度集中的计划经济体制的缺点是：排斥商品经济和市场机制，资源近乎无偿调拨和分配，经济主体缺乏自主经营、自负盈亏、自我约束的机制，投资建设成为政府行为，政府既集中了投资权而无人承担风险责任，又背负着速度攀比的强大压力，于是出现了“投资饥渴症”。这种经济运行的典型特征是粗放经营，高投入、高消耗、低质量、低效率，有效供给不足，体制性短缺十分严重，经济发展大起大落，波动剧烈。② 正是基于对上述历史经验教训的总结，党的十五大提出：要坚持社会主义市场经济的改革方向，使改革在调整和完善所有制结构等重大方面取得新突破，真正走一条速度较快、效益较好、整体素质不断提高的经济协调发展的路子。

现代市场经济的优点是有效率，能够优化地配置社会资源，能够避免上述高度集中的计划经济体制的局限。但是市场经济也不是万能的。它的主要缺点是不能保证公平正义，容易出现市场失灵。要防止市场失灵，在实践上就要正确处理好政府组织、市场组织和社会组织三大部门，也就是社会发展三大主体之间的关系。这点我们后面也会讲到。而在理论上，就要用社会主义本质论来支撑。

社会主义本质论。社会主义的本质是邓小平于 1992 年初在南方谈话中明确提出来的，他说“社会主义的本质，是解放生产力，发展生产力，消灭剥削，消除两极分化，最终达到共同富裕”③。温家宝对这段话作了如下解读：“这就告诉我们，巩固和发展社会主义，必须认识和把握好两大任务：一是解放和发展生产力，极大地增加全社会的物质财富；一是逐步实现社会公平与正义，极大地激发全社会的创造活力和促进社会和谐。上述两大任务相互联系、相互促进，是统一的整体，并且贯穿于整个社会主义历史时期一系列不同发展阶段的长久进程中。没有生产力的持久大发展，就不可能最终实现社会主义本质所要求的社会公平与正义；不随着生产力的发展而相应地逐步推进社会公平与正义，就不可能愈益充分地调动全社会的积极性和创造活力，因而也就是不可能持久地实现生产力的大

① 《邓小平文选》，第 3 卷，人民出版社，1993 年版，第 373 页。

② 刘诚等：《毛泽东邓小平现代化理论研究》，青海人民出版社，2001 年版，第 318 页。

③ 《邓小平文选》，第 3 卷，人民出版社，1993 年版，第 373 页。

发展。”简言之，社会主义的本质体现在既有效率——解放生产力，发展生产力，又讲公正——消灭剥削，消除两极分化，最终达到共同富裕。两者缺一，就不是真正的社会主义。

关于公平正义，在邓小平晚年反思中体现得更明显。1993年9月16日，邓小平在与弟弟邓垦谈话时曾谈到：“十二亿人口怎样实现富裕，富裕起来以后财富怎样分配，这都是大问题。解决这个问题比解决发展起来的问题还困难。分配的问题大得很。我们讲要防止两极分化，实际上两极分化自然出现。要利用各种手段、各种方法、各种方案来解决这些问题……少部分人获得那么多财富，大多数人没有，这样发展下去总有一天会出问题。分配不公，会导致两极分化，到一定时候问题就会出来。这个问题要解决。过去我们讲先发展起来。现在看，发展起来以后的问题不比不发展时少。”① 邓小平的这段谈话反映了他在中国发展道路问题上的新理解、新认识，既有对过去发展思路的总结，又有发展进入新阶段后出现新问题的洞察，还有对未来中国发展问题的提醒。这段谈话还直接提出了“分配不公”这样的公平正义的问题。公平正义是社会主义最本质的东西。对什么是公平正义，我们将在下面加以分析。

总之，在社会主义初级阶段，我们要用市场经济体制来保证效率效益，用推动共同富裕来保障公平正义。中国特色社会主义，正是这样一种力图将效率与公平更好结合起来的新型社会主义。

正是在邓小平理论和三个代表重要思想的指导下，通过历次党的代表大会，坚决贯彻了“以经济建设为中心”的基本点，我国经济社会迅速发展，出现了连续多年快速发展的“中国奇迹”，吸引世界目光的“中国经验”，令全球炎黄子孙振奋的“中国崛起”，以及让人目不暇接的“中国面貌”，等等。但另一方面，我们也必须面对快速发展引起的各种问题和挑战，确实如邓小平所说的“发展起来以后的问题不比不发展时少”。

（二）从初级发展到科学发展

后30年在资源配置方向上，也经历了向下扩散、向上集中、再向下扩散的曲线。这一曲线与后30年的我国发展的轨迹紧密相连。

1. 后30年资源配置方向的曲线

大体说来，20世纪80年代，社会资源和社会机会基本上是向下扩散，向农村、向边远地区扩散。因此，总体上看，农村受益，农业获利，农村经济实心化，农民负担较轻，致富面较大，乡镇企业异军突起，欣欣向荣。当然也不是没有问题，如差距开始拉开，环境开始污染，但还不明显，而且有些差距还在合理

① 《邓小平年谱》下，中央文献出版社，2004年版，第1364页。

的范围之内。

到20世纪90年代，社会资源和社会机会则基本上是向上集中，向城市、向中心地区集中。城市，特别是大城市日益繁荣，如有的大城市连续五年每年投入2000亿元，确实一年比一年好；由于大城市的带动和辐射，郊区农村，特别是近郊的情况，发展得不错，不过，它们只占中国广大农村的一小部分。而广大农村的情况却与80年代不同，出现了相反的趋势：许多地方农业生产，特别是粮食生产，不获利，越丰收，亏得越多；经济空心化：乡财政负债1700亿元、村负债1400亿元；农民负担加重；青壮年往外跑，农村往往留下“三八、六一、九九部队”，即妇女、儿童和老人；乡镇企业几乎多走下坡路，开始了衰落的过程。所以有“农村穷、农民苦、农业危险”之说。

到新世纪，特别是从2004至2006年，中共中央连续三年制定出台了关于“三农”问题的三个一号文件。这三个文件及其主要内容如下：(1) 2004年2月8日下发的《中共中央国务院关于促进农民增加收入若干政策的意见》，这是改革开放以来中央第六个一号文件。文件要求，要调整农业结构，扩大农民就业，加快科技进步，深化农村改革，增加农业投入，强化对农业支持保护，力争实现农民收入较快增长，尽快扭转城乡居民收入差距不断扩大的趋势。(2) 2005年1月30日下发的《中共中央国务院关于进一步加强农村工作提高农业综合生产能力若干政策的意见》，这是改革开放以来中央第七个一号文件。文件要求，要稳定、完善和强化各项支农政策，切实加强农业综合生产能力建设，继续调整农业和农村经济结构，进一步深化农村改革，努力实现粮食稳定增产、农民持续增收，促进农村经济社会全面发展。(3) 2006年2月21日下发的《中共中央国务院关于推进社会主义新农村建设的若干意见》，这是改革开放以来中央第八个一号文件。文件要求，要完善强化支农政策，建设现代农业，稳定发展粮食生产，积极调整农业结构，加强基础设施建设，加强农村民主政治建设和精神文明建设，加快社会事业发展，推进农村综合改革，促进农民持续增收，确保社会主义新农村建设有良好开局。各地根据自己的实际贯彻这三个文件，有力促进了农民增产增收，提高了农业综合生产能力，开始了社会主义新农村建设的新进程，也标志着资源配置再向下扩散的趋势。

后30年这种资源配置方向的曲线，是与后30年的我国发展的轨迹紧密相连的。

回过头来看，“后30年”发展实际上显示出一条从初级发展到科学发展的轨迹。其中差不多有20年的时间是沿着初级发展的路径前进的。

2. 发展的初级性

“后30年”前期发展的初级性从多方面显示出来。发展的初级性归根到底也是获取资源和资源配置的初级性。

第一，发展目标是初级的。

肇始于1978年的改革开放初期，中国社会最直接的发展目标是解放和发展生产力，摆脱贫困状态。这是因为，那时国家经济社会发展的状况和人民生活水平状况都集中地表现为贫穷，也即生产生活资料的匮乏。国门一打开，与富裕国家一比，贫穷这一中国社会最大的特点，更成了压在每个中国人心上的石头，脱贫的渴望成为一股不可抑止的潮流。

邓小平非常理解这一客观现实和社会心理，他联系社会主义的本质，对这个问题进行了深入反思，提出了一个引起强烈共鸣的观点"贫穷不是社会主义"。他说："从一九五八年到一九七八年这二十年的经验告诉我们：贫穷不是社会主义，社会主义要消灭贫穷。不发展生产力，不提高人民的生活水平，不能说是符合社会主义要求的。"① 不仅"贫穷不是社会主义"，邓小平进一步指出"发展太慢也不是社会主义"。② 他给中国发展生产力制定了三步走的目标，第一步是脱贫，第二步是小康，第三步是达到中等发达国家的水平，这差不多已经到了下世纪中叶了。

脱贫、小康的目标的提出，是符合当时中国国情实际和反映人民意愿的，但很显然是与不发达状态联系在一起的，因而是初级的。

第二，发展的手段是初级的。

一个中心，即以经济建设为中心，是在当时关于社会主义本质的认识上形成的。按照一个中心，经济因素成为国家社会生活中的核心驱动因素，经济的思路和办法，成为解决其他政治问题、社会问题的手段。在1979年10月4日《关于经济工作的几点意见》中，邓小平明确阐述了"要用经济办法解决政治问题、社会问题"这一手段和方法，指出："就业问题，上山下乡知识青年回城市问题，这些都是社会、政治问题，主要还是从经济角度来解决。经济不发展，这些问题永远不能解决。所谓政策，也主要是经济方面的政策。现在北京、天津、上海搞集体所有制，解决就业问题，还不是经济的办法？这是用经济政策来解决政治问题。解决这类问题，要想得宽一点，政策上应该灵活一点。总之，要用经济办法解决政治问题、社会问题。"③

这种以经济办法解决政治问题和社会问题的思路在特定的历史条件下为推动经济社会改革提供了出路，是当时的一种最佳选择，曾经起过巨大的历史作用。

---

① 《邓小平文选》，第3卷，人民出版社，1993年版，第116页。

② 《邓小平文选》，第3卷，人民出版社，1993年版，第255页。

③ 《邓小平文选》，第2卷，人民出版社，1993年版，第195—196页。

但是也应该看到，由于过分强调经济因素和经济办法，在实践中就形成了追求GDP增长的政策取向，在一定程度上造成了经济与社会失调，效率与公平失衡，付出了过大的环境资源代价。采取这样的手段和办法，来发展经济，来配置社会资源，归根到底也是与不发达状况相联系的，因而不能不是初级的。

第三，用于发展的资源是初级的。

“后30年”我们用于发展的主要资源，一是土地，用它来实现城市化、现代化；二是廉价劳动力，用它来降低成本，增加对外出口的竞争力；三是自然资源的过度开采和使用，出现不少资源枯竭型的城市；四是生态环境的代价：空气污染、水污染、沙漠化等已经非常严重。土地、廉价劳动力、自然资源、生态环境，这些都是发展的初级资源，它们不是无限的，而是有限的。这样使用初级资源，向自然界过度索取，是不可持续的，终有一天无以为继。

第四，参与发展的各主要方面的关系是初级的。

实施发展的社会三大部门，也即配置社会资源的三大主体——政府组织、市场组织、社会组织的关系仍然失衡。政府往往错位，过分使用自己的主导作用，管了许多不该管、管不了、管不好的事情，结果是吃力不讨好，反而使自己成为社会矛盾的焦点。市场往往越位，一些不该市场化的公共领域，如教育、医疗、廉价房等往往被市场化甚至过度市场化，造成很多的社会问题。社会则往往缺位，它既没有政府那样的权威，又缺乏市场那样的力量，本身又很弱小，还不能有效弥补政府失灵和市场失灵，也不能有效起到降低政府管理成本的作用，因而还没有真正成为合格的社会发展的重要主体之一。这样的三大部门之间的关系，不能不是初级的，迫切需要提升的。

第五，发展的结果也是初级的。

我国发展的结果之一是形成了诸多的“类发展困境”，如：差距困境、环境困境、公平困境、腐败困境、弱势群体困境，等等。所谓“类发展困境”，是指总体发展起来了，但不少方面发展的实际结果与发展的预定目标正好相反，这是属于总体发展顺境中的“发展困境”①。本来，发展的预定目标是减缩差距、改善环境、提高公平度、减少腐败现象、缩小弱势群体，但是发展的实际结果却是差距的增大、环境的恶化、公平度的降低、腐败现象的蔓延、弱势群体的扩大。这种“类发展困境”与那种发展的实际结果与发展的预定目标完全相反的情况，即很想发展、就是发展不起来或很难发展起来的情况，即典型的“发展困境”，是不同的。但“类发展困境”毕竟是一种困境，说明发展的结果仍然是初级的，

① 郑杭生：《警惕‘类发展困境’——社会学视野下我国社会稳定面临的新形势》，载《中国特色社会主义研究》，2002年第3期。

有待于进一步提升的。

3. 发展的初级性与旧式现代性

从理论上说，发展初级性是一种与旧式现代性相联系的发展。这里，所谓旧式现代性就是那种以征服自然、控制资源为中心，社会与自然不协调，个人与社会不和谐，自然和社会付出双重代价的现代性。①

从这一观点看，联系上面的分析，可以知道，“后 30 年”的发展，在取得伟大成绩、取得连续多少年的两位数的增长的同时，也付出了巨大的代价。初级性的发展中很多是那类与“征服自然、控制资源为中心”相联系的发展。上述指出的自然资源的过度开采和使用，资源枯竭型城市的形成和出现，生态的恶化，环境的污染，以及健康的受损，疾病的增加等不良后果，表明了这一点。这样的初级过程，不可能不造成越来越严重的“绿色惩罚”，从而引发社会与自然不谐调，天人关系的紧张。萨斯的肆虐、沙尘暴的逞凶，警示了这一点。这样的初级过程，也不可能不催生人欲的激发和资源的匮乏两者的矛盾，从而引发对资源控制权力的争夺，导致价值尺度的扭曲、伦理准则的变形、个人与社会的关系的恶化。坑蒙拐骗，制假造假，尤其是在食品中掺入有害物质，同样警示了这一点。总之，这样的初级过程，确实使自然和社会付出了双重代价。

在上世纪与本世纪的交替期间，旧式现代性已经进入明显的危机时期，全球社会生活景观因此呈现出重大转折的种种迹象。在世界，在中国，探索新型现代性便成为一种势在必行的潮流和趋向。“后 30 年”发展本身，也酝酿着这种积极的转变。人们必须对发展目标、发展手段、发展利用的资源、发展主体之间的关系、发展的后果，用新的观点来重新加以审视和定位。

应当指出的是，对于我国这样一个不发达的大国来说，发展的初级性是无法跳过的，代价是无法完全避免的。中国的幅员是如此之广，地区差别是如此之大，发展初始条件是如此之低，只能实事求是地确定适合自己情况的发展目标、发展手段、发展可利用的资源。我们只能要求经过努力把代价减少到最低限度，把初级发展的时限缩短到最小期限。在这方面，用比较研究的眼光来看一些初始条件与中国差不多、甚至比中国好的国家，应该客观地说，中国是做得很不错的。但是，初级发展的无可避免性，并不给就此止步提供根据，相反，它表明对初级发展的建设性反思的必要。

4. 从初级发展到科学发展的轨迹

科学发展是对初级发展进入更高一级发展的概括。科学发展观既是对科学发展实际趋势的思想提炼，又是对以往发展观和发展模式的理论提升。科学发展观

① 郑杭生：《新型现代性与中国社会学》，载《宁波市委党校学报》，2004 年第 5 期。

的内容，按照十七大报告系统总结的，第一要义是发展，核心是以人为本，基本要求是全面协调可持续，根本方法是统筹兼顾。

在科学发展这个概念的形成过程中，不能不特别提到2003年应对非典这样的新型风险和不安全因素的实践，给予全社会的重要启示，这就是要注意协调发展。人们认识到，城乡发展不平衡，经济和社会发展不平衡，就如同一个人一条腿长一条腿短一样，一定会跌跤的。

当我们说，科学发展是对我国以往发展实践的深刻总结时，就意味着，它对初级发展既有继承的一面，又有创新的一面。

首先，科学发展肯定了初级发展中的最主要的精华之点。我们都记得邓小平的名句“发展才是硬道理”。正是发展创造了“中国奇迹”，正是发展推动了中国从地区性大国走向了世界性大国。科学发展把发展确定为第一要义，正是肯定了这一精华之点，就是说，科学发展同初级发展在把发展放在第一位上，是没有不同的。

其次，科学发展适应新的发展要求适时地提出一系列创新之点。

——科学发展把“以人为本”作为自己的核心。这就是把人的全面发展作为自己的根本目标，特别是包含着要让社会弱势群体共享发展成果的深意，从而开始纠正过去的种种发展，多多少少都把弱势群体当作发展代价、甚至当作发展牺牲品的弊病，当然这种纠正的过程还有很长的路要走。

——科学发展把全面协调可持续作为自己的基本要求。所谓全面，就是双赢互利或共赢互利，就是使构成我们社会的各方、参与我们社会发展的各方，特别是强势和弱势各方，都能获得共赢互利，而不是通过牺牲一方来使另一方得益获利。所谓协调，就是社会方方面面的关系良性互动和协调发展，就是全体人民各尽其能、各得其所而又和谐相处。所谓可持续，就是既满足当代，又不伤害后代。这实际上指出了：那种通过牺牲一方来使另一方得益获利的“零和游戏”式的发展，是片面的、不协调的、不可持续发展的旧式发展观的集中体现。

——科学发展把统筹兼顾作为自己的根本方法。统筹兼顾，就是对经济和社会、城市和乡村、东中西部不同区域、人和自然、国内发展和对外开放等这些主要关系各方，都获得自己应有的发展，而不是片面重视一方，轻视一方，甚至损害一方。这对纠正过去的种种发展，一般重经济轻社会、重城市轻农村、重东部轻中西部、重人的短期需要轻自然的长期保护的倾向，是很重要的。

正是这些科学观念，促使我国后30年资源配置方向，从资源向上集中重新又回到了向下扩散。

总之，从初级发展到科学发展的轨迹表明，科学发展源于初级发展，又高于初级发展，既继承，又提高。但是这种提高不是一般的提高，而是一种带有质的飞跃的提高。

科学发展观产生于对初级发展到科学发展实际轨迹的理论提炼，同时又是发展理论和发展模式的新的探索。

首先它是发展理论的巨大进步。概括地说，自第二次世界大战以来，发展观的演变大体经历了经济增长观、综合发展观、可持续发展观、人的发展和科学发展观。这些理论大体上反映了从重视单纯经济增长，到横向重视经济社会文化综合发展，再到纵向重视本代与后代的可持续发展，再到全面重视人的发展的曲折过程。科学发展观汲取了所有这些发展理论的积极因素，根据中国的发展经验加以理论创新，并作为国家发展战略回过来指导发展实践。

其次，它又形成了一种中国特色的发展模式，即“科学发展模式”，它是继当今文献中出现频率较高的“北欧模式”、“拉美模式”、“东亚模式”之后，对发展模式的某种创新。它认真研究自己的国情和自己的经验，认真研究别人成功的经验和失败的教训，认真汲取对自己有益的经验，在此基础上创造适合自己国情的模式，开辟可行的发展道路。这是比较成功的做法。

5. 科学发展与新型现代性

从理论上说，科学发展是一种与新型现代性相联系的发展。所谓新型现代性，是指那种以人为本，人和自然双盛、人和社会双赢，两者关系协调和谐，并把自然代价和社会代价减少到最低限度的现代性。① 从中国社会转型加速期取得的巨大社会进步和付出的种种社会代价中，我们都能从正反两方面，亲身体会到新型现代性的深刻意涵。

科学发展和新型现代性两者是非常吻合的：两者都主张“以人为本”，都主张双赢互利，都主张协调和谐，都主张减缩代价；只是两者的表述不同：科学发展在表述上更注重对实践的指导；新型现代性则更注重学术的提炼和感悟。

总的说来，科学发展的提出，与和谐社会的提出一样，是中国执政党积极应对中国进入社会矛盾、不协调因素多发期的客观形势，直接面对传统风险和新型风险等不安全因素活跃期的社会现实，自觉适应世界从旧式现代性向新型现代性转变的国际潮流，深刻总结新中国成立以来特别是“文化大革命”中用破坏旧世界的思路和方法来建设新世界的经验教训，深入参考我国优秀文化中人伦和谐、天人协调的精华思想，认真汲取包括社会学在内的哲学社会科学关于社会协调发展的积极成果，而做出的意义深远的理论和实践的创新。正如十七大报告总结的：科学发展观，是立足社会主义初级阶段基本国情，总结我国发展实践，借鉴

① 郑杭生、杨敏：《社会互构论的提出》，载《中国人民大学学报》，2003 年第 4 期。又参见郑杭生：《新型现代性与中国社会学》，载《宁波市委党校学报》，2004 年第 5 期。

国外发展经验，适应新的发展要求提出来的。它是中国执政党和政府最高层治理国家治理社会的根本战略观念的转变，是社会发展和社会建设理论的新的探索。

（三）与市场经济相适应的社会资源配置格局

在现代市场经济条件下，社会资源的配置主体，是政府组织、市场组织和作为第三部门的社会组织，从而形成社会资源配置的“三维模式”①。这与高度集中的计划经济体制下，社会资源的配置主体实际上只有政府组织一家，是不同的。

在我国计划经济体制下，政府组织这个唯一的主体，实际上经历了从“政府是第一推动力”到“政府失灵”的过程。②

所谓“政府第一推动力”，是指曾包揽一切经济事务、社会事务的政府，在新中国成立之初我国经济基础薄弱、经济发展动力不足的情况下，在短时间内积聚了大量的人力、物力进行大生产，迅速建立起现代化工业体系，促进了经济的突飞猛进，实现经济的腾飞。这样，全能型的政府成为推动发展的“第一推动力”。

所谓“政府失灵”，是指全职全能的政府对企业生产活动的干预，影响了企业生产的积极性，割断了企业与市场的天然联系。同时，这种权力过大的政府，导致机构重叠庞大，滋生官僚主义，助长种种不正之风。这些都阻碍市场对资源的优化配置，并表明政府推动的效率和利益是递减的。这种种失灵，无疑是造成新中国成立30多年来商品严重短缺、人民生活长期得不到改善的体制原因。

正是这种从“政府第一推动力”到“政府失灵”过程，使人们越来越认识到从过去高度集中的计划经济体制转变为社会主义市场经济、从往昔社会资源配置的“一维模式”转变为“三维模式”的必要性。

1. 三个主体在配置社会资源中的作用是不同的

在“三维模式”这种现代社会经济制度体系中，政府组织、市场组织、社会组织是三种基本的制度安排，在现阶段的中国社会，政府和市场显现出其更基本性，社会组织还不大、不强、不成熟，其基本性有一个培育成长过程，其被人们认识也有一个很长的过程。

三个主体在配置社会资源中有其不同的作用，并各有其局限：

第一，政府主体主要的责任是制定规则、监管调控、维护秩序，提供公共物品。政府主体，在价值理念上应当代表国家利益和社会公共利益，按照维护国家

---

① 段华洽、王荣科：《试论社会资源配置的三维模式——兼论公共管理的社会定位》，《合肥教育学院学报》，2002年第3期。

② 黄晓、宾雄意：《政府与市场的作用及其关系研究》，《大众科技》，2006年第1期。

主权和安全、维护社会公共利益的原则来调整社会资源的分配，在市场机制缺损或失灵的情况下，弥补市场功能不足，提供依靠市场机制无法有效供给的公共物品，如环境保护，社会保障，公共安全，公共信息等。

但是，政府主体也有明显的局限性，如从交易对象看，政府适应于交易与配置“公共物品”，却不适应交易与配置“私人物品”；从交易方式看，政府一般用强制性的命令服从关系在当事人之间进行交易，实现资源的配置，而不善于通过平等当事人之间进行资源交易来实现资源配置，这既能产生在某些方面交易成本的降低和规模效应，又能产生另外的交易成本和效益的损失；从交易目标看，政府适合于一种基于社会福利目标的“公共选择”，而不适合于基于私人利益目标的“自主选择”。① 如果政府主体涉及后一方面，就会出现“政府失灵”。

第二，市场主体的作用主要是在经济领域保障供给、实现交换、创造财富、增进福利。以追求利润最大化的企业为代表的市场主体。具有强烈的谋取经济利益动机，在社会微观层面上有着旺盛的经济活力，按照商品价值规律自发地调整社会资源的分配，使资源向利润率水平高的领域和行业流动。

同样，市场主体也有明显的局限性，如它与政府主体相反，适应于交易与配置“私人物品”；适合于基于私人利益目标的“自主选择”；善于通过平等当事人之间进行资源交易来实现资源配置，但是在涉及多数人的情况下，就需要政府的公共谈判和强制性协调，以保证效率。从这些方面看，如果完全按照市场主体的利益要求来配置资源，就会出现市场缺陷和“市场失灵”。

第三，民间主体的责任主要是公益性和志愿性的。以非营利性的非政府组织为代表的民间主体，是基于公共道德准则，按照自治互助的方式形成的社区性、社团性的组织。它们的作用主要是体现社会公平和社会监督，保障基本生活秩序，维系和调整日常人际关系，组织社会自治和社会救助。一般来说，作为第一部门的政府主体、作为第二部门的市场主体不容易受到忽视，最容易受到忽视的是作为第三部门的民间主体。但是第三部门的兴起，有其必然性，因为，它既能弥补市场失灵，又能弥补政府失灵。相对于政府行政运行，它的运行方式能够降低社会管理的成本；相对于市场调节，它的调节方式更能够保证社会公益的目标。同时，它既能减少政府成为社会矛盾的焦点的概率，又能较好处理市场不能或无力处理的问题和矛盾，特别是与民生问题有关的问题和矛盾，就更是如此。社会主体主要是从事非强制非等级和非赢利趋向的社会公益性活动，是由为社会奉献的道德力量所驱动。当然，第三部门也能经营，但它经营的目的不是为了利润，而是为了使做好事的本钱能够保值、增值。因此，第三部门或非营利组织的是否发育已被联合国作为一个国家和地区社会资本高低的主要判断依据。

---

① 陈振明主编：《公共管理学》，中国人民大学出版社，1999 年版，第 224—225 页。

但是，民间主体的产生和发展有很大的自发性和随意性，往往局限于部分社会成员的共同利益，在其内部形成的特殊规则和凝聚力，对外部有着一种天然的排斥作用，一旦扩张到更大的社会空间，可能会导致社会冲突和动荡。① 当然，现在谈论“社会失灵”还为时过早，但是应当有预见性，以便避免夸大社会组织的作用。

可见社会资源配置的三方面主体在不同的社会领域中起有各自的特定作用，有着明确的不同分工。所谓“越位”，就是、管得太宽，除了管自己领域，还插手别的领域的事。所谓“错位”，就是错误定位、角色错乱、只管别的主体管的领域。“越位”、“错位”都容易管那种管不了、管不好的事情。所谓“缺位”，就是当管不管，该作为不作为。所谓“虚位”，形式上是主体，实际上不起作用。凡此种种，都使合理的资源配置格局无法形成。

2. 资源配置的三维模式及三维之间的交叉关系

关于社会资源配置的三维模式，国内外学者都有不少研究。

首先，在国外的研究中，美国威斯康星大学教授赖特，2007 年 4 月曾在人民大学做了题为《真实乌托邦的设想》② 的学术讲演，用国家权力、经济权力、社会权力这三维来解释资本主义、国家主义、社会主义三种不同经济结构、三种不同社会资源分配方式内外部的差异，它给出的总结如下：

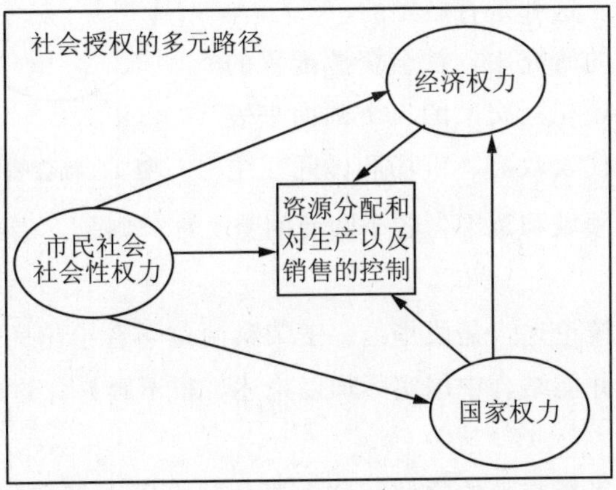

图 1　社会资源分配方式内外部的差异

其中，资本主义是这样一种经济结构，在此生产手段由私人掌握，这样不同

① 段华洽、王荣科：《试论社会资源配置的三维模式——兼论公共管理的社会定位》，《合肥教育学院学报》，2002 年第 3 期。

② Erik Olin Wright *Envisioning Real Utopias*，该书已在 2009 年 7 月用英文出版。在其序言中曾提到在人民大学讲学之事。

目的的资源分配和使用听由经济权力的运行来完成，投资和生产的控制是资本所有者经济权力控制的结果。

国家主义是这样一种经济结构，在此生产手段由国家控制，这样不同目的的资源分配和使用听由国家权力的运行来完成，政府通过一些国家机器和机制控制生产和投资过程。

社会主义是这样一种经济结构，在此生产手段是“社会性所有”的，这样不同目的的资源分配和使用听由一种所谓“社会权力”的运行来完成，社会权力是这样一种权力，它根源于在文明社会动员人们协作和联合的能力，在社会主义中，投资和生产的控制通过不同的社会授权机制来组织。

他指出，真实的经济体制是复杂的，混杂了资本主义、国家主义、社会主义。当资本主义占主导地位时，我们称其为“资本主义”。因此，社会主义的可能性围绕扩大和深化混合体中社会主义的因素而增加。他将这一问题称作社会授权的路径问题。

我们并不完全同意赖特的观点，但是从图1中可以看到，三个主体的三种权力（三个椭圆）都是围绕社会资源配置（方块）的，六条线表示不同的联系。还可以看到，三维模式的运用是很广泛的。这都是有启发的。

其次，在国内的研究中，社会资源配置的三维模式通常可以用相互交叉的三个圆面来表示，每一圆面分别代表政府、市场和民间三主体各自所起作用的领域和范围，各个圆面的交叉部分则是二者或三者共同起作用的领域和范围。

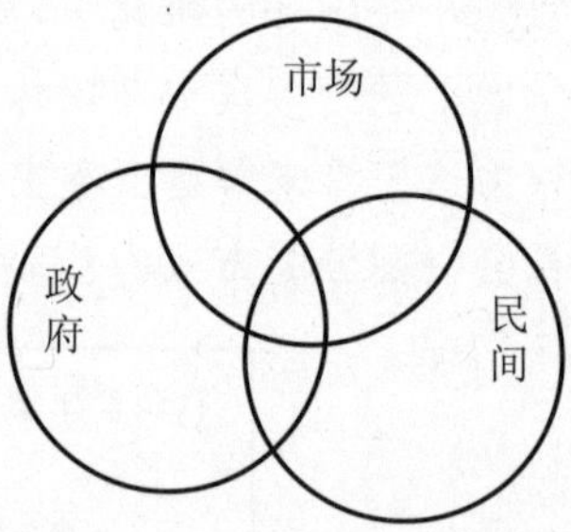

图2　社会资源配置三维模式

这个问题的系统论述，是段华洽、王荣科两位学者给出的①。他们在七年前就有这样的看法，并能结合中国实际加以论述，很不容易。这里将几个要点简要转述如下：

第一，政府和市场交叉的领域，这主要是政府原来管理和经营的经济领域，由于政府直接经营的效率较低，管理成本很高，社会资源的利用率低下，必然要引入市场主体参与经营管理。但这不等于完全放开，国家仍要采取一定措施，以保证应有的经营规模和社会效益，把握投资方向和投资规模。

第二，政府与民间交叉的领域主要表现在两个方面，一方面，政府将社会基

① 段华洽、王荣科：《试论社会资源配置的三维模式——兼论公共管理的社会定位》，《合肥教育学院学报》，2002年第3期。

层管理权逐步转让给社会基层自治组织，但是，政府在指导社会基层自治等方面仍负有责任；另一方面，通过机构改革，将某些原来属于政府系列的组成部门和原来政府全额拨款的事业单位，割断其与政府的隶属关系，推向社会，进一步强化其专业化服务的社会功能。政府对这方面的管理主要是政策指导和规范管理。

第三，市场与社会也有交叉，这主要是民间组织运用市场机制，实行有偿服务，按照企业化运作方式从事的相关业务。民间主体提供的社会有偿服务，对象相对固定，范围相对有限，多以自我服务为主，以保本微利为目标，这与完全由市场主体提供的经营活动和商品服务是不同的。

第四，三个圆面交叉的部分也是处在不断变动之中。这种变动的方向主要是：政府的“领地”逐步缩小，作用逐渐淡化；市场主体的力量在不断成长壮大；民间主体也逐渐发育壮大。他们认为，社会资源配置的三维模式的内在结构关系变化的总方向是小政府、大市场和大社会。当然，在这个问题上，学界的观点还是有争论的，例如对“小政府，大社会”的提法，并不是全都认同的。

3. 简短的小结：中国三维模式的特点

我们已经看到，在三维模式中，三个主体各有各的特殊作用；三个主体之间又有不同的交叉关系。这些告诉我们：

第一，要实事求是地看待三个主体各自的特殊作用，既不能人为地抬高某一个，也不能人为地贬低另一个。在这一方面，无论外国和中国，人们都很容易贬低政府，抬高市场和社会。美国前总统里根曾经说过一句非常典型的话：“政府不是问题的答案，而是问题的根源。”还有一种很典型的观点：政府是消极的，市场是积极的。国内有人把“公民社会”说得神乎其神，以至于像王绍光这样的学者认为有必要给“公民社会”祛魅了。有人甚至提出要以布洛维的“公民社会”来“引导”中国的社会建设。这离中国的实际实在太远了。

第二，应如实看到政府、市场、社会是相互补充、相互促进的，而不是相互否定、截然对立的，不能人为地把它们割裂开来。因此那种在市场经济中、在社区建设中“让政府走开”的观点，是不可取的。把社会自治理解为“让政府走开”。是对自治的一种误解。按我的理解，自治可以用三句话来表达：自治是一种关系，自治是一种分工，自治是一个过程。自治并不是想干什么就干什么，就像自由是在法律范围中活动，而不是为所欲为，为所欲为马上就不自由。说自治是一种关系，一种分工说的是正确处理政府、市场和社会的关系，正确处理三者合理分工，三者谁也不能走开，谁也离不开谁。处理三者的关系，其中也包括处理党的领导与居民自治的关系。说自治是一个过程，是说自治性的增加是逐步的，而不是一蹴而就的。现在中国的基层自治还是一种党政主导下、促进下的自治。中国基层的自治，跳不过这个阶段，尤其在开始阶段，自治需要政府来启动、来搭台。只有在这个过程中，社区才能不断提高自己的自治度，逐步形成基层的自治体系。

第三，对市场经济要有正确的理解。我们把市场经济体制与社会主义基本制度紧密结合，利用市场机制刺激私有部门的经济活力，提高资源配置效率，促进经济增长，最终实现的是共同富裕。所以这里的市场是一种工具，是一种手段。正如有的学者指出的，“市场机制是要借助和利用的工具，也是需要监管的对象”。① 政府与市场关系的本质是在公共利益的导向下，由政府过滤市场机制中自发的盲目性或者其他消极因素。

这些也是在三维模式中，我们不同于西方理论的地方。

应当指出，我国的社会资源配置的三维模式，时间还不长，远远没有达到完善。我们的政府体系、市场体系、社会体系还都不完善；它们之间的关系还没有形成良性互动。今后还要不断探索。

三、中国社会发展前瞻：新型社会主义的成长

中国社会改革开放30年的发展和转型，具有自己鲜明的特色和特点，可以说在全球是独一无二的，用世界上任何现有的发展模式都难以完全解释得通，因而形成独特的“中国经验”、“中国模式”。现在发达国家越来越多的一流学者都在程度不同地研究“中国经验”、“中国模式”；越来越多的发展中国家正在思考和参考“中国经验”、“中国模式”。这种经验和模式，既不同于众多的资本主义发展模式和经验，但要利用它们一切先进的东西，也不同于过去一切失败的社会主义模式，但是汲取了它们的经验教训。因此它是一种新型的社会主义发展模式和经验，也即中国特色社会主义的发展模式和经验。

（一）两类挑战：世界性的人类困境和本土性的特有挑战

要使中国特色社会主义这一新型社会主义、使“中国经验”、“中国模式”更有吸引力，一方面必须能够有效应对人类共同面临的“人类困境”，另一方面也必须有效处理中国社会发展和转型特有的挑战。

1. “人类困境”的应对

笔者曾经指出，新型社会主义的成长是与很多不发达因素联系在一起的，也是与世界各国普遍存在的“人类困境”相联系的。②

“人类困境”这个术语，出现在鲍曼《流动的现代性》一书中，主要指“当

① 刘金程：《中国公共管理中政府与市场的关系》，http://www.chinaorg.cn 中国机构网，2009年6月11日。

② 郑杭生：《坚持和发展共同理想的几个问题——从社会学视角看新型社会主义》，载《中共中央党校学报》，2007年第2期。

代到处存在的不稳定性”，也就是现代风险。鲍曼引用布迪厄的观点说，社会学家们对此作了种种的描述：法国的理论家提到“不稳定性”，德国的理论家提到“不可靠性”和“风险社会”，意大利的理论家提到“不确切性”，英国的理论家提到“不安全性”。但是所有的这些，都考虑到了在全世界、以各种形式、在不同名义下经历的与人类困境这一相同的方面相联系的①。与此类似，我们中国理论家则常常提到“突发性”等。这些特点告诉我们，当代社会和谐不同于传统和谐之处，是与世界性的人类困境联系在一起的。

“人类困境”这种现代风险的配置，涉及风险承担的公平与否。风险分配、风险承担，与财富分配一样，都是资源配置的一种。今后，随着现代性的深化扩展，风险配置的问题将越来越突出。

中国在应对像2003年非典这样的新型风险和不安全因素中，在2008年应对冰雪、地震等集传统风险与现代风险于一身的风险中，均表现出巨大动员能力和活力。在奥运会防止恐怖主义这类新型风险中，更做得非常漂亮。可以预料，在对付次贷危机引发的金融风暴等现代风险中，也将是如此。这些已经初步向世人展示了中国特色社会主义这种新型社会主义的潜能、生命力和优越性。

在今后的曲折发展道路上，中国还必将面临与“人类困境”相联系的种种新的风险的考验。这种种考验将促使现在还非常年轻的新型社会主义进一步成长，变得越来越成熟。

2. 中国特殊问题的挑战

中国的社会发展和转型，不仅要有效应对世界性的“人类困境”，而且必须有效处理种种特有的挑战，这后一方面无疑是更经常、更具有基础意义的。从社会学视角看，与社会建设紧密相连的特殊挑战主要有以下五个方面，这里只能稍加解释，不能详细展开。

第一，在市场经济陌生人的世界建立社会共同体的挑战。

社会结构转型不可避免地造成社会流动加快、社会分化加剧，经济体制转轨则不可阻挡地引发人际关系疏松，传统联系减弱——所有这些都从各个方面促进市场经济下陌生人世界的形成。“熟人社会”的分量渐次减少，“生人世界”的成分快速增长。于是，新的社会整合的需要，新的社会团结的要求，新的人际和谐的期待，越来越摆在社会和人们面前，这是因为社会分化不能无限加剧，人际关系也不能恶性疏松，陌生人的世界需要新的连接和整合，否则社会将成为畸形的社会。

社会建设、社区建设，正是为了在一个市场经济的陌生人世界里，构筑人际

① 齐格蒙特·鲍曼：《流动的现代性》，上海三联书店，2002年版，第250页。

关系和谐的、互助合作的新的社会共同体，这个社会共同体，在宏观上叫做和谐社会，在微观上叫做和谐社区。微观的社区建设是宏观的和谐社会构建的切入点和抓手，是构建社会主义和谐社会的一项基础性工程。通过社区建设的不断探索和日益成熟，探索出一条与社会主义市场经济和民主政治相适应的社会建设、社会管理的新路子来。

在一个市场经济的陌生人世界里，构筑人际关系和谐的、互助合作的新的社会共同体，这是时代提出的新课题，通过制度创新破解这个难题，也是我们必须面对的挑战。

第二，在价值观开放多元的时代促进意义共同性的挑战。

社会建设、社区建设，不仅要在市场经济的陌生人世界里，构筑人际关系和谐的、互助合作的新的社会共同体，而且要在价值观开放多元的时代促进意义共同性；不仅要进行制度创新，而且要进行价值重塑。

意义共同性或价值共同性，是社会成员、社会群体或社会阶层对自己在社会中所获利益、所处地位，自我赋予相似或相同的认知。因此意义共同性以利益共同性为基础，但又不等于利益共同性。因为利益共同性并不能必然保证产生意义共同性，社会成员、社会群体或社会阶层有可能对相同的利益赋予不同的意义，甚至相反的意义。这就是说，即使一个社会中的成员在实际上有着较高程度的利益共同性，但如果他们不善于将这种外在的、客观的共同性转化为内在的、主观的共同性，那么断言这个社会具有意义共同性还缺乏充足的理由。罗尔斯曾引述黑格尔的一句名言："当我们合理地看这个世界的时候，反过来这个世界看起来就是合理的"，他主张"我们应当积极地接受和认可我们的社会世界"。① 显然，"合理地看这个世界"、"积极地接受和认可我们的社会世界"，离不开我们所说的社会成员将利益共同性转化为价值共同性的实际能力。现阶段贫富差距的两极分化、收入分配的不公正，以及财富占有、资源和机会配置方面存在的不合理性，相关的一些新制度和新规范尚处在探索过程。这些实际情形使得"意义共同性"似乎与我们的生活渐行渐远，从而成为了一个问题。这种问题也可以解释为，在这个快速变迁和明显分化的时期，社会越来越凸显出对于意义共同性的要求。

正如社会共同体的构建，主要是与合理配置和培育以物质利益为主的有形的"硬"社会资源，从而是与增强和培育硬实力联系在一起的，而意义共同性的构建，则主要是与合理配置和培育以文化力量为主的无形的"软"社会资源，从而是与增强和培育软实力联系在一起的，进一步又是与将软实力转化为硬财富联系

① （美）约翰·罗尔斯：《作为公平的正义——正义新论》，上海三联书店，2002年版，第6页。

在一起的。社会成员在观念和价值观方面的共同性，其意义绝不亚于社会在利益结构方面的共同性。它触及了在一个急剧变迁和分化的时代，“我们何以能够共同生活”这样一个核心难题，不能不是一个严峻的挑战。

第三，在社会分化加剧的情势下面落实公平正义的挑战。

笔者曾在理论上综合马克思恩格斯和罗尔斯等人的观点，现实上根据新中国成立以来，特别是改革开放以来的实践，给社会正义下一个更为广泛的社会学定义：社会正义就是社会资源和社会机会配置的公平性和平等性。这里，公平和平等都能表达正义，但又是不同程度的正义，正好能够表达社会正义也是有阶段性的。笔者还提出，社会公平正义有两个维度，即制度安排与百姓认可。

社会公平首先指的是一种客观的制度安排的合理性问题。这里，作为制度安排合理性的社会公平，主要体现在社会资源分配和获得的差别是合理的；社会机会对每个社会成员都是自由开放的，可竞争的。社会学上以职业为主要标志的阶层或分层则要求这样来安排：使上层永不松懈，中层永不满足，下层永不绝望，从而使作为绝望的派生物的种种消极后果，如自杀、“人肉炸弹”等概率大大降低。每个阶层的成员都可以根据自己的情况、通过自己的努力，找到改变自己地位和命运的机会。

社会公平还在主观上体现为百姓的共同认可、认同。这就是社会公平度、公平感的高低问题。这种社会公平度、公平感，在社会学上是可以通过社会指标体系来加以衡量的。同时，我们也可以从经验上体会到，多数老百姓不认可、不认同的东西，是不公平的。如果老百姓的不认同感、不公平感发展到相对剥夺感，就会对社会稳定和社会和谐产生极不利的影响。老百姓认可度低的种种制度，肯定是有毛病的。这是推动制度创新的最直接、最重要的动力。百姓认可的公平正义，是上述意义共同性的最主要部分。

如何在社会发展中，在制度安排公平的基础上，促进百姓认可的公平，提高满意度、幸福感，同样是一个尖锐的挑战。

第四，在社会重心下移的情况下大力改善民生的挑战。

所谓民生问题，通俗地说，就是老百姓遇到的与衣食住行、生老病死等日常生活相关的问题，也可以说是老百姓过日子所遇到的种种问题。用社会学的术语说，就是一个社会的成员，如何从政府、市场和社会获得自己生存和发展的社会资源和社会机会，来支撑自己的物质生活和精神生活的问题。

在我国社会快速转型期，随着工业化、城市化、信息化、市场化的推进，社会分化加剧，出现了新的贫困问题，形成了生活困难的社会群体——社会学称之为社会弱势群体。他们为我国的社会进步付出了主要代价，但是他们的生活改善不多，甚至更加困难。他们是上学难、看病难、住房难等民生困难的主要承受着。当前我国社会成员，特别是弱势群体的不安全感，主要产生于两个方面："现实困境"，即个人生活中已经遇到的实际困难或问题，和"未来威胁"，即可能对个人生活造成的威胁或风险。这两方面都与社会成员的切身利益有关，都与民生问题有关。前者导致"现实性的烦躁"，后者引发"预期性的焦虑"。它们都会构成人们的后顾之忧，严重影响社会成员的安全感，降低社会安全指数。

民生问题不仅是个人安全和整体社会安全的连接点，而且是和谐社会建设最基础的必要条件，是社会矛盾多发凸显最基本的根源，是对共产党执政能力的考验，是对它合法性基础的培育。

能否大力改善民生问题，是中国社会发展和社会转型最切实而严峻的挑战。

第五，在发展主体总体布局上理顺三大部门关系的挑战。

现代社会日益分化为三个既相互关联又彼此独立的领域，即政府组织、企业组织和社会组织。社会三大部门是社会发展主体，三大部门的构成状况及其相互关系，对社会发展、社会建设和社会管理，具有结构性前提的意义，影响极大。当前中国三个领域联动的社会结构和整合机制还没有很好形成。主要表现在：(1) 三个领域或三个部门的比例、力量大小还严重失衡。(2) 三大部门越位、缺位、错位的情况还很普遍。(3) 经济上交往原则被错误地引进到公共权力领域和公共领域的现象也很普遍。(4) 由于社会缺位，第三部门还没有发挥自己应有的功能，还不能有效地弥补市场失灵、政府失灵、减轻社会管理成本的作用。

现在，面对多发和活跃的社会矛盾，中央政府、地方政府的日子都不好过。如果不从体制上、部门结构上解决问题，那么，政府"引火烧身"，把矛盾集中在自己身上的状况，疲于奔命、被动应对的状况，就很难从根本上加以改变。

只有逐步消除上述结构性和功能性的障碍，三大部门各自才能成为良性的社会发展主体，才能有效地发挥自己的各自作用，并且这种作用才能相互配合、相互促进，而不是相互摩擦、相互抵消，才能为科学发展与和谐社会建设提供结构和功能协调的部门结构。这不能不是一个任重而道远的挑战。

当然，上面五大挑战并没有穷尽所有的挑战，例如，我们如果要加一条的话就可以加上：在生态环境恶化情况下建设"两型社会"的挑战。所有这些挑战，说到底仍然是一个社会资源如何更合理配置的问题。

这种种挑战将同样促使现在还非常年轻的新型社会主义进一步成长，变得越来越成熟。

(二) 中国特色社会主义的光明前景

中国特色社会主义的光明前景不仅在于它能应对上述两类挑战，而且还表现在它是与中国社会的创新性实践紧密联系在一起的。这表现在：它既有中央"自上而下"的推进，又有基层"自下而上"的推动，还有地方连接上下的促进。这三个层次，通过理论创新、制度创新，共同创作、不断完善，融合成具有独特气派、独特风格，又有某种普遍意义的“中国经验”。

1. 上、中、下三个层次共同探索的创造性实践

第一，在“自上而下”方面，中国特色社会主义是一种前所未有的创新性的社会主义。

党的十六大以来，特别是以胡锦涛为总书记的党中央掌舵以来，一直到他所做的十七大报告，都越来越明显地表现出这种趋势。以人为本，全面、协调、可持续发展的科学发展观的提出，构建民主法治、公平正义、诚信友爱、充满活力、安定有序、人与自然和谐相处的社会主义和谐社会的问世，社会和谐被确定为社会主义的本质，改善民生问题被确定为社会建设的重点，公平正义被确定为社会建设的目标，就是几个标志性里程牌。党的十七大报告进一步指出：“改革开放以来我们取得一切成绩和进步的根本原因，归结起来就是：开辟了中国特色社会主义道路，形成了中国特色社会主义理论体系。高举中国特色社会主义伟大旗帜，最根本的就是要坚持这条道路和这个理论体系。”这里“开辟了”、“形成了”都表明了马克思主义中国化在中国特色社会主义方面的理论创新和制度创新。十七大报告，深刻明确无误地向全世界阐释了中国特色社会主义从哪里来，又到哪里去，有力地坚持了社会主义方向。

同时，中国特色社会主义又是一种与资本主义有着复杂关系——一种利用资本主义，但又与资本主义有本质区别的社会主义。这样的社会主义有市场经济，有证券交易，有劳资关系等资本主义社会同样存在的东西，不仅如此，中国还有企业主共产党员——红色资本家，“两新组织”——新经济组织、新社会组织，“两新人员”，即两新组织的人员，等等。这种你中有我、我中有你的情况，一方面使我们体会到，中国特色社会主义具有的开放性和包容性——这也不用奇怪：资本主义也汲取了社会主义的许多因素；另一方面，也使我们亲身体会到，如果不清醒地自觉到这是利用资本主义，那就很容易与资本主义相混淆。因此，这里特别体现出社会主义坚定目标的重要性，树立共同理想的必要性。同样上述情况也告诉我们，如果不去利用，那就是缺乏智慧；但是如果在利用时，忘记了自己的社会主义目标，那就是没有头脑。中国执政党和政府最高层，把目标的坚定性与策略的灵活性结合起来，不断把这种新型的社会主义推向前进。

第二，在“自下而上”方面，中国城乡社会基层正在通过制度创新，为中国特色社会主义这种新型社会主义添砖加瓦。

随着中国社会重心日益下移，全国范围的社区建设和社会主义新农村建设，正在蓬勃开展。我们在全国各地的调查和考察表明，中国城乡基层社会，正在用建设性的反思批判精神，通过制度创新，把社会公平正义落实到我国微观制度的方方面面。无论在制度安排的公平方面，还是百姓认可的公平方面，无论在合理地配置社会资源和社会机会、重点解决民生问题上，还是在解决突出社会问题、社会矛盾和社会风险上，无论在使全体人民受益方面，还是在让弱势群体共享社会发展成果方面，无论在减少居委会的行政性、增加自治性，还是在培育和健康发展社区组织与建立社区服务体系方面，都在逐步取得进展。我们的调查和考察也表明，总的来说，各地是在利用资本主义一切可以利用的东西，而不是在“自下而上”走资本主义道路。我们的调查和考察还表明，在中国社会快速转型期，确实是社会优化与社会弊病并生、社会进步和社会代价共存，社会协调与社会失衡同在，但基本方面、基本趋势是社会优化、社会进步、社会协调，而社会弊病、社会代价、社会失衡则是非基本方面、非基本趋势。尽管如此，各地对后一方面并没有忽视，也正在逐步解决。

第三，在中间层次，中国各个地方也在通过自己的创造性实践，为中国特色社会主义这种新型社会主义提供支撑。

这里还要强调各种“地方经验”对“中国经验”的贡献。它们可以说是“自上而下”和“自下而上”的各个连接点。我国 30 年来的改革开放和思想解放，在很大程度上可以说，是一个制度创新和价值重塑的持续过程。这一过程通过各种地方性创新的亮丽景观，汇成了现代化进程“中国经验”的创作。在对当今中国城市社会建设展开的实地考察中，我们先后领略了“北京经验”、“武汉经验”、“广州经验”、“深圳经验”、“杭州经验”、“郑州经验”等，其中，我和我的学术团队，对杭州和郑州做了实地调查和系统研究①。通过研究，笔者越来越感受到，这些经验的一个共同点就是在理念和思路上的领先性。杭州人的一句名言就是：理念决定思路，思路决定出路。它们一路走来，汇成了思想和实践的创新积淀，成为整个“中国经验”、“中国模式”中特别亮丽的一个个篇章。

这里，地方经验、基层经验的重要性就在于它们共同构成了“中国经验”的一个个亮点、一个个支点，共同标志着中国特色社会主义这种新型社会主义历程

① 受我故乡杭州市邀请，让我主持 2008 年 8 月立项的《关于杭州市复合创业主体的理论与实践探索》课题。2008 年 9 月课题组来杭州开展调查研究，对西溪湿地、西泠印社、京杭大运河杭州段综合保护工程、西湖综合保护工程、杭州女装行业协会、杭州市生活品质行业点评等社会复合主体的典型案例做了较为深入的实地考察，并对杭州市与浙江大学战略同盟、杭州市与中国美院战略联盟、茶行业战略联盟、美食行业联盟、婴童行业联盟，以及西博会、休博会、动漫节、数字电视行业等社会复合主体的文献资料进行了研究和分析。在此基础上，我和杨敏教授合作集中写出了十余万字的核心调查研究报告：《“社会复合主体”的追求：生活中更高品质的创新和创业——“杭州经验”理论与实践的一种社会学分析》。2009 年与郑州市社科院合作，成立了《“三化两型”城市建设：科学发展与和谐社会建设的具体体现——以郑州实地调查为例的河南特色分析》的课题组，并在 2009 年 5 月进行了实地调查。

的一个个轨迹点、成长点。

总之，“中国经验”是由中央、各地、基层共同探索、着眼创新加以推进的。正是在这种推进中，中国社会资源和社会机会配置的格局和方式，不论在宏观方面，还是微观方面，都在向着合理化的方向，得到调整和改善。在经历了让一部分人先富起来之后，现在资源配置的趋向是：更倾向于弱势群体、农村、不发达地区、城乡基层。

2. 满怀信心地把握住新型社会主义的成长性

我们对当今中国和世界的社会实践结构性巨变及其主要趋势的分析表明，随着中国社会迈向更加现代和更新现代的进程，社会主义的实践和探索也进入了一个从未有过的新境界，当代中国社会主义的发展已经驰入了一个全新的里程，我们称之为“新型社会主义的实践过程”。在我们看来，社会主义正在经历的这个空前未有的转折意味着，中国特色社会主义这一新型社会主义的生命历程才刚刚开始，它还非常年轻，甚至还处在童年，它将经历丰富多彩的成长过程。也正因如此，它充盈着生命的活力，通过自己的成长赢得一个充满希望的未来。在这一成长过程中，社会资源和社会机会的配置格局将会越来越合理，社会公平正义性将会越来越突出。

当然，我们也需要对一些经验教训进行反思和总结。也许由于社会主义实践的快速发展，甚至超过了人们的思想速度和想象力，许多人还没有意识到，我们的最新实践已经超越了以前那种有缺点、有缺陷、实践中失败了的社会主义旧模式。一些人还习惯于把别的社会制度视为成长的，把社会主义视为僵化的。看不到我们正处在中国特色社会主义这一新型社会主义的具有深远意义的历史性发展阶段。不理解在新型现代性条件下，社会主义的最新实践已经更新了社会主义的理念。不善于把自己已经取得的成绩归于我们的创新性实践、归于我们的社会基本制度，归于社会主义，仍然习惯于让新的实践经验来适应旧的理念框架。

中国特色社会主义的成长、成熟过程，赋予中国社会学家和社会学工作者一种使命和责任：反映和刻画中国社会的转型变迁，概括和总结这一过程的中国经验，把新型社会主义在中国的日常生活、组织模式转变、制度变迁、社会和社区建设、文化价值观和文化话语建构的实践，把当代中国社会的多姿多彩、色彩斑斓、形质多样、活力澎湃、昂扬奋进的真实形貌，把中国社会学对现实社会问题、矛盾和冲突的困惑和关切，以及对我们时代所能达到的成就的期望和畅想，以客观而生动、真实而宏阔、严谨而激越的笔触，写入中国社会学史的每一页，传递给更加年轻的、充满朝气的、大有所为的社会学青年学子。

在新中国成立60周年之际，回顾历史，环视全球，未来不属于无法摆脱危机的资本主义——资本主义“终结”历史的预言已经不攻自破；未来属于生气勃勃的新型社会主义——虽然年轻，但是事实越来越证明它前途无量！

（作者单位：中国人民大学，摘自《新中国社会学与社会建设60年》）

学风评价

教育部关于严肃处理高等学校学术不端行为的通知

各省、自治区、直辖市教育厅（教委），新疆生产建设兵团教育局，计划单列市教育局，有关部门（单位）教育司（局），部属各高等学校：

长期以来，高等学校广大教学科研人员坚持理论联系实际，为人师表、严谨治学、潜心研究、献身科学、积极进取、锐意创新，体现了崇高师德，树立了良好学术风气，为教学科研事业做出了重要贡献。但发生在少数人身上的学术不端行为，败坏了学术风气，损害了学校和教师队伍形象，必须采取切实措施加以解决，绝不姑息。为进一步加强高等学校学风建设，惩治学术不端行为，特提出如下要求：

一、高等学校对下列学术不端行为，必须进行严肃处理：（一）抄袭、剽窃、侵吞他人学术成果；（二）篡改他人学术成果；（三）伪造或者篡改数据、文献，捏造事实；（四）伪造注释；（五）未参加创作，在他人学术成果上署名；（六）未经他人许可，不当使用他人署名；（七）其他学术不端行为。

二、高等学校对本校有关机构或者个人的学术不端行为的查处负有直接责任。要遵循客观、公正、合法的原则，坚持标本兼治、综合治理、惩防并举、注重预防的方针，依照国家法律法规和有关规定，建立健全对学术不端行为的惩处机制，制定切实可行的处理办法，做到有法可依、有章可循。

三、高等学校要建立健全处理学术不端行为的工作机构，充分发挥专家的作用，加强惩处行为的权威性、科学性。学术委员会是学校处理学术不端行为的最高学术调查评判机构。学术委员会要设立执行机构，负责推进学校学风建设，调查评判学术不端行为等工作。

四、高等学校党委和行政部门要根据学术不端行为的性质和情节轻重，依照法律法规及有关规定对学术不端行为人给予警告直至开除等行政处分；触犯国家法律的，移送司法机关处理；对于其所从事的学术工作，可采取暂停、终止科研项目并追缴已拨付的项目经费、取消其获得的学术奖励和学术荣誉，以及在一定期限内取消其申请科研项目和学术奖励资格等处理措施。查处结果要在一定范围内公开，接受群众监督。

五、高等学校在调查和处理学术不端行为过程中，要查清事实，掌握证据，明辨是非，规范程序，正确把握政策界限。对举报人要提供必要的保护；对被调查人要维护其人格尊严和正当合法权益；对举报不实、受到不当指控的单位和个人要及时澄清并予以保护。

六、高等学校要将学术道德和学风建设作为深入贯彻落实科学发展观活动的重要内容，广泛开展学风建设的专题讨论，切实提高广大师生的学术自律意识。要把学术道德和学术规范作为教师培训尤其是新教师岗前培训的必修内容，并纳入本专科学生和研究生教育教学之中，把学风表现作为教师考评的重要内容，把学风建设绩效作为高校各级领导干部考核的重要方面，形成学术道德和学术规范教育的长效机制。

七、高等学校要通过校内报刊、电台、电视台、网络、宣传橱窗等各种有效途径和形式，广泛深入地开展学术道德宣传教育活动，发挥学术楷模的示范表率作用和学术不端行为典型案例的教育警示作用，努力营造以遵守学术道德为荣、以违反学术道德为耻的良好氛围。

八、各高校主管部门要认真履行职责，切实加强对所属高校学术不端行为处理工作的领导，制定必要的规章制度，推进高校学风建设工作。各省级教育行政部门对本行政区域内所有高校（含民办高校）学风建设工作进行指导和协调。

九、各地各部门、各部属高校关于严肃处理学术不端行为、加强学风建设的有关落实情况请及时报送我部。年底前，我部将对本《通知》的执行情况进行专项检查。

教育部

二〇〇九年三月十九日

学术规范建设 20 年：综观与反思

王和平

中国的学术规范建设是指学术界内外为了防治学术失范和学风不正等行为和现象，所采取的一系列行动和措施。迄今为止，学术规范建设历时二十年，经历了讨论与争鸣、行动与实施、贯彻与实施几个阶段，取得了一定的成就，积累了不少经验，同时也存在着一些问题，值得认真总结和思考。通过综观与反思，在借鉴前人研究的基础上，本文结合传播学和系统科学的有关理论对学术规范建设这一系统工程进行了学理层面的考察和分析，并就学术规范建设中存在的问题提出了具体的对策和建议。

一、对中国学术规范建设历程的简要回顾和述评

从 1988 年陈平原先生发表《关于“学术语法”》、杨沐先生发表《我国音乐学学术论文写作中的一些问题》起，学术规范开始进入中国学界先知先觉者的问题论域。[1](p2) 自此之后，有关学术规范的讨论逐渐成为学术界的一大热点。可以说，1988 年既是中国学术规范大讨论的发端，也是学术规范建设的起点。在 20 年的学术规范建设历程中，有两件事值得特别注意：一是 2002 年 2 月 27 日教育部制定并发布了《关于加强学术道德建设的若干意见》；二是 2006 年 5 月 23 日教育部宣布成立学风建设委员会。以这两个标志性的事件为分水岭，根据每个阶段的主要特点，我们将学术规范建设的历程大致划分为三个阶段：（1）20 世纪 80 年代末至 2002 年 2 月的讨论与争鸣阶段；（2）2002 年 3 月至 2005 年 5 月的行动与实施阶段；（3）2006 年 5 月至今的贯彻与实施阶段。这样的划分也是为了本文论述的方便。事实上，讨论与争鸣一直贯穿于学术规范建设的全过程，而

贯彻与实施阶段也只是刚刚开始。

1. 讨论与争鸣阶段

20世纪90年代以后，学术规范一直是中国学术界最为关注的话题之一，有关该问题的讨论持续而热烈，参与其中的众多专家和学者纷纷在各种媒体发表了自己的观点和看法。人文与社会科学的许多学科及其分支领域也结合本学科的建设或本领域的具体问题展开了学术规范讨论；一些有影响的学术期刊杂志社或编辑部先后积极组织、召开了学术规范研讨会；包括学术批评网在内的一些学术网站在大讨论中也发挥了重要的推动作用。[2] 在这场大讨论中，学者们对普遍存在的形形色色的学术失范和学术腐败现象进行了全方位的曝光，对其成因做了深刻的剖析，并从不同的侧面提出了防治的建议和措施。这期间发表的相关论文达上百篇，其中的精华分别被录入到后来的几部文集中：如杨玉圣、张保生主编的《学术规范读本》（开封：河南大学出版社，2004年）；邓正来主编的《中国学术规范化讨论文选》（北京：法律出版社，2004年）。另有若干学者对这一时期的学术规范讨论做了回顾与总结，发表了相当有价值的成果。这些论文、论著和文集有助于读者从总体上了解和把握学术规范大讨论的来龙去脉，为学术规范研究和学术规范建设提供了极有价值的文献和理论支撑。

这一阶段话题的焦点从起初的写作技术规范层面渐渐转向治学的道德和态度层面，再转向学术评价、学术管理规范等层面，直至后来的学术规范建设层面。这一阶段所呈现的主要特点是：讨论有着明显的从个体到群体、从分散到集中、从边缘到主流的发展轨迹；[3](p9) 以没有官方介入的，自发的学者个人、学术团体和学术媒体的自觉研讨为主；以讨论、批评、争鸣和呼吁为主，缺乏有效的行动。然而，冷静、客观地审视学术界当时的状况，我们可以发现几个不得不令人深思的矛盾现象：一方面，提倡学术规范的呼声日渐高涨，另一方面，学术失范和学术不端的现象却未见减少；一方面，学术规范讨论的余热未散，另一方面，学术规范建设却步履维艰；一方面，发表和出版的有关学术规范的论著数量惊人，另一方面，学术规范建设的进展却未尽如人意。出现这些现象的原因有以下几点：（1）参与、关注和了解这次大讨论的人与全国为数众多的教学科研人员以及本科生、研究生相比，只是占到极小的比例。这就是说，看似持续而热烈的大讨论，实则影响不大，发挥的作用还很有限；（2）那些真正需要接受学术规范教育的人对此要么是充耳不闻，要么是冷漠以对，有的甚至是明知故犯。形成了一种你说你的、我行我素的怪现象。如同教师上课点名一样，出席的往往都是守时、守规矩的学生，但他们每每却要替迟到、缺席的学生挨批评；（3）及时应用讨论成果，积极采取措施，落实学术规范建设动真格的高校只是少数；[4] （4）学者们均是从问题的某一侧面或某些方面展开讨论并提出相应对策的，而将学术规范建设作为一项系统工程论述的则寥寥无几；(5) 讨论在前期未能引起国家有关主管部门的重视，没有得到及时的引导、协调和组织，因而缺乏统一、有力的行动。

无论如何，这次大讨论是中国学术规范建设史上不可或缺的必经阶段，其象征性和建设性意义远大于其所取得的实质性成果：(1) 它使越来越多的人认识到学术规范和学术规范建设的必要性和重要性；(2) 为学术规范建设营造了良好的社会舆论大环境；(3) 揭开了中国学术规范建设的序幕，为中国的学术规范建设打下坚实的理论基础。

正是由于学界内外有识之士的不懈努力和诉求，学术规范及其建设问题终于引起了国家有关主管部门的高度重视，促使教育部、科技部采取行动，相继出台了一批有关学术规范的文件和规定。2002 年 2 月 27 日教育部制定并发布的《关于加强学术道德建设的若干意见》标志着学术规范建设从讨论与争鸣阶段进入到行动与实施阶段。

2. 行动与实施阶段

这一阶段有关学术规范及其建设的讨论与争鸣仍在继续，但以行动与实施为其主要特点，学术规范建设取得了初步的进展。教育部在《关于加强学术道德建设的若干意见》中明确指出：各级教育行政部门、高等学校和有关单位要高度重视学术道德建设工作。高等学校校长要亲自抓学术道德建设，形成全面动员，齐抓共管，标本兼治的工作格局。要将端正学术风气，加强学术道德建设纳入学校校风建设的整体工作之中，进行统筹规划和实施，使这项工作真正落到实处。随后，北京大学、中国社会科学院、中央音乐学院、中国政法大学、清华大学等先后通过各自的有关学术道德或学术规范的文件和规定；一些学术共同体和学术期刊举办了有关的座谈会，并发出有关的倡议书、联合声明与建言。2003 年 5 月 7 日，科技部、教育部、中国科学院、中国工程院和国家自然科学基金委员会联合发布《关于改进科学技术评价工作的决定》。2004 年 8 月 26 日，教育部新闻办公室召开第 27 次新闻发布会，《高等学校哲学社会科学研究学术规范（试行）》正式下发各高校。其内容共分 7 大部分 25 条，对高校哲学社会科学研究的基本规范、学术引文规范、学术成果规范、学术评价规范和学术批评规范都作了明确的规定。2004 年 11 月 3—4 日，教育部社政司主办的“全国高校学术规范与学风建设论坛”在杭州成功举办，教育部副部长袁贵仁作题为《加强学术规范与学风建设，不断推进哲学社会科学的繁荣发展》的主题报告。2005 年 2 月 18 日，学术批评网发布英堂编纂的《学术规范建设大事记（1991—2004）》。

这一阶段的成果是：(1) 学术规范建设已在民间和政府层面达成共识；(2) 学术界与教育主管行政部门之间开始进行了积极合作与良性互动，并将学术规范建设当作一项系统工程来抓；(3) 一部分高校和相关单位通过了各自的有关学术道德或学术规范的文件和规定；(4) 教育部出台的《高等学校哲学社会科学研究学术规范（试行）》，为规范学术研究、学术评价和学术管理提供了粗线条式的依据；(5) 学术失范和学术不端的现象有所减少，学术风气有一定的好转。

尽管如此，学术规范建设并未取得明显的突破和实质性的飞跃，具体表现在：(1) 与部分高校和单位的积极行动相比，相当一部分高校仍处于观望和不作为的状态，对学术规范建设的紧迫性认识不足；(2) 虽然出台了一批有关的文件和规定，但这些文件和规定在实际工作中并未得到真正的贯彻和落实；(3) 虽然上上下下在学术规范建设的重要性和必要性等大的原则性问题上达成了共识，但学界在某些具体问题和方面还存在着不少分歧、疑虑和争论，如学术规范的内容及其体系、学术规范由谁来定、学术规范建设由谁去做、如何去做等。这些恰恰是学术规范建设中亟须解决的问题，是学术规范建设需要突破的瓶颈之处。

3. 贯彻与落实阶段

2006 年 5 月，教育部印发了《关于树立社会主义荣辱观进一步加强学术道德建设的意见》，成立了以张岂之先生为主任的学风建设委员会，胡培兆、王宁、葛剑雄、黄进、孙正聿、欧阳康 6 人为副主任委员。学风委的工作任务主要有三条：一是贯彻落实国家和教育部学风建设的有关文件精神，拟定高等学校进一步加强学风建设，惩处学术不端行为的实施细则和文件。二是总结和推广学风建设的典型经验，指导和推进高等学校哲学社会科学的建设。三是针对高等学校的学术失范和不端事例进行调研，举行听证会的办法，提出处理建议，供有关单位参考。其后一年多的时间里，学风委做了大量扎实的工作：开展了直属高校学风建设情况调研；开始着手制定《高等学校哲学社会科学学术规范手册》和《高等学校哲学社会科学学术不端行为惩处意见》；进行了学术道德和学风个案的调查；指导、督促和推动高校建立了学术纠纷受理机构等，连续推出了 9 期学风委通报，2009 年 3 月，教育部正式出台了《教育部关于高等学校学术不端行为惩处的意见》，9 月正式下发了《高校人文社会科学规范指南》，有力地推进了学术规范建设。

二、学术规范建设的现状分析与反思

从以上三个阶段的简单回顾可以看出，二十年的学术规范建设取得了一定的成就，但也存在着明显的问题和不足。总体来讲就是：议论多，行动少；雷声大，雨点小；费时过多，效率不高；思路不清，路径不明；宣传不到，教育不够；执行乏力，落实不好。具体表现如下：

1. 虽然上上下下已经把学术规范建设当作一项系统工程来抓，但由于在学理层面对学术规范体系和学术规范建设内容的认识不够全面，因而缺乏一套完整的、切实可行的方案和一张建设的路线图，导致学术规范建设的思路不明、路径不清。

2. 虽然教育部通过了《高等学校哲学社会科学研究学术规范（试行）》办法，但由于其内容过于笼统和模糊，在具体的实践中操作性不强。学术界迫切需要一部详尽、完善的、指导性和可操作性强的学术规范手册。

3. 对学术规范知识的宣传和普及尚不到位。时至今日，仍然有相当一部分学术从业者的规范意识淡薄，规范常识欠缺。

4. 从上到下尚未形成一套科学、长效的学术规范运行机制。

5. 对学术规范建设的紧迫性认识不足。据统计，全国每年毕业的大学生、研究生加起来接近一百万，这意味着学术规范建设的工作和行动每延误一年，就会有一百万的学子丧失一次接受完整、系统的学术规范教育的机会。

6. 许多高校和科研院所在学术规范建设中未能发挥应有的作用。有的高校对学术规范建设的内涵知之甚少，使得学术规范建设仅流于形式和口号；有的甚至将教育部的文件视作一纸空文，处于一种观望和不作为的状态。由于以上原因，学术实践活动的各个方面依然存在着不容忽视的风气不正、学术失范、学术不端的现象和行为。

我们的反思是：

1. 学术规范建设仅仅停留在讨论、感想、体会等认识的层面上是远远不够的，重要的在于付诸行动——制定规范，宣传普及并拿出行之有效的惩戒处罚措施，更重要的还是要贯彻落实，把文字上的东西在具体的实践中落到实处。

2. 学术规范建设仅靠头痛医头、脚痛医脚的方法是不能从根本上解决问题的。

3. 学术规范建设是一项系统工程，它牵涉学术信息传播的方方面面，需要整体考虑和全面规划；学术规范建设离不开学术界内外的通力合作，[5]需要按计划、分阶段、有步骤地进行。首先要对学术规范及其内容体系有一个准确、全面的理解。其次应该理清思路，找出解决问题的步骤和路径，制订出一个明确的路线图和时间表。最后参与建设的各方要理顺关系，各司其职，拿出一套系统、完整的方案，落实到位，贯彻得力，多管齐下，重点突破，标本兼治。

4. 学术规范建设的终极目标是学术创新和学术发展。

三、学术规范建设的学理分析

学术规范之于学术实践活动就如同足球规则之于足球运动。上场踢球的运动员如果不懂或不熟悉规则，肯定会把一场足球赛变成一场犯规频频、质量不高的闹剧。同理，从事学术活动的人若是对学术规范及其内容体系缺乏基本的认识和全面的了解，必然会导致认识上的模糊和实践中的失当，学术活动就极容易陷入失范和无序的状态，具体的表现就是规范意识欠缺、学术不端和学术失范。学术规范及其内容体系也是学术规范建设的内容和目标，对其缺乏了解和掌握，学术规范建设就会失去具体的目标和方向。学术规范体系也是制订学术规范手册的依据和基础。

那么，如何理解学术规范及其内容体系活动？迄今为止，仅有个别学者对此做过专门的探讨和论述。张积玉先生指出："学术规范是人们在长期的学术实践活动中所逐步形成的被学术界公认的一些行为规则。从学科角度考察，学术规范分基础性和学科性两个层次。基础性学术规范是各学科所通行的规则，其基本内容体系可从学术道德规范、学术法律规范、学术写作技术规范、学术评价规范四个方面加以概括。"[6](P80～85)曹树基认为，社会科学的"学术规范"至少应当包括学术研究规范、学术评审规范、学术批评规范和学术管理规范。总之，学术研究规范既是学术评审规范、学术批评规范和学术管理规范的基础，也是各种学术规范的核心。[7]二位专家的论述对学术规范研究和学术规范建设极具指导意义。受此启发，笔者尝试运用传播学和系统科学的有关理论，对学术规范体系做进一步的探讨和分析，以求从学理的层面来解答诸如学术规范的内容及其体系、学术规范由谁来订、学术规范建设由谁去做、如何去做等问题。

从传播学的角度看，学术实践活动全过程实际上就是学术信息的传播过程。人类的信息传播具有明显的过程性和系统性。当我们说传播是一个过程时，主要指的是传播具有动态性、序列性和结构性；当我们说传播是一个系统时，是在更加综合的层面上考察问题，把传播看作是一个由相互联系、相互作用的各个部分（或过程）构成并执行特定功能的有机整体，这个系统的运行不仅受到它的内部结构的制约，而且受到外部环境的影响，与环境保持着互动的联系。[8](P57～58)一个完整的传播过程，是由以下基本要素构成的：传播者（信源）、受传者（信宿）、信息、媒介、反馈。

学术信息从生产、传播到反馈整个过程就是一个完整的系统。这个系统的运行既受到它的内部因素的制约，也受到外部因素的影响。其内部因素包括学术研究者及其成果（传播者和信息）、学术媒体（媒介）、学术批评（受传者和反馈）等；其外部因素包括学术评价和学术管理，再往外就是与这个系统紧密相关的学术小环境（高校和科研院所）和大环境（社会）。由此推理，学术规范体系理应包括学术研究规范、学术媒体规范、学术评价规范和学术管理规范等几个方面。学术研究规范包括学术研究人员规范、学术成果规范和学科规范；学术媒体规范包括编辑规范、审稿规范、编排规范等；学术评价规范既包括学术评审规范也包括学术批评规范；学术管理规范包括管理人员规范、项目评定规范等。由此可见，我们在进行学术规范研究时，不能只考虑学术研究一个方面，还要顾及其他方面。学术规范体系所包含的几个方面就是学术规范建设的目标和内容。丰富的学术实践活动和二十年的学术规范大讨论已经充分地证明了这一点。同理，学术规范建设并非学术实践个别环节的规范，而是一个全方位的立体性的系统工程。具体来讲，要推进学术规范建设，就要从学术实践活动和学术信息传播所牵涉的一切环节和领域入手。学术规范建设不是一个单方面的行动，必须调动各方面的力量，做到整体考虑，全面规划，“全面治理，多管齐下”,① 标本兼治。

学术规范建设从本质上讲是以知识分子为主体的过程，它是以学术为本位、以学者为主体、多方参与的社会行动。学者是学术规范建设的主体。作为复杂而长期的社会工程，没有学者充分的主体性参与是不可能取得成功的。因此，无论从手段来看，还是从目标来看都应该更广泛地让广大学者参与其中。但这并不能否认政府主管部门、学术媒体、学术管理人员等在其中所起的不可或缺的作用。学术规范建设的复杂性决定了政府必须加入其中。实践证明，二十年的学术规范建设议论多而成果少，雷声大而雨点小的最重要原因之一在于缺乏有效的协调、引导和组织。事实证明，只有政府才有能力协调各方；只有形成学者、政府主管部门、学术共同体、学术媒体齐抓共建的工作机制，学术规范建设才能取得真正的进展。1999 年《中国高等学校社会科学学报编排规范》在高校人文社会科学学报系统广泛地推行，就是一个学者、政府主管部门、学术共同体、学术媒体共同合作的成功范例。

四、对策与建议

学术规范建设既然是一项系统工程，我们就要根据系统工程学的相关理论对其进行总体设计。[9]根据学术规范建设二十年的实践经验和教训，在借鉴各方面专家和学者相关研究成果的基础上，笔者提出一套“源头抓起，急用优先、重点突破、成熟优先、分步实施”的设计方案，以就教于专家、同仁。

1. 学术规范建设的总体思路和路径

说到学术规范建设的总体思路，我们仔细阅读南宋理学家朱熹的一首诗《观书有感》，就会得到诸多启示。“半亩方塘一鉴开，天光云影共徘徊。问渠哪得清如许？为有源头活水来。”学术界就是半亩方塘，有着清新、健康的学术氛围；天光云影共徘徊就好比是学术界百花齐放、百家争鸣、不断创新的健康、热闹的

① 周济．教育部学风建设委员会成立大会上的讲话［Z/OL］．http://news.xinhuanet.com/edu/2006-05/29/content_4615487.htm。

景象和氛围；源头活水既可以指遵循规范、训练有素、勇于创新的学人及其成果，也可以指科学、完善的学术规范。假如半亩方塘的水脏了，人们要治理污染，就要寻找塘水受到污染的原因。其治污的步骤无非是首先追根溯源，查看源头的水是否纯净无污。其次是顺着源头再往下检查水所流经的渠道是否受到污染。如果前二者均无问题，第三步就要回到半亩方塘，查找塘水被污染的其他原因。假若塘水受到外界的污染，那就要想方设法综合治理。学术规范建设如同塘水治污，其步骤和路径也莫过于此。我们认为，学术规范建设的第一步和关键之处在于正本清源——制订一本科学、完善的学术规范手册为本，拥有一批训练有素、遵守规范、勇于创新的学者为源。第二步乃是护渠固堤，即对学术成果传播的渠道——学术媒体等进行规范；对学术批评、学术评价和学术管理的人和机构进行规范。第三步是清淤除污，即建立有效的学术惩戒机制，对违反学术规范的人及其行为给予相应的处理和处罚。

2. 急用优先——学术规范手册的制订

在学术规范建设中，学术规范手册的制订是前提。王笛认为，“目前中国学术界提倡学术规范和反对学术腐败的当务之急，是通力合作编写一部自己的《芝加哥手册》（如可称《中国学术写作及编辑出版手册》）。”[10]这句话可谓一语中的。没有明确、具体的、被学界普遍认可的学术规范，大讨论只能成为无谓的争吵，[11]即使是想要遵循规范的人也无规可依，无章可循，其后果自然可想而知。目前最为紧迫的是各相关部门应组织一批在学术规范方面有建树的专家、学者，在现有文件、规定和规范的基础上，制订一本普遍适用于人文社会科学各学科的宏观规范手册。手册的内容包括学术规范的基本知识及其内容体系，学术失范的惩戒措施等。编写手册的目的是让学人明白什么是规范，如何遵守规范，不遵守规范会受到什么样的惩戒等。各学科也应抓紧制定适合各自情况和特点的学科规范。手册的颁布应该有一个时间表，愈快愈好，最晚应在2010年之前。在手册的内容上，该细化的地方绝不能笼统地一笔带过。比如对剽窃和抄袭的界定方面，哪几种情况属于抄袭，要一条一条地列出来，使研究者能够有一个深入、细致的了解，以便在学术实践中能对照检查，做到心中有数。在制订学术规范手册时，要鼓励和吸收广大师生的参与。实质上，参与的过程也是一个自我教育的过程。[12]

3. 重点突破——规范知识的普及和学术从业者的培训

有了学术规范手册，并不等于万事大吉，对学术规范知识的宣传、普及，学术规范的教育同等重要。通过对当前研究生的学术规范教育现状的调查研究可以知道，研究生群体中存在学术不规范的行为，研究生非常缺乏学术规范的知识，研究生的学术规范教育还远远不够。[13]研究生尚且如此，大学生的情况可想而知。笔者认为，学术规范知识的宣传、普及和教育工作应从以下三方面抓起：(1) 对大一、大二学生进行创新教育和诚信教育，将它列为与思想政治课同等重要的必修课。如果大学生基本的学术规范意识和社会诚信品质不能在学术起步阶段就树立起来，无疑将会对以后的学术研究和社会发展产生极为不利的影响。(2) 对大三、大四学生的学术规范教育和学术道德教育的力度，让学生充分了解学术规范的基本常识，清楚什么是违反学术规范的行为，违反学术规范将会产生怎样的社会后果，从而使学术规范和学术道德内化为学生根本的学术信念。(3) 对现有的学术从业者进行学术规范知识的系统训练。事实上，大部分的学术失范和学术不端行为都是由这一部分人造成的。因为这部分人当年在校时根本就不知道学术规范为何物，因而对他们的培训显得尤为重要。这项工作应该在三年内完成，否则，学术不端的行为将会屡禁不止。

总之，学术规范应当成为高校人才培养特别是研究生与学位教育的最基本的学术入门课程。有条件的大学，要争取开设学术规范的系统课程或者系列学术讲座。① 宣传、教育和培训的最终目的是使即将从事学术或正在从事学术的人员形成规范意识，并将这种意识化为遵守规范的自觉行为。

4. 成熟优先——学术媒体规范

学术媒体是学术信息传播系统中重要的一环，是发表学术研究成果的主渠道，是学术规范建设不可忽视的重要方面。没有编辑出版界人士的关注、参与和互动，要想完成学术规范的建立和普及，也是不可能的。现在，人们已经日益认识到编辑出版界人士对学术规范的重要作用。研究者、批评者固然是建立规范的主体，而编辑同样是这一主体不可或缺的组成部分。[14]

实事求是地讲，中国高校的学术期刊始终走在学术规范建设的前列，尤其是在学术期刊的编排规范、著录规范方面做了富有成效的工作，为广大学术研究者提供了参考的标准。不仅如此，高校学术期刊还在其他规范包括基本规范、审稿规范、出版规范、期刊评价规范做了不少工作，积累了许多宝贵的经验，值得推广和学习。在学术规范建设费时低效的情况下，高校学术期刊是唯一能够说到、做到、落实到的方面军，值得充分的肯定。笔者认为，高校学报界应该对现有的规范进行必要的修改，以使其达到成熟和完善，以确保学术信息在传播这一环节上少出或不出问题。学术媒体学术规范意识强了，就能将不符合学术规范的稿件和作品排除在外，真正发挥学术媒体在登载人文社科科研成果、开展学术交流、发现培养学术人才、促进知识积累与创新的重要作用。

---

① 袁振国．进一步加强高校学术规范建设、促进高校哲学社会科学繁荣 [Z/OL]. http://www.sinoss.net/webgate/CmdEduFile－Detail? ef_id＝361,2007-09-11。

5. 其他建议

（1）全面实施匿名评审制度。在目前各项制度尚未健全的情况下，论文发表、论著出版、学位论文评定、各级各类的项目立项、成果鉴定与评奖等，都要全方位地实施严格的匿名评审制度。除了加强匿名评审专家的道德修养外，还有几方面的工作需要做：一是严格匿名评审专家的选择制度，建立动态的匿名评审专家库，这样可以增加有的人获取评审专家相关信息的难度；二是实行异地评审的办法。具体来讲，就是校内项目校外评审，省内项目省外评审，最大限度地减少各种人为因素的干扰；三是建立匿名评审专家连带责任制度。评审结束以后，不但要把匿名评审意见附于论文后，而且要将评审意见张榜公示。把专家的意见公开，就等于让评审专家接受公众的监督。如果发现评审不公正等现象，则可以连带追究匿名评审专家的责任。对不能履行职责的评委，要点名批评，并进行相应的处罚。这将使得评审专家们有所顾忌，以确保评审公正。[15]

（2）建立学术规范建设专门机构。各高校和科研院所要建立长效、常设的学术规范机构，挂靠在主管科研、学术的部门之下。一是建立学风建设专门机构，促进学风建设经常化、规范化、制度化。要尽快成立学风建设专门机构，形成主要领导要亲自抓、分管领导具体抓、专人负责、各方面协调配合的有效运行机制。[16]另外，要建立全国高校学风建设的工作网络。各高校学风建设专门机构要落实具体负责人，并登记造册，建立起全国高校学风建设的联络机制，在适当的时候召开全国高校学风建设委员会主任会议，整体推进高校学风建设。

（3）充分发挥学风委的作用。学术乃天下之公器。学术规范建设是国家的一件大事。因此，笔者建议，应该提高学风建设委员会的地位，充分发挥其咨询和指导的作用。不仅如此，学风委还应该得到一定的授权，在学术规范建设中扮演真正的协调、沟通和组织者的角色，并对各地的学术规范建设进行有效的督促和检查。除此以外，学风委还应举办一些学风建设研讨会，以及科研管理人员学术规范培训班等活动，还要有设立若干学术规范、学风规范的科研课题，为学术规范建设提供理论上的支持。学术规范建设知易行难。中国的学术规范建设正处于贯彻落实的关键阶段。大量事实证明，学术失范和学风不正等现象的发生，有着深刻的和多样的原因和相关条件。目前在学术界存在的学术违规现象并不是一种单纯的学术现象，它与我们社会生活的方方面面（政治的、经济的等）有着千丝万缕的联系。因此，整顿和重建学术规范的任务并不是学术界自身所能最终完成的。[17]学术规范建设是一项系统工程，思路既已清晰，步骤已经明确，只要学术界内外、上下认识一致，积极采取行动，认真贯彻实施，学术规范建设的任务和目标就一定会落到实处，学术创新和学术繁荣的终极目标就一定能够实现。

参考文献：

[1] 杨玉圣，张保生.《学术规范读本》[M]. 开封：河南大学出版社，2004.

[2] 周祥森.《新旧中西的冲突——关于学术规范讨论的思考》[J]. 史学月刊，2003 (10).

[3] 杨玉圣，张保生.《学术规范导论（第一章)》[M]. 北京：高等教育出版社，2004.

[4] 汝炳荣.《学术规范建设重在落实贵在自律》[J]. 广东外语外贸大学学报，2005 (4).

[5] 杨玉圣.《学术腐败、学术规范与学术伦理》[J]. 社会科学论坛，2002 (2).

[6] 张积玉.《学术规范体系论略》[J]. 文史哲，2001 (1).

[7] 曹树基.《关于“学术研究规范”的几点思考》[N]. 文汇报，1999-01-02.

[8] 郭庆光.《传播学教程》[M]. 北京：中国人民大学出版社，2007.

[9] 苗东生.《系统科学精要》[M]. 北京：中国人民大学出版社，2006.

[10] 王笛.《学术规范与学术批评——谈中国问题与西方经验》[J]. 开放时代，2001 (12).

[11] 胡杨.《整饬学术规范，反对学术腐败》[J]. 云梦学刊，2003 (5).

[12] 文凯.《美国高校学术诚信教育及启示》[N]. 中国教育报，2003 (12).

[13] 王林.《研究生学术规范教育的调查研究》[J]. 中国高教研究，2005 (10).

[14] 杨玉圣.《学术期刊与学术规范》[J]. 清华大学学报（哲社版)，2006 (2).

[15] 陶东风.《论文“匿名评审”别成摆设》[N]. 人民日报，2006-09-13.

[16] 李卫红.《教育部学风建设委员会第二次全体工作会议讲话》[N]. 中国教育报，2007-09-13 (1).

[17] 赵景来.《关于学术规范与学风建设若干问题研究综述》[J]. 学术界，2005 (2).

（作者单位：西安外国语大学学报编辑部，摘自：《广西民族大学学报（哲学社会科学版》)

科研评价

纵观改革开放以来高校人文社会科学的变化与发展

——基于历届高校人文社会科学研究优秀成果奖的数据分析

王日春[1]　王玉明[2]

第一至五届①高校人文社会科学研究优秀成果奖共评出人文社科优秀成果2390项，成果申报范围从1979年1月1日至2007年12月31日，涉及人文社会科学所有学科领域，基本反映了改革开放以来高校人文社会科学的变化与发展。本文试图以历届奖项的统计数据为基础，分析透视高校人文社会科学发展的基本轨迹，并对进一步推进其繁荣发展提出一些思考。

一、高校人文社科优秀成果的分布变化反映了改革开放以来人文社会科学发展的阶段性特征

改革开放以来，高校人文社会科学研究队伍日益壮大，成果数量逐年增长，精品力作不断呈现。高校人文社会科学研究优秀成果奖评选启动于1995年，历届获奖成果从整体上较为客观地反映了高校人文社会科学研究实力和水平。作为人文社科发展的“指示器”，人文社科优秀成果的分布变化情况粗略展现了高校人文社会科学发展的基本轨迹。

我们根据历届获奖成果的出版或发表时间，对各年度的奖项总数及人文学科和社会学科获奖数的年度分布情况进行了统计，绘制成图1。

---

① 2007年年底，根据国务院有关达标评比活动清查的精神，原高校人文社会科学研究奖与高校自然科学奖合并为“高等学校科学研究优秀成果奖”。高校人文社科奖的正式名称为“高等学校科学研究优秀成果奖（人文社会科学）”。为表述方便，本文将最新一届评奖称为“第五届高校人文社会科学研究优秀成果奖”。

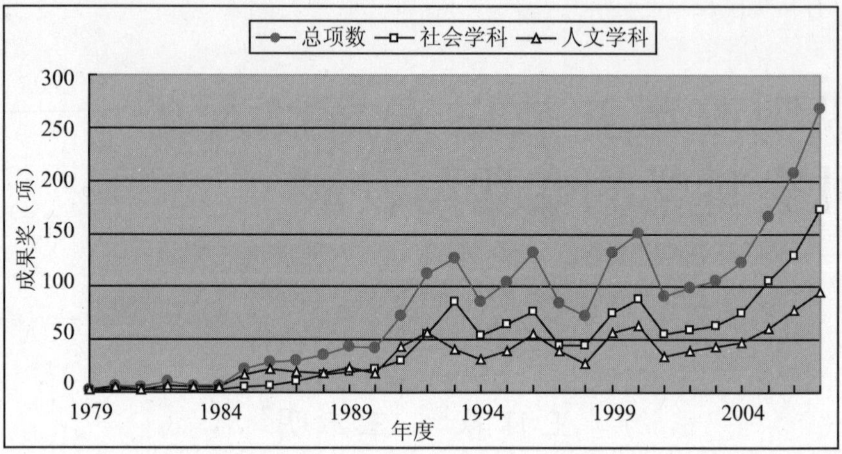

图 1　各年度的奖项总数及人文学科与社会学科获奖数的年度分布变化情况

同时，根据历届获奖成果形式的比例变化情况，绘制成图 2。

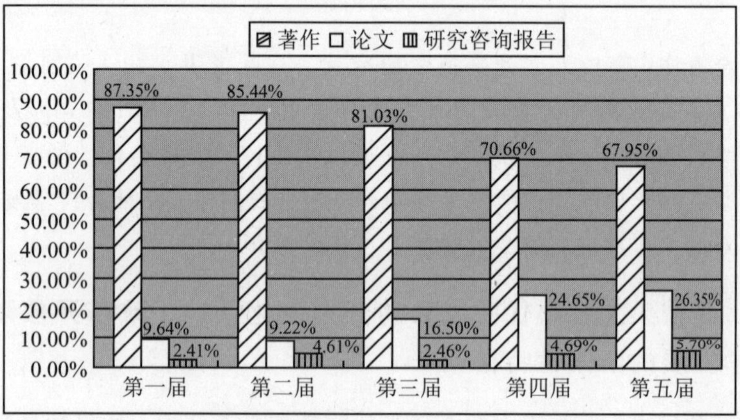

图 2　历届各类成果形式获奖比例对比图

总体来看，1979 年至 2007 年高校人文社会科学优秀成果的数量呈不断增多的趋势（参见图 1）。从历届获奖的成果形式来看（参见图 2），著作类成果占有绝对优势，但总体比例逐届下降，论文类成果和研究咨询报告的比例逐届上升。这一变化内在地反映出，高校人文社会科学研究质量在不断提升。因为一般来说，论文类成果更能集中反映作者的创新能力和学术水平，而且许多优秀著作的创新内容在出版前总以论文的形式公之于众。

具体来讲，图 1 所显示的变化情况基本反映了不同时期高校人文社会科学发展的阶段性特征。

第一，1979 年至 1992 年左右，高校人文社会科学优秀成果的数量虽然不多但一直持续增长。这是因为，党的十一届三中全会以后，在“解放思想、实事求是”思想路线的指引下，高校积极贯彻中央关于教育问题的一系列指示精神，相继恢复重建了文学、史学、哲学、政治学、法学、社会学、心理学、经济学、管理学等一批学科，兴建了若干研究所（室），新办了大量学术刊物。知识分子政策的有效落实，使高校教师科研热情高涨，他们在完成教学任务的同时积极开展科学研究。这一时期大量的科研成果表现为文献整理、编写教材和参考资料、译介国外社会科学的学术著作等。

第二，1993年至2000年前后，高校人文社会科学研究优秀成果整体分布呈“W”状，起伏变化较大。这是因为，1992年邓小平的“南方谈话”，使人们的思想从姓“资”姓“社”的束缚中解放出来。在从传统计划经济向社会主义市场经济转型的过程中，高校教师面向现代化建设“主战场”的意识显著增强，但同时教师队伍中也出现了不少“跳槽”和下海经商的现象，中青年业务骨干流失严重，基础学科和基础研究滑坡明显。直到20世纪末，许多高层次人才开始逐渐向高校“回流”。反映到研究成果上来则表现为：这一时期，高校人文社会科学成果数量保持增长，但优秀成果的年度分布比例失衡。

第三，2001年以后，高校人文社会科学研究优秀成果数量呈大幅度的增长。这主要归结为下列因素：首先，新世纪初，江泽民同志先后就繁荣发展哲学社会科学发表了三次重要讲话，2004年中央颁发《关于进一步繁荣发展哲学社会科学的意见》，这些都为繁荣发展高校哲学社会科学指明了方向，创造了机遇；其次，在20世纪90年代中后期教育部组织实施的“跨世纪优秀人才培养计划（人文社会科学）”等一系列人才政策的效应开始显现；再次，教育部抢抓机遇，制订实施了“高校哲学社会科学繁荣计划”，启动了若干重大建设举措，有力地促进了高质量研究成果的产出。

第四，从人文学科和社会学科优秀成果的统计数来看（参见图1），1979年至1992年期间，人文学科的优秀成果数量明显多于社会学科。而从1993年开始，社会学科的优秀成果数量则明显多于人文学科。到1998年以后，人文学科和社会学科优秀成果数量上的“剪刀差”逐渐扩大。这与三十多年来，人文学科和社会学科的发展历史基本吻合。改革开放初期至20世纪80年代末，高校文史哲等传统学科仍占据学术中心地位，而法学、社会学、管理学等学科处于向国外借鉴学习的起步阶段，还没有形成完善的学科体系，其总体研究水平不高。90年代初期，随着社会主义市场经济的蓬勃发展，社会科学的用武之地越来越大。人文学科发展总体滞后，研究队伍后继乏人。2000年以来，尽管许多高校意识到发展人文学科的重要性，但由于经费投入不足、人才青黄不接等原因，人文学科整体发展滞后。

尽管如此，高校人文学科由于历史悠久、积淀深厚，总体上仍体现出较高的研究质量和水平。在246项一等奖成果中，排在前5名的学科分别是历史学（36项）、中国文学（34项）、经济学（33项）、教育学（26项）、法学和语言学（各19项），哲学（16项）紧随其后。在所有获奖成果中，排名前5位的学科分别是经济学（18.40%）、中国文学（10.87%）、历史学（9.66%）、哲学（8.24%）、教育学（7.49%）。从这两项指标中可以看出，文史哲等人文学科仍然是高校的优势所在。

二、从人文社科优秀成果奖统计数据看相关学科的发展变化

学科建设涉及多方面的内容，有专业建设、队伍建设、教材建设、课程建设等，但不容置疑的是，科学研究是根本，贯穿于所有建设内容的始终。科学研究与学科建设的基本关系表现为：科学研究是学科建设的基础，学科建设为科学研究提供广阔空间。没有科学研究的学科建设不能成其为学科建设。历届获奖成果的比例及变化情况基本反映了各学科的发展。

1. 马克思主义研究得到不断加强。图3显示的是历届马克思主义研究获奖成果所占比例变化情况，反映出改革开放以来，高校马克思主义理论工作者紧紧围绕现代化建设的新主题、新实践，紧密结合大学生思想政治教育和思想政治理论课建设的新形势、新任务，不断解放思想，开拓创新，潜心治学，取得了喜人成果，为坚持和巩固马克思主义指导地位、推进马克思主义理论创新，加强和改进大学生思想政治教育作出了积极贡献。

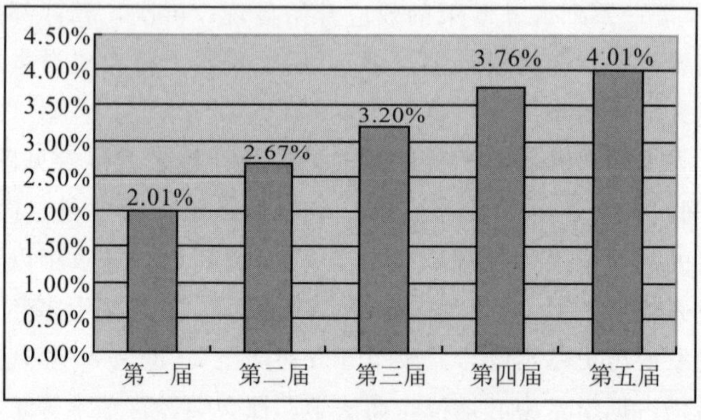

图3 历届马克思主义研究成果获奖比例的变化情况

2. 经济学一直保持优势地位，其优秀成果雄踞历届之首（参见图4）。党的十一届三中全会以后，全党的工作重点从以“以阶级斗争为纲”转移到社会主义现代化建设上来。经济学研究作为一门显学，一直紧紧围绕国家经济改革与发展的实践不断取得新进展。特别是随着改革的不断深入，经济学界在邓小平理论、

“三个代表”重要思想指导下，深入贯彻落实科学发展观，既立足本国又学习外国，直面重大理论和现实问题，积极作出理论概括和创新，产出了一批高质量成果，推进了学科的深入发展。

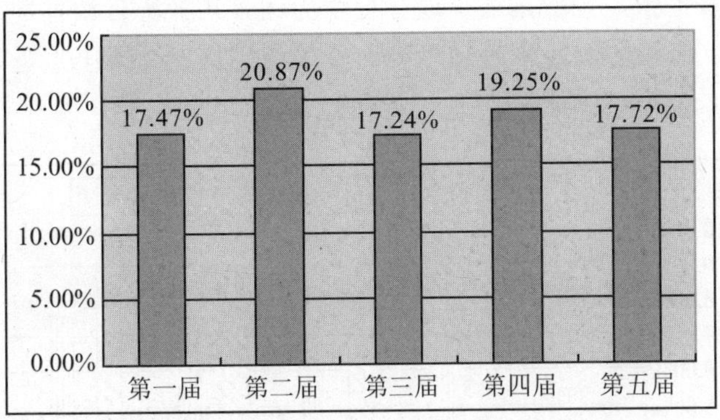

图 4　历届经济学研究成果获奖比例的变化情况

3. 文史哲等人文学科是高校的传统优势学科，但整体发展萎缩。直至 20 世纪 80 年代，文史哲始终占据中国学术的中心地位，但随着社会科学的日益勃兴，人文学科的优势地位得到动摇，表现为培养规模的缩减、研究队伍的断层、整体质量的下滑。如图 5 所示，历史学学科优秀成果获奖比例从第一届的 14.06%，降到第五届的 6.93%。从历史学科的现状亦可管窥一斑：为了应对社会需求，许多高校的历史系纷纷改名，虽然保留了历史学科，其课程与专业设置却尽量与一些热门专业挂钩，许多专业教师“突围”改行。

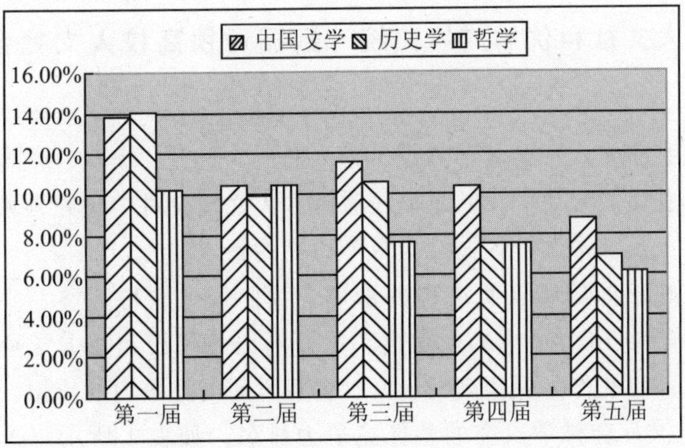

图 5　历届文史哲学科成果获奖比例的变化情况

4. 管理学、法学、新闻与传播学等社会科学发展势头迅猛。社会需求是推动学科发展的直接动力，科学理论满足社会需求的程度也反映实践对理论的检验和理论的成熟程度。从 20 世纪 90 年代以来，社会科学在参与政府决策和社会管理，研究和解答各种经济、社会和政治问题等方面发挥越来越重要的作用。管理学、法学和新闻学与传播学等学科研究队伍不断壮大，成果数量大幅度增长，专业招生规模显著扩张，势头迅猛。以管理学为例，几乎所有教育部直属高校都成立了管理学院、商学院和经济管理学院，全国设有管理学博士点近百个，硕士点 300 多个，科研成果数量不断攀升。（参见图 6）

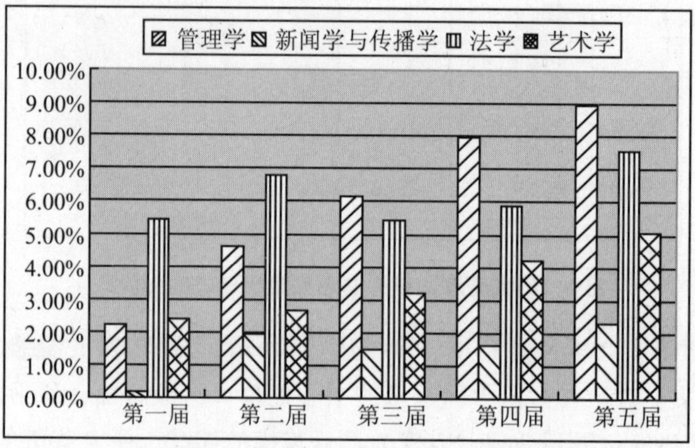

图 6 部分学科研究成果获奖比例的变化情况

5. 教育学、心理学、政治学、社会学、民族学、考古学、统计学等其他中小学科，历届研究成果的获奖比例变化不大。这说明，这些学科总体发展比较平稳，队伍规模和成果产出相对稳定。

三、从人文社科优秀成果奖统计数据透视高校人文社会科学研究的竞争力

研究成果是研究水平的集中体现，是判断研究人员、项目、机构绩效和水平的根本依据。获奖成果集中反映了高校教师在人文社会科学研究领域所取得的成绩，一定程度上反映了高校人文社会科学研究的整体实力。

为充分反映不同等级获奖成果的水平，我们依次给特等奖、一等奖、二等奖、三等奖分配 4、3、2、1 的权重值，从而求出各高校和相关学科获奖成果的加权总得分，并以此作为观测高校人文社会科学研究竞争力的依据。

1. 高校人文社会科学研究的整体竞争力排名。如表 1 所示，人文社会科学整体竞争力排名前 10 位高校分别是：北京大学、中国人民大学、武汉大学、复旦大学、北京师范大学、南开大学、南京大学、华东师范大学、厦门大学、中山大学。这 10 所高校的获奖总数 1084 项，占到总数的 45.8%。其中，北京大学作为我国人文社会科学研究的重镇，以无可比拟的整体优势遥遥领先。

表1 高校人文社会科学研究竞争力排名

序号	高校名称	特等奖	一等奖	二等奖	三等奖	获奖总数	加权总分
1	北京大学	0	40	81	72	193	354
2	中国人民大学	0	23	64	63	150	260
3	武汉大学	0	16	58	59	133	223
4	复旦大学	0	21	49	41	111	202
5	北京师范大学	1	15	43	36	95	171
6	南开大学	0	8	38	47	93	147
7	南京大学	0	7	38	38	83	135
8	华东师范大学	0	14	30	30	74	132
9	厦门大学	0	7	30	42	79	123
10	中山大学	0	7	31	35	73	118

2. 高校文、史、哲、经、管、法、教育学等学科的竞争力排名。各学科加权分计算，与表2方法相同，因篇幅所限，表格不一一罗列。总体来看，这些学科（门类）的获奖成果加权得分的前10位排名基本与当前这些高校的学科实力相当。这从实证角度进一步说明，科学研究是学科建设的基础。

（1）文学（门类）竞争力排名前10位高校分别是北京大学、复旦大学、南京大学、北京师范大学、山东大学、华中师范大学、四川大学、南开大学、武汉大学、中山大学。

（2）历史学（含考古学）竞争力排名前10位高校分别是北京大学、武汉大学、南开大学、华中师范大学、复旦大学、南京大学、华东师范大学、东北师范大学、中山大学、北京师范大学。

（3）哲学（含宗教学、逻辑学）竞争力排名前10位高校分别是中国人民大学、北京大学、武汉大学、中山大学、复旦大学、北京师范大学、吉林大学、南京大学、南开大学、华东师范大学。

（4）经济学（含统计学）竞争力排名前10位高校分别是中国人民大学、北京大学、南开大学、复旦大学、厦门大学、武汉大学、上海财经大学、吉林大学、中南财经政法大学、南京大学。

（5）管理学（含图书情报学）竞争力排名前10位高校分别是武汉大学、中国人民大学、北京大学、中山大学、浙江大学、山东大学、南开大学、清华大学、南京大学、华南理工大学。

（6）法学竞争力排名前10位高校分别是中国人民大学、北京大学、武汉大学、中国政法大学、厦门大学、吉林大学、中南财经政法大学、清华大学、西南政法大学、对外经贸大学。

(7) 教育学（含心理学）竞争力排名前10位高校分别是北京师范大学、华东师范大学、西南大学、华中师范大学、南京师范大学、北京大学、东北师范大学、厦门大学、华南师范大学，浙江大学与天津师范大学并列。

表2　经济学（含统计学）研究获奖成果加权得分计算表

序号	高校名称	特等奖	一等奖	二等奖	三等奖	获奖总数	加权得分
1	中国人民大学	0	7	18	14	39	71
2	北京大学	0	6	14	9	29	55
3	南开大学	0	4	13	11	28	49
4	复旦大学	0	2	11	14	27	42
5	厦门大学	0	3	9	12	24	39
6	武汉大学	0	3	9	9	21	36
7	上海财经大学	0	1	5	15	21	28
8	吉林大学	0	1	9	5	15	26
9	中南财经政法大学	0	1	6	5	12	20
10	南京大学	0	0	6	6	12	18

四、关于进一步推进高校哲学社会科学繁荣发展的几点思考

1. 要重视人文学科发展，进一步加大经费投入。人文学科乃“无用中之大用”，对社会发展有着非常大的影响。但与社会科学学科相比，人文学科是基础学科，项目经费较少，社会资助有限，靠学科自身筹措经费比较困难。要着力改善人文学科学者的科研条件和生活待遇，让他们从容淡定地思考问题，潜心从事学术研究；要加强对人文学科和科研机构的投入，改变简单地以投入量产出的评价方式，切实尊重人文学科的特点和规律，“养”一批学科、机构和人员，为社会培育“良心”，为民族传承“精神”。

2. 要着力培育一批立得住、影响大、传得远的标志性成果。据统计，2007年高校人文社会科学工作者发表学术论文295323篇，出版著作25256部，提交研究咨询报告17912部，与有数可稽的1981年相比，论文年均增长6.46%，著作年均增长7.36%，研究咨询报告年均增长11.9%。但从历届获奖成果来看，特等奖仅1项，一等奖成果也仅占总奖项的十分之一，且有些学科连续几届空白，缺少立得住、影响大、传得远的标志性成果。中国特色社会主义伟大实践呼唤产生具有中国特色的哲学社会科学。经济学、管理学、法学等一些学科领域已

经具备产生本土理论、形成学派的基本条件。

3. 要大力推进高校人文社科优秀人才和优秀成果走向世界。目前，世界各国都以知识创新和是否达到国际水平为科研成果的评价标准。在历届获奖成果中，外文类成果数很少，比重最大的第五届也仅 21 项，其中经济学 6 项、法学和管理学各 3 项。这说明，我国社会科学的国际化水平还很低。在推进高校哲学社会科学繁荣发展的新阶段，必须将追求世界水平当做重要目标，大力推进高校科研机构与世界高水平大学或科研机构进行深度合作，鼓励科研人员参加高层次的国际学术研讨会，在国外高水平学术期刊上发表论文。

4. 要切实提高哲学社会科学服务社会的水平。从图 2 中可以看出，尽管研究咨询报告类成果的比重逐渐加大，但总体数量偏小。这说明，高校人文社会科学为社会服务、为党和政府决策咨询服务的水平还不高。关注重大现实问题，并对这些问题进行科学解释、提供合理的解决方案，乃是学者的基本职责。发扬理论联系实际的学风，扎根现实、研究问题，体现了学者对国家、社会、人民的高度责任感。要摒弃错误或狭隘的科研观，切实增强国家责任感，树立为社会服务的意识。尽管不同的学科和研究领域，对于现实问题的关注程度存在一定差别，但无论从事何种学术研究，一个真正具有社会责任感的学者，都会以解决现实问题、推动社会发展进步为研究的根本旨趣。

5. 要重视多学科综合研究，努力产出一批跨学科研究成果。跨学科研究是学术发展的重要趋向。当今时代的任何重大的经济、社会、政治问题都不是单一学科所能解决的，应用性研究的加强促使研究者运用多学科的知识和方法来认识和解决现实问题。以问题为中心的研究正在逐渐取代以学科为中心的研究模式，并将不断发展出新学科。尽管近两届设有交叉学科或综合研究申报类别，但从获奖成果统计来看，最终评出的真正属于跨学科研究的成果极少。哲学社会科学研究要适应这一趋势，在项目设立、人才培养、评价制度等方面加强引导，真正形成跨学科研究的合作机制。

（作者单位：1. 中华人民共和国教育部社科司；2. 华中科技大学博士，为本文数据分析提供了有力支持。摘自《中国高等教育》）

人文社会科学评价的困境与曙光

沈壮海

在这样一个会议上讲这样一个大的题目，我感觉到既兴奋又惶恐。之所以兴奋，因为我也是青年人文社会科学管理工作者中的一员，作为这个火热的群体中的一员，在其组织和家园宣告成立的大会上作报告，自然应该是非常荣耀的事情，所以感觉到很兴奋。之所以还感觉到很惶恐，因为这几年，人文社会科学评价广招非议，成为学术领域甚至整个社会领域关注的一个重要热点——很多人都在发表自己的看法，也基本上每一位发表看法者都是在批判。就这样一个尖端的课题、热点难点问题来发表自己的看法，难度自然非常大，所以我也感到很惶恐。但是基于前面的那种兴奋，我还是斗胆在这里把有关的想法给大家作一个汇报。

我刚才提到，人文社会科学的评价问题是现在人们关注的一个焦点、一个热点。到底“热”到什么程度，大家应该都有感受，我也作了一些梳理。如，近年来，教育部社会科学委员会编辑出版的《高校哲学社会科学发展报告》，每年都要评选当年高校哲学社会科学领域的十件大事。2006 年评出的十件大事之一，就是高校人文社会科学评价的改进问题。为了来这里跟大家交流，我在 2009 年 1 月 6 日 15 时 46 分，选用几个关键词，通过百度做了一些搜索，结果是什么呢？以“学术评价”为关键词搜索，找到相关网页约 2110000 个，用时 0.045 秒；以“科研评价”为关键词搜索，找到相关网页约 2180000 个，用时 0.045 秒；以“研究评价”为关键词搜索，找到相关网页约 2820000 个，用时 0.065 秒；以“社会科学评价”为关键词搜索，找到相关网页约 1620000 个，用时 0.052 秒。这样的瞬间，这样的信息量，足以折射出整个社会、整个学界对这个问题的关注程度。还有一个生动的例子，刚刚一个月前，也就是 2008 年 12 月 3 号，教育部在北京召开了第四次教育部社会科学委员会大会。会上发了一个材料——《教育部关于改进哲学社会科学研究评价的若干意见（征求意见稿）》。大家从关于这个会议的报道中也可以感觉到社会舆论界的关注点。有些媒体报道的标题，不是"教育部召开第四次社会科学委员会大会"，而是"教育部酝酿改革高校人文社会科学评价制度"。何其醒目！在百度上搜索这个标题，0.03 秒就可以搜索到 1850 个网页。这还只是我在1月6日搜索到的结果。我列举这么多数字，无非想说明，人文社会科学评价已经成为当前中国知识界或中国社会关注的一个大问题。

一

人们对人文社会科学评价的这种强烈的关注、热烈的讨论，实际上给我们的人文社会科学的评价营造了一个无法回避但又必须努力突破的困境。这里说的困境，首先是一种舆论的困境。

刚才我讲，很多人在关注这个问题，大量的言论在讨论这个问题，如果仔细分析的话，可以看到，这些言论对当前的人文社会科学评价基本上是持一种讨伐的态度。作为一个科研管理者，如果我们平心静气地开始看这些言论，那么看到半截便绝对不可能平心静气了，越看可能越会感到坐立不安了。很多抨击，矛头直指管理，认为正是不科学的管理炮制出了这样一个不合理、不合情的评价制度误导了中国的学术发展。这里面有很多的议论。比如，有的言论认为，当下的人文社会科学评价制度，是没有人性的评价制度，是一种当年的大师不能容身于其中的学术评价制度。不少文章绘声绘色地讲，当年的大师如何意气风发，多少年不写一篇文章，现在仍然被人们尊称为大师，但这些大师于现在的评价体系面前都不能成其为大师——所以目前的评价制度是一种当年的大师已经无法容身于其中的学术评价制度。既然是原有的学术大师都无法容身于其中的一种制度，那么，这种制度也必然扼杀未来的学术大师。大家不是成天讲大师太少了吗？为什么少呀？为不合理的评价制度所扼杀了。原来的大师不能成其为大师，未来的大师也成长不起来。有人讲得更加尖锐，称当前学术评价制度，弄痛了良知、弄脏了净土、弄乱了荣辱，学者们的人格被侏儒化；还有人认为，之所以这些年来学术腐败之风愈演愈烈、猖狂不已、危害甚厉，根源就在于不合理的学术评价制度，是评价体系的错位和缺位导致了学术垃圾的泛滥，导致了学术不端行为屡禁不止，污染了学术空气，钝化了创新精神。基于如此之类的分析，有的学者就明确提出来，要向中国的社会科学评价体系开炮……通过这些言论，大家应该感觉到我们的学术评价、我们在做的工作、我们在推进的工作，确实面临着一个严峻的舆论困境。

那么，当前的舆论认为目前的评价制度是扭曲的，到底扭曲在哪里呢？我作了一个梳理和概括。各家观点综而观之，可分为十个方面，即认为目前的学术评价有十大弊端，或称“十化”。

第一，就是量化，也就是以数字论功行赏，以数量看发展。看论文的数量、著作的数量，看经费的数量，从学术单位到个人基本上都掉入了量化的怪圈。比如学术机构，包括学术评价机构，就根据一个又一个的数据来给各个学术单位排名，发布一个又一个的大学排行榜、科研机构排行榜。不少的学校根据数字来管理学者，不少的学者有时候也情不自禁地以自己所“码”出来的字数的多少来标榜自己的身份。有人在讲量化的评价制度时，给它加了一个状语——“逼良为娼”的中国量化学术评价制度。还有人对此做出评论，认为这一个概括“一针见血，一剑封喉”。意思无非是说，当下评价制度不合理的主要根源，或者说最关键的症结所在，就是量化评价。有人讲：“在当下的中国，曾经神圣和能使人不朽的学术已经沦为太阳底下最为廉价和深令学者蒙羞的事情。为什么呢？就是因为当下量化的评价制度……这种量化评价制度的实质表明当代中国的学术界已经乱了方寸，其症结在于没有用一个合理的方式来评价学术水准和学术贡献。”还有学者认为，这种制度造成的恶果，“比‘5·12’四川汶川大地震所造成的灾难还要大，如果我们不及时地铲除、遏制住这种现象，就会彻底窒息和扼杀中华民族文化和精神创造力”。这就是第一个矛头所指，指向量化。

第二，指向“官化”，也就是很多人讲的“行政化”。舆论普遍认为，现在的评价制度里有一种重要的弊端，就是行政权力介入了、支配了、干涉了学术权利的行使。这种“介入”，使学术评价产生了很多问题。有人概括说，现在学术评价基本上是“官办、官评、官审、官批”，彻头彻尾官化了，和学术共同体离得越来越远了。有人基于这种分析，提出这样一种口号：学术评价，让官员走开。这是第二个矛头所指，指向“官化”。

第三，认为是“腐化”。很多人认为当下的不少评价过程是在黑幕之后展开的，充满了一些不正当的交易。

第四，认为是“美化”。有人讲，现在的学术评价充满了“美化”。学者们把书写出来以后，邀请一位有身份的人替他写评论，或者自己写好评论签上某位大家的名字。这样的学术评价中充满了溢美之词，开山之作、扛鼎之作、填补空白、国际领先等诸如此类的评论充斥其中。如果只从书评这一类评价上来看，整个中国的人文社会科学在当今世界或可谓遥遥领先了。

第五，认为是“外化”。也就是当下的评价越来越关注研究成果外在的形式、关注表象，越来越成为一种关于学术形式的评价。看引文数量、看出版社级别、看刊物主办者身份，甚至还要看装帧设计等，这些都是在评价、在关注研究成果的外壳，而没有涉及它的内核。这种评价导致了越来越多的“著书不立说”。“著书”，是指在形式上我们有了很多创造，有了很多的成果；“不立说”，是指没有思想的前进、知识的进步。

第六，认为是“洋化”。即在评价中挟洋自重，挟洋人以傲视群雄。与此相应，国际索引数据库大行其道。海外发文，资金也要比“土”杂志上发表的高一些。自然科学领域有SCI——1961年美国科学家加菲尔德提出来建设的一个资料库。但正如有些学者所讲的那样，现在，SCI等已经让中国的科学家如此爱恨交加。也有人戏称SCI为“愚蠢的中国指数”（Stupid Chinese Index）。以致2005年的时候，这个概念的提出者加菲尔德博士坦言，自己当时提出这个主意时完全没有想到它现在是如此饱受争议，像核能一样成为了一个好坏参半的东西。

第七，认为是“他化”。亦即“依赖化”，不少学术评价现在完全是在一种非常依赖的状态下展开的。依赖谁呢？依赖名流，名流可以一言九鼎，片纸定兴废；依赖刊物，刊物的级别就决定了论文的水平；依赖领导，所作批示的领导，其级别的大小决定了研究成果水平的高低；依赖奖项，这个成果原来获没获过奖、获过什么级别的奖，成为这一次给不给它奖、给它什么级别奖的重要依据之一，等等。

第八，认为是“简化”。人文社会科学研究极其复杂，但是却要拿个相对一致的尺度来丈量如此复杂的人文社会科学的研究成果。

第九，认为是“滥化”。很多人认为，现在的评价泛滥成灾，让学者目不暇接，成了填表匠。

第十，认为是“急化”。急功近利、操之过急，评价周期过短。有人谓之以“杀鸡取卵”“竭泽而渔”。中国的学术传统是“板凳宁坐十年冷，文章不写一句空”。但现在，还没冷到三年，板凳可能就已经没得坐了。

我刚才所讲的这些，就是现在人文社会科学评价所面临的、但又必须突破的舆论困境。实际上，舆论困境之后是实践的困境。我们在实际的科研评价和管理工作中面对的各种各样的挑战、难题实际上都是这些舆论困境产生的重要根源。大家作为实际工作者，对于科研评价和管理中的实际难题，都很清楚，我在这里不再展开了。

二

如何看待目前的人文社会科学评价？如何看待当下各种各样关于人文社会科学评价的议论？我觉得我们有几个基本点要把握住。

1. 要充分认识学术评价之重

为什么学术评价能够引起这么强烈的关注？因为它太重要了。学术评价是什么？是方向，它引领了发展；是规范，规约着学术研究的形式；是尺度，丈量着学术发展的高度；是动力，激发着学术进取的能量。从一定意义上讲，没有学术评价就没有学术发展史。整个学术的发展过程，能够把那些精粹的东西保留下来，一代一代传下来，这里面其实都有一个评价机制在起作用。一种思想，一种观念，一种知识，当它不再被纳入学术体系评价的时候，也就说明它的生命力基本上结束了。包括我们现在引用几千年前的古人谈的某个思想，对这个思想进行阐发，作为我们的引文，作为我们的依据，作为我们的思想源泉，实际上它是依靠我们的评价尺度又进入了我们新的思想创造过程。所以，一种思想体系、价值观念、知识成果，当它不再进入任何形式的学术评价体系的时候，也就表明这种东西已经没有生命力了。从这个角度来讲，没有学术评价也就没有学术发展史。总之，学术评价在学术发展中的地位决定了人们对学术评价的格外关注。我们要充分认识学术评价之重，也基于这种“重”来充分认识我们肩上所担负的责任。

2. 科学分析学术评价之弊

我们不能美化目前的学术评价之“弊”，但与此同时也不能妖魔化目前的学术评价制度。我们应该非常理性地看到目前的评价制度在推动中国的学术发展中所起到的历史性的作用。我们现在之所以能够回过头来，以非常自觉的态度来看待、来反思我们的评价制度，说明我们的学术发展已经达到了相应的高度，我们已经基于这种发展而有理由、有能力来反思这个问题了。

3. 自信展望学术评价之路

一方面不可操之过急，另一个方面也不要悲观绝望。有的人讲，改进中国的学术评价，只能靠国外学者。为什么呢？因为中国人不诚信，中国社会是人情社会。在这样一个人情社会里面，要想让学者们作出公平的评价，何其之难。所以要让中国学者走开，让洋人来评。实际上，这种观点也是悲观论的表现。

4. 理性思考学术评价之“议”

对这场热烈的讨论，要理性地看待。现在之所以出现这一场关于学术评价问题的热烈讨论，是学术进步的表现，是学术进一步繁荣发展的要求，也是学术研究向新的阶段跃升的重要标志。目前这种热烈的讨论，有很多积极的、合理的内容，但也有很多问题是值得审慎思考的，包括刚才所讲到的“十化”。

如关于量化。量化的确一无是处吗？量化评价里面到底有没有定性评价？实际上，量化评价的对象（研究成果），不少在发表之前已经经过了相应的定性评价。如发表前的匿名评审、同行评审等。对于量化评价要做更深入的分析和思考。

如关于“官化”即行政化的问题。其实，一种学术评价到底是学术评价还是行政化的学术评价，关键不在于它由谁来主持、由谁来进行，而在于看这种评价是贯穿着行政思维还是学术思维。由有关行政部门组织的学术评价，只要评价真正的是依靠同行专家，依据学术标准来进行的，而不是根据长官意志来进行的，它就是真正意义上的学术评价，而不是行政化的学术评价。但即使是由学术部门组织的学术评价，如果它评价的过程更多地考虑作者的身份、出版社的级别、批示者身份的大小、作者的知名度和影响力等，那么，它虽然由学术部门来组织，实际上也是一种“官化”的评价、行政化的评价，而不是一种真正意义上的学术评价。所以行政化的评价还是学术化的评价，不在于是谁组织、谁发动的，而在于这里面贯穿着什么样的标准、什么样的精神、什么样的追求。

如关于“滥化”问题。到底现在真正意义上的人文社会科学评价泛滥有没有？实际上，应该说不仅没有泛滥，反而是没有真正到位。为什么？现在大多的人文社会科学评价只是“伴生型的评奖”。我们是什么情况下才进行评价呢？一种成果出来了，不被拿来评奖，创造者不来领奖金，申报职称不拿它去作为代表性成果，谁能对它进行评价？（当然，发表时经过了相应的、不同程度的评价）。只有在评职称、评奖、评各种人才的时候，伴随着这样一些过程，产生了所谓的学术评价。这种学术评价和我们所讲的人文社会科学评价有关系，但是它本身还不是真正意义上的自主性的人文社会科学评价。所以如果从这个角度来分析的话，我们一方面面临着评价的泛滥；另一方面，我们又面临着评价的缺位，也就是自主性人文社会科学评价的缺位。这种泛滥与缺位的并存，带来的是哲学社会科学研究者的不堪重负与哲学社会科学研究成果的粗制滥造的并存。其危害不仅仅在于学者们对名目繁多的各类评价日趋反感、抵触，而且还在于这些反感与抵触会无形但又深深地侵入整个评价领域，而造成对本应加强的、真正意义上的哲学社会科学评价的反感与抵触；不仅仅在于世上多了几篇质量低下的所谓研究成果，而在于，由于真正意义上的哲学社会科学学术评价的缺失，由于质量低下的各类“研究成果”的日趋“丰富”，使得劣币驱逐良币，学术尺度混乱，学术生态恶化。正如美国学者希尔斯曾经描述的那样：“现在已经有太多的价值不大的论文得到发表，如果没有严格的评价标准，将会有更大比例的价值不大、甚至更差的论文得到发表。当太多浅薄、谬误的东西涌入公共论坛，科学和学术界就会搞得更加污七八糟。学术的一般标准会每况愈下。”发生这些情况的科学和学术领域的成就会日趋衰微，未来的几代人就没有了据以确立其抱负的明确标准。如果未来几代人不能坚持严格、要求很高的标准，如果人们觉得可以凭侥幸做成任何事情，那么论文作者在基本规矩和分析上就会更加草率和随意。根据严格的标准区分好坏的评价这一预期所产生的约束就会放松。为着哲学社会科学的科学发展，我们应当呼唤真正的学术评价到位。

三

那么我们要呼唤到位的学术评价是怎么样的一种评价呢？

1. 自主评价

这主要是针对评价的“洋化”之弊来谈的。在当今世界国际间文化实力的争斗中，中国的文化软实力还不强大。我们有时讲，当今世界不同思想文化之间猛烈激荡。其实，以美国为代表的西方文化大有“扫荡”天下之势。扫荡和激荡不一样，“激荡”意味着参与激荡的不同文化之间旗鼓相当。“软实力”理论的提出者约瑟夫·奈曾乐观地预言：“一个好消息，长远观之，全球信息时代的社会潮流有助于塑造一个与美国价值观越来越亲善的世界。”美国商务部前高级官员大卫·罗斯科普也曾毫不掩饰地说：“如果世界趋向一种共同的语言，它应该是英语；如果世界趋向共同的电讯、安全质量标准，它应该是美国的标准；如果世界正在由电视、广播和音乐联系在一起，节目应该是美国的；如果共同的价值观正在形成，它们应该是符合美国意愿的价值观。”这些言论值得我们反复玩味。

要提升我们的文化软实力，必须确立我们的学术自信，确立我们自己的、自信的学术评价制度。基于自主性的学术评价制度，撑起中国文化的强大软实力，应该是我们关注的话题。我们要真正提升我们的文化软实力，提升人文社会科学的创新能力，自主性的学术评价体系的构建是一个当务之急。20世纪初，梁启超在日本流亡时办了《新民丛报》，上面就连载了他的一个重要著作——《中国学术发展大势》。其中有这样一段话：“今则全球若比邻矣……盖大地今日只有两文明：一泰西文明，欧美是也；二泰东文明，中华是也。20世纪，则两文明结婚之时代也。吾欲我同胞张灯置酒，迓轮俟门，三揖三让，以行亲迎之大典。彼西方美人，必能为我家育宁馨儿以亢我宗也。”这一番论述，如果做一个演绎的话，对于我们现在构建自主性的评价体系是很有启发的：一方面，我们自主性的评价体系不是封闭的，而是开放的，是有世界眼光的；另一方面，它又是我们自己的标准。迎接一个西方的美人来结婚，美不美，自然是按照中国人的审美标准来选择的。所以，我们这里讲的自主性的评价体系，当是民族性与世界性的统一。

2. 人本评价

人本评价，内涵丰富。一个意思是，评价要以人为本，服务学术发展，服务学者的成长；另一个意思是，评价要尊重专家，尊重同行，尊重他们在评价中的作用。前面讲到，有人建议评价让官员走开，让主编走开，让“学霸”走开，让非学者走开等。对于这些主张我们要一一加以审视。如果让这些人都走开以后，就有可能也让真正的评价主体走开，就会把我们的学术变成一个小圈子里的孤芳自赏。最后的结果是让人走开了，没人来评了。我们经常讲同行评价，那么什么叫同行？不是说只有同在某一个学科领域的专家才叫同行。对某一个问题的共同关注者，都是同行，这里面包括学者、官员等。什么是专家？并不是说只有在某一个学科里顶着教授称号的才是专家，任何一个对某领域、某问题真正有精深研究的人都是专家。有一个学者在描述当前学术发展状态的时候说，我们很多学者，既不如媒体来得快，也不如统计部门来得准，更不如在第一线的各级官员理解得深。不少学者就是在这种情况下拍着脑袋做学问的。在评价体系的设计中，要把那些对相应问题把握得敏锐的、思考得深的、社会各领域中的专家、同行都能纳入到学术评价的主体行列里来。人文社会科学担负着传承文明、服务社会等多重职能。这些职能绝对不是仅靠学者自己关在书斋里面就能够评价的，而是要接受社会各个方面的检验，检验的主体由此应该是多样化的。

3. 阳光评价

要通过科学有效的制度设计，确保人文社会科学研究评价过程公开透明，在阳光下运行；确保一切评价对象在相应的评价标准面前平等地接受评价，不受作者身份、发表形式、利益关系等所左右；确保评价结果客观公正，不断提升人文社会科学研究评价的公信力与权威性。

4. 科学评价

科学评价就是要科学地处置评价中的一系列关系，使评价活动循人文社会科学的研究规律而行、循人文社会科学的评价规律而行。如要正确处理学术与政治的关系、质量和数量的关系、定性和定量的关系、继承和创新的关系、形式和内容的关系、即时与延时的关系、学和术的关系，等等。

概括而言，一步步走向自主评价、人本评价、阳光评价、科学评价，这是人文社会科学评价的曙光所在。人文社会科学评价的曙光还表现在今天我们高校社会科学科研管理研究会青年委员会成立时所提出的，造就一支富于理想、勇于创新的、专业型的、辛勤的青年管理工作队伍。这个队伍的成长，也是高校人文社会科学评价走向更加科学的曙光所在。

（作者单位：武汉大学社会科学部，摘自《社会科学论坛（学术评论卷）》，2009 年第 5 期）

方法创新

跨学科研究：社会科学研究的必然选择

邹农俭

跨学科研究既是学科发展提出的内在要求，又是解决日益复杂的实际问题的客观需要。一方面，学科发展日益精细化，学科分类越来越多，越来越专，这是学科发展、繁荣的标志之一；另一方面，大量研究主题需要综合地加以揭示，从多个学科视角进行研究才能得出正确的结论。这就有了跨学科研究的问题。在学科分类日益精细化的今天，很有必要重提和高度重视跨学科研究。

一、跨学科研究的必要性

1. 研究题目本身要求科学研究必须回归到主题本身

实际上，研究主题本身是不分学科的，学科研究是人为制造出来的。人类在面对大量复杂问题的时候往往显得力不从心，眼前摆着一大堆知识体系，我们只能掌握其中的一部分，甚至很小的一部分，于是人的一生只能拥有一小部分知识，钻研于某一个细小的方面。面对大量的知识，聪明的人类开始了分工，你掌握这部分，他掌握那部分，综合起来形成了一个庞大的知识体系，于是我们说人类拥有了足够的知识。随着社会的日益复杂化，社会分工也随之细化，于是有了许许多多的学科门类。划分了学科以后，有利于对某一个方面的研究深入进行下去，有利于较为规范地对问题进行科学的揭示，但同时学科划分、分科研究的弊端也显示了出来。

学科的发展和分化使得各个学科的哲学基础、研究对象、研究方法等都存在着差异，各个学科都形成了自己的问题域、研究范式以及方法系统，这就意味着掌握单科知识只能对社会某一领域的某一对象、某一对象的某一层次、某一角度、某一过程等进行研究，学科间很难做到互相沟通。单学科偏重从学科的角度进行研究，而不是立意于研究主题本身，这就使得许多重大的研究主题不再是社会理论整体面对的问题，而是被转化成各个学科各自单独面对的问题，似乎已经不应该再有所谓的社会科学问题，有的只是学科性的问题了，如经济学的问题、政治学的问题等。这就导致对研究主题往往囿于某个学科或许多个相互独立的学科侧面来透视，这样做可能对研究对象的某个方面、侧面说得非常详细，对这个主题的揭示也许从学科层面来讲显得十分精确、规范，但往往缺乏全面的、整体性的把握。比如一些从自然科学角度提出的问题，可能会不可避免地涉及许多社会问题，而一些源自于社会科学的问题，同样需要自然科学的方法来进行必要的探讨。不同的学科都有其优势和局限性，单一学科的研究绝不能解决所有研究主题提出的要求，因此科学研究需要回归到主题本身上来。

就方法论而言，回归到研究主题本身的要求上来是说，该主题适合什么样的方法论，我们就应当采用何种方法论，主题适合单科性的，运用单一学科的研究方法就能解决问题了，主题适合多学科性的，就应当运用跨学科的研究方法。而当前，跨学科的研究被忽视，许许多多需要跨学科研究的主题被人为地仅用单一学科的方法在研究，从而得出了一些似是而非的结论。这应当引起我们的高度重视。

社会科学面对的是社会事实、社会现象，社会现象的复杂化、综合性决定了从单学科角度研究往往是不全面的、有缺陷的。“人类社会发展到今天，面对的问题复杂而多样：科技发展所引发的新的社会问题、经济全球化、环境和气候变化、人类健康、国家安全与国际合作等，没有哪个问题能在单一学科的研究中寻找到解决办法。”① 在当今社会，面对复杂的社会现象、社会问题，任何一个学科都很难依靠本学科的能力将社会现象解释清楚，找到解决社会问题的最佳方法。事实上，我们所要研究的主题本身已经包含着研究的方法、研究的角度，主题本身规定着研究方法，而不是我们人想怎么研究就能得到科学结论的。现在社会科学研究存在的一个十分严重的问题，是大量需要多学科、跨学科研究才能得到正确结论的主题被简单地用单一学科的研究所轻易取代了，而且研究者还在那里振振有词，对所谓的研究结论顶礼膜拜，推崇备至，甚至认为是学科研究取得的标志性成就。

2. 交叉学科、跨学科研究往往得出新的结论

近代和现代科学发展的历史表明，科学上的重大突破、新的生长点乃至新学科的产生，常常在不同的学科彼此交叉和相互渗透的过程中实现。科技领域中的

---

① 刘霓：《跨学科研究的发展与实践》，《国外社会科学》，2008年第1期。

一些新发明、新发现，也往往是跨学科研究的成果。跨学科研究在经过了二三十年的探索和发展之后，已经产生出数量可观的创造性成果。20世纪诺贝尔自然科学奖中就不乏这方面的范例，如超导微观理论（BCS理论）就是由精通固体物理的巴丁和擅长量子场论、数学物理方法的库珀、施里弗亲密合作而创立，从而获得了1972年诺贝尔物理学奖。再如1953年，DNA双螺旋结构的重大发现就是化学家L.C.波林、生物学家J.D.沃森、物理学家F.H.C.克里克、R.富兰克林和M.H.F.威尔金斯等合作的结果，据此获得1962年诺贝尔生理学奖。“有人对诺贝尔奖获奖项目研究之后，发现作为基础科学研究原创性成果的诺贝尔奖获奖成果，若以严格的一级学科交叉为标准，普遍存在着跨学科研究现象，获奖项目属于此类的占1/3以上，并且呈逐年上升趋势，这意味着科学研究既大量分化，又高度综合，纵横交叉、相互渗透的集群特点已初步形成。而正是这种集群化特点推动着原创性科研成果的不断涌现。如被人称为‘诺贝尔奖的摇篮’的英国卡文迪许实验室，正是在科研活动选择方向上凭借这一特点，使其以产生过数次科学革命和25位诺贝尔奖获得者而自傲。”①

交叉学科、跨学科研究之所以常常出新成果应当说是由其自身的性质所决定的。跨学科研究具有综合性。学科的分化与细化虽然必然使对事物的研究深化，这种学科研究无疑对科学发展作出了不可磨灭的贡献，但是，客观事物本身是一个联系的整体，任何事物都不能离开其他方面孤立地存在于一个封闭的系统中，单学科、分割式的研究不利于对客观事物综合地、全面地把握，因此，科学的发展要求人们对所研究的主题使用的方法具有高度的综合性，而跨学科研究的综合性正是其实现的最佳方式，跨学科研究具有驾驭大量复杂问题的能力。当代各国所面临的紧迫的重大现实问题，如人口、粮食、能源、环境、国家安全等，答案绝不是某一个学科能回答得了的，而是需要跨学科的知识和方法来探讨和解决这些复杂问题。

二、目前社会科学研究存在的主要问题

如实分析目前我国社会科学研究过程中存在的问题，将使我们对跨学科研究的认识更加深化，探索实现跨学科研究的方式、方法更加迫切。

大致说来，目前我国社会科学研究过程中存在如下问题。

1. 过分强调学科性质，过分偏重于学科视角

目前，社会科学研究普遍存在的一个问题是过于强调学科性质，过于偏重于

① 文洪朝：《跨学科研究——当今科学发展的显著特征》，《西北工业大学学报（社会科学版）》，2007年第2期。

学科视角进行分析。由于学科分类越来越细，越来越专，这就使得对许多问题的揭示角度非常小，十分专业，在某一个点上揭示得很深，很精细。由于学科的成熟和高度发展，许多学科形成了相对稳定的揭示问题的体系，运用学科工具透视主题的方法已经深入人心，运用起来得心应手，但从单一学科揭示主题，或者从许多个学科侧面分别来透视主题往往忽略整体上的把握和多角度的综合分析。我国的社会科学研究通常以学科为中心，依托其相关资源和优势选择适合研究的主题，这样做可以使得学科的分类更加细化，对某一学科的研究更加透彻，理论研究更加深入，也比较规范，但是这种研究模式也容易导致两种误区：一是社会现实是错综复杂的，根本无法依据所谓的各个学科进行清晰的条块分割，因此单一学科的研究往往只能解释社会现象的一部分。同时由于学科的分裂，社会科学所谓的“面对现实”，实际上只是每一门学科都在根据自己的理论架构“创造”它所要面对的“现实”。同样一个社会现象，在不同学科看来却是“经济学的现象”“社会学的现象”或“政治学的现象”……而且这些“现象”之间根本没有任何互通性。① 二是学科分裂下的社会研究常常会因功利主义的影响而夸大了学科的解释力。在细分化、专业化的演化过程中，各学科一直都希望能通过自身的知识来影响社会政策，体现学科价值。但在试图影响现代权力结构的过程中，社会科学本身可能反而受到这些机构所拥有的权力和财力的影响：“显学”、学科“强势地位”常常同时意味着对权力和资源的占有，因此为了竞争这种优势地位，每个专业的从业者都自觉不自觉地成了自己学科忠诚的卫道士，并将本学科既成的研究范式广泛应用于对社会现实的认识和分析中，所得到的研究成果也无一例外地标注出某一单一学科的属性。这样做很容易导致对学科解释力的过分强调，反而误导人们对社会现实的客观认识。

2. 跨学科研究与高校现存院系体制之间存在矛盾

（1）以学科分化为基础建立的大学内部的院系组织结构，不利于学科之间的交叉。

我国高校的组织结构基本上是按照学科门类建立起来的：一级学科、二级学科，依托院、系、所把若干门相近的课程组合在一起，设立以教学为主要任务的教学、科研体系，按所谓的学科专业来培养人才。目前，我国综合性大学大多采用“校—院—系—专业教研室”型的学术组织模式。这种科层结构首先造成了学院和系如何实体化运作的难题，其次是把学科专业目录作为设置学院、系和研究所（室）的依据，使得学科的多重属性和任务与人为的学术分割交织在一起，使得跨系、跨学科研究所或研究中心最终固定成为各系或学院的附属研究机构，无

① 冯刚：《跨学科研究何以可能?》，《浙江社会科学》，2007 年第 4 期。

法形成严密而灵活的跨学科研究体系。即使在研究型大学，也基本没有专职的科研体系，没有形成适合重大跨学科科研项目的工作制度、操作体系。这种组织架构在一定程度上体现了科研依附教学的传统教育体制。在当前以高度综合为主的时代，这种组织结构明显不适应学术发展的需要了。主要表现为，这种结构只反映了同一学科领域的各学科之间的源流、衍生关系，未能反映不同学科领域和学科之间的互动关系，不利于多学科、跨学科的合作研究和新学科的创设①。

（2）缺少出色的多学科背景的学术带头人，交叉学科建设水平不高。

学科的发展是由很多因素决定的，其中一个重要因素是学术带头人能审时度势对学科发展方向的选择和把握。我国高校长期以来过弱的人文教育、过窄的专业教育造成了教师知识结构比较单一，知识面较窄，创新意识和能力薄弱，能够担当大科学计划组织者和实施者的大师级人才十分少见。在跨学科建设中，表现为找不到有价值的学科发展方向，目前国内高校建立的跨学科大多是世界一流大学的跟踪模仿，而真正有原创性的、创新性的研究项目极少。

（3）学科壁垒为跨学科建设设置了人为障碍。

学科与学科之间，由于各自研究对象、方法及表达方式等方面的不同，使不同学科内部逐渐建立起了自身学科的学科规范和标准，造成了学科之间的隔阂与封闭。在同一领域的教师，形成了一个以学科为中心的“圈”，“圈”中的人们有着类似的价值观念、工作模式、作业方式等，人为地使得学科壁垒的封闭性更加坚固。

现行管理体制过度强调学科性质和学科视角，不利于跨学科研究。一是大多数高校在管理上强化学院、学科边界，学科点都在行政上归属于学院，由学院负责日常管理工作。学院之间、学科之间人为地存在壁垒和竞争。二是教师、科研成员有清晰的学科边界，科研人员被限制在单一学科的专业范围内，学术成员的门户之见也很深，一般情况下很难在不同学科之间流动。三是各个学科的仪器设备也为学科独有，资源非常分散，不易跨行政部门实行资源共享。此外，国家重点实验室、国家工程中心等也多是依托单一学科建立，其研究开发的设施被某一学科所独享，设施的利用率较低。现行管理体制造成学科人为条块分割，学科之间壁垒森严，限制了人员的流动和设备的共享，这些都对跨学科研究的展开极为不利。

3. 过分强调学科建设，忽略对问题本身的科学研究

学科是知识分门别类的结果，是科学知识发展的历史产物，同时也是当代科

---

① 赵文平、吴敏、王安民：《我国大学跨学科研究的障碍与对策研究》，《学科建设与发展》，2006 年第 3 期。

学知识保存和发展的单元。毋庸讳言，我国高校的重点学科、博士学位授权点的设立，重点研究基地的建设，都是严格按照学科目录（一级学科和二级学科）进行的，都是以学科为规范的，这种做法不是没有道理。高校的单学科建设是跨学科研究的重要基础，两者密不可分。但是现代高校教育体制过于重视和强调学科性质，甚至通过各种行政手段强化这种学科性质，没有重点学科、博士学位授权点就要想方设法去争取，有了这些点就拼命去保“点”，一切资源又都是以这些“点”来配置的，用多少经费、有多少人员编制等影响事业进行的重要资源都是围绕着学科来进行配置的。结果，往往是过多地关注学科“符号”而忽略了对主题本身的探究。

科学的要义在于不断进行探索和创新，从而揭示事物的真正本质，而学科规范往往把科学研究限制在某个框架之内，对科学的发展形成了阻碍，导致了科学和学科之间的矛盾。在这一矛盾运动中，科学是矛盾的主要方面，应该居于主导的地位，而学科是矛盾的次要方面，应该居于服从的地位。但是我们常常看到这样的学科建设，它们往往是在已有的学科体系内转圈子，或者重述前人已经做过的工作。这种情况在马克思主义哲学、政治经济学、法学、语言学、历史学中都是屡见不鲜。① 也就是说过多关注学科，而忽略了科研本身。

科学研究无非有学科导向和问题导向两种基本价值趋向，但现在学科导向显然被强化过头了，问题导向有所忽略，这非常不利于对主题的真正揭示。只有以问题为出发点和目标的研究才有可能是真正意义上的科学研究，只有能够解决人类思维提出的新问题的研究成果，只有能够回应时代提出的重大命题的研究成果，才是有价值的创新之作，才能体现社会科学研究的真正价值和学科建设的实在意义。

三、跨学科研究：社会科学研究的必然选择

严格来说，社会科学诞生于19世纪，最初是一种区别于自然科学的所有学问的总称。之后政治学和经济学的相继独立，开始了社会科学领域中各个学科画地为牢的分化阶段。20世纪90年代以来，人类社会的存在形态和运行机制都在全球化、信息化、网络化的作用下不断发生着深刻的变革，各种社会现象也越来越呈现出复杂性、相互依存性的特征。这样，无论哪种单一学科，仅仅依靠其学科自身的内在逻辑去揭示社会现实，都有其严重的局限性，往往无形中拉大了研究成果与社会现实的距离，无法全面准确地揭示社会事实的本质。所以，日益复

① 刘梅：《高校哲学社会科学研究的问题意识与理论创新》，《创新论坛》，2005年第26卷，第1期。

杂的现实问题要求学科必须重新整合，开展必要的跨学科研究。在当今时代，从某一学科出发研究问题已经成为常识、习惯的情况下，而且这种惯性已经非常强大，跨学科研究反倒是个问题了，进行跨学科研究反而面临很多困难。而要促使跨学科研究的有效展开，必须建立跨学科研究的实现机制。

1. 确立主题为主的研究方法论

由于传统单一培养模式和学科壁垒的限制，目前我国大多数研究者都倾向于采用在本学科内部对社会现实做出解释的“小而全”模式。正如上文所述，这种以学科为中心寻找合适的主题的方式在现代性和形而上学的遮蔽下常常是“只见树木，不见森林”，甚至异化成为一种手段和目的的倒置。因此，社会科学应当重新回到研究的主题上，采用恰当的方法论去认识主题存在的社会现实并发现其运行规律。事实上，主题本身的复杂性和整体性的特性决定了对其进行解释的方法论几乎不会是单学科性质的，更多的是综合性的、跨学科性质的。这种跨学科研究包括两种情况：一是以两个以上学科门类的理论资源为依托展开对同一主题的合作研究，二是不仅学科之间有了合作与互补，还发生了学科之间相互的融合与渗透，尤其是在方法论层次上的互相借鉴和综合。总之，应当根据研究主题本身来选择方法论，属于单一学科范畴内的问题，单一学科的研究就可以解决问题了；属于综合性、多学科范畴内的研究主题，则必须采取综合性、跨学科的研究方法。凡是综合形态存在的题目，如果只从某单一学科去进行研究，得到的结论必然是片面的。

2. 建立主题为主的科研机制

即使是在最发达的国家，跨学科研究的进展无论是对于解决现实问题对它提出的强烈而迫切的要求而言，还是对于它自身蕴藏着的学术张力而言，都是显著滞后的。① 这种状况的出现除了人们对于跨学科研究的意识不足和可采用的方法系统缺失的原因之外，还有体制、投入、评估机制等外部原因的影响。因此，我们在以回归主题为主、采用跨学科视角对主题进行研究的同时，还要注重建立跨学科研究的相应科研机制。

（1）建立跨学科研究基地。

目前依托大学的研究基地和许多研究所，大多数学科融合不够多，研究领域不够宽，规模不够大。这些研究机构几乎都是按院系或独立的科研机构进行管理的，使硬件资源镶嵌在院系或科研机构里，其共享与融合很难得到组织支撑②。

---

① 罗卫东：《跨学科社会科学研究：理论创新的新路径》，《浙江社会科学》，2007 年第 4 期。

② 席酉民：《大学学科交叉与科研合作的矛盾怎么解决?》，教育部科技委专家建议，2005 年 6 月。

大部分科研机构遇到申报课题时突击做材料，做材料时到处去凑，待研究基地获得批准了，钱要到了，如何真正开展科研活动又是另外一回事情。再到要来检查时，又到处拼凑材料，应付了事。这种科研机构完成设计的任务是可以的，但真正要开展跨学科研究，真正要出创新性的成果就很难做到了。因此，进行跨学科研究的学术机构应该跳出系和学院的框框来组建，跨学科研究的目的要求这种机构不同于单学科研究的组织方式。一方面，聘用来自不同领域的研究人员，并且这些研究人员要对跨学科研究主题具有高度的兴趣，还要有良好的团队合作精神。与此同时，具有多个学科背景的学术通才当然也是跨学科研究机构不可多得的资源。另一方面，传统的科层制领导方式和学术权威的影响在单学科研究中能够保证研究的进度和深度，但是在跨学科研究中，各个学科之间平等地合作要求排除某门单一学科对于整个跨学科研究主题的过度干预，这样，跨学科研究机构还要在组织结构和学术研究的领导方式上寻求突破，在不同学科之间建立起以协调为主的研究平台将是一种很好的选择。所以应当建立起真正以“问题”为主的研究基地，构造多学科、跨学科研究的平台，这类科研机构起着承载重大现实问题和理论问题研究的作用，课题面向社会招标，人员能进能出，多个学科在这里交叉、融合、碰撞，才能不断出新的研究成果。

（2）激励机制。

由于学科体制的限制，各种管理体制也呈僵化状态，特别是激励机制。就目前来说，在研究领域，学术成果的发表、科研奖项的评定、科研项目的申请及拨款、职务的晋升等都是以单学科为轴心来运作的。学术研究领域缺乏对跨学科研究应有的激励机制。跨学科研究，往往说起来十分重要，但事实上难以落实。同时，在现行科研体制之下，由于缺乏必要的激励机制，跨学科人才的培养也面临重重困难，一些具备跨学科研究的专业知识和兴趣的专家学者，由于得不到支持而陷入困境，继而放弃跨学科研究。因此，对于跨学科研究，应当建立相应的激励机制，在思想上给予重视，在政策上给予鼓励。在项目的立项、成果的奖励方面对跨学科研究予以足够的重视和必要的倾斜。

3. 调整目前高校的学院体制

高校应是社会科学研究的重要承接载体。目前我国高等院校的学院设置都是按照学科专业来设计的，大多为一个学科设置一个相应的学院，有的是过去的什么什么系换块牌子改称为学院，一般大学里有二三十个学院。学校配置资源时也是按照学院为单元来进行的。学院与学院之间是平行关系，相互独立，一般是一个处级单位。学院是实施教学、科研的实体，在学院内部进行学科建设。这种学院设置，由于是按学科来划定的，所以在进行同样是本专业的教学、学科建设时显得得心应手，应付自如，但由于学院与学院之间界限分明，如要进行不同学院之间的联合、协同攻关、合作研究则难以办到。而现在许许多多重大的现实问题和理论问题，本身是“问题”，不是专业，不是单一学科，对这些“问题”的解决需要多个学院、多个学科来协同攻关，这种学院体制就力不从心了。所以目前我国高等院校的学院体制难以承担起跨学科研究的重任。现在有的研究型大学已经感到这方面的问题，有的在学院的架构基础上，建立若干高于学院的学部，旨在使得跨学科研究有操作的平台；有的缩并按专业划分的小型学院，将若干互相关联、比较接近的学科、学院组建形成规模比较大的学院，也是想便于综合性地来研究问题，实施跨学科研究。从发展趋向来看，将若干相互关联的学科整合在一个规模较大的学术单元里，称学院也好，或称学部也罢，并将这种学术单元实体化，使之成为高校中的重心所在，应当是我国高校学院体制演变的基本走向，在这个新的学院体制内，跨学科研究就能比较顺利地进行了。

（作者单位：南京师范大学社会科学处，摘自《浙江社会科学》，2009 年第 1 期）

中国现代若干理论创新方法局限分析

吴 炫

如果说，中国传统文化的“创造性转化”是不少学者可以认同的一个命题，那么，在“怎么转化”“转化成什么”等问题上，我认为中国现代理论创新方法论还存在如下问题：由于“化”的思维受中国传统哲学的“道生一……三生万物”进而“化成天下”观的支配，在根本上具有“变器不变道”的性质，这就难以涉及“结构”和“性质”的创造性改变。在实践效果上，一方面就会造成虽然吸收很多“思想材料”但不能“化成有机整体”的“理论拼凑”之现实，另一方面也会导致以中国传统哲学为“原点”来“化外来可同质性思想”的“低创造性”状况，理论的原创性不强；更重要的是，当“化合”面对中西方原理都难以面对的挑战性问题时就会非常尴尬。比如，以世界七大宗教为基础的不同世界观之间的冲突，在今天全球化的文化冲突背景下要建立“和谐”的关系，就是一种不同于以儒家文化为主体的中国传统文化内部所讲的“和而不同”，即不同于传统“儒、道、释”之间有内在统一性的“主从关系”“求大同存小异”之“和”。如此，全球“不同性质的文化”如何发生健康和谐的关系，是一个有待于我们创造新的“和”之观念与“和之关系”的原创性课题，而不是简单将儒家的“和而不同”赋予新的时代性理解的问题。

为此，本文以在学界产生过重要影响的三种理论创新方法为例，针对上述问题初步展开否定主义的理论剖析，意在一方面暴露三种理论创新方法的模糊性和肤泛性，另一方面则试图由此展开中国当代理论从一般创新到理论原创的不同层次的方法思考。

一、"抽象继承法"：继承什么与怎么批判

在中国现代哲学中，冯友兰先生不仅以"新理学"建立起自己的形而上学理论，而且以"抽象继承法"[①]引起了学界的讨论和争议。应该说，在"文化抽象"层面上理解冯友兰先生的"抽象继承法"，是有其合理性的，针对20世纪"反传统"的主旋律对本来就理性匮乏的中国思想界造成的混乱，提出"应该继承什么传统"的问题，也是理性建设的努力之一。因为中国文化无论发生怎样的变化，都不应该失去本文化的"精神特点"。所以即便是"全盘反传统"，如果看不到这是中国人由于儒家"亲疏远近"造成的"膜拜——排斥"之情感化思维运行的结果，看不到"破坏传统"和"弘扬传统"都与这种情感化思维运行有关，学术界就很难建立起对传统文化的真正的现代理性态度。

正如有学者所理解的那样，"冯友兰所说的'抽象意义'便是指能对事物或生活概括的概念或理论上的东西，而'具体意义'是指具体的生活方式方法之类的东西"[②]。比如，"孔子说的'学而时习之，不亦说乎'，从具体意义上说，孔子叫人学的是'诗''书''礼'之类东西，现在时代不同了，不学这些东西了，不去继承它；但从抽象意义说，孔子这句话是说，无论学什么东西，学了之后都要经常温习和实习，这样看，这个命题就是对的，可以继承"[③]。如果这样的理解基本可以成立，"抽象"在冯友兰先生这里就可以说主要是指"观念"和"理论"，而"具体"则是指这些观念和理论在特定时代的特定解释和运用。推而论之，儒家的很多做人和学习的"道理"是可以继承的，但其在实践中的具体内容则可以应时代变化而重新规定。冯友兰先生曾经用"融于'特殊'中的'一般'"[④]来概括他的"抽象继承"和"具体改变"的关系。用中国哲学用语来说的话，由于"道本器末"很接近这样的关系，所以冯先生的"抽象继承法"可以大致理解为"观念之道不变"而"对观念的阐释和运用可以改变"。

但我想说的是，仅仅注意到儒家观念这种"观念抽象"是不够的，围绕这种抽象是应该"扬"还是"弃"讨论问题，也是远远不够的。因为当我们不能弄明白"什么是可变的抽象""什么是不可变的抽象"在文化上是有"不同层次"的话，逻辑上就不可能讨论清楚"怎么继承"的问题。我想强调的是，作为儒家经典文本基础的《易传》和儒家观念之代表的《论语》，其实都来自《易经》（周易）这一蕴涵更为原始抽象内容的文化符号。这就像《道德经》也可以作为是对《易经》的另一种阐释一样。冯友兰先生没有注意到"抽象"其实有"文化精神符号的抽象"与"理论观念的抽象"。前者指卦、爻和卦辞、爻辞系统的《易经》，后者则指解释这种系统的《易传》。《易经》传达出一种中国文化具有团圆化现实、对称性和谐以及神秘性生生的原始精神特点，这是中国文化原始发生时

最早的具有可视特点的抽象，而儒家观念从《易传》到《论语》《中庸》《大学》等，只不过是后人对这种“元抽象”占筮的一种“再解释”“再理解”的观念形态而已[⑤]。特别是《易经》虽然提出了卦、爻的“对应关系”，但并没有规定这是一种“怎样的对应”，这就为后人进行“不同的对应理解”提供了空间。如果把儒家观念之抽象与《易经》展现的中国精神之抽象相比较，儒家观念反而倒具有“具象”“具体”的意味了。由此，“抽象的继承”是指中国文化的精神特点，还是“学而时习之，不亦说乎”这种儒家观念？就是冯友兰先生没有很好注意区别的问题。而不注意这样的区别，我们就很难解释西方不同阶段的文明实际上都是对《圣经》模糊的宗教性“彼岸”抽象的不同诠释而已。这就是中世纪的“教会文化”、近代文明的“理性文化”、现代文明的“生命文化”都曾经具有“彼岸”意味的原因。换句话说，西方不同文明的哲学观念都可以看做是对《圣经》抽象的文化符号的不同解释，解释与解释之间是一种批判性关系，所以哲学作为“文明的观念”和“时代的观念”也就是“可以改变”的抽象性存在。不仅是“诗”“书”“礼”这些儒家具体文本可以批判改造的，就是对儒家“学而时习之”“三人行必有我师”这样的抽象观念，同样也是可以批判改造的。如此，今人因为时代发生的不同于以往中国任何历史时期的变化，催生一种对《易经》的新的解释，使之与儒家观念之解释构成一种“可批判关系”，也许就是当代中国人文社会科学理论的“原创之路”。

如果对中国文化精神进行“团圆性”“现实性”“对称性”“自然性”“神秘性”的抽象性符号理解，那么这种抽象是中国文化何以成为可能的基石。虽然经过五四新文化“反传统”运动和“文化大革命”“斗争哲学”的冲击，没有在根本上瓦解中国人对上述文化精神的认同，但20世纪以降的西方文化观念对中国文化精神的冲击和影响，造成国人文化精神的破碎，却也是不争之事实。由此一来，“什么传统是可继承的”“什么传统是应该创造性改变的”，就成为一个需要进一步进行理论辨识的命题。因为就以“乾、坤”为基础的“天、人”关系而言，中国哲学既有“一阴一阳之谓道”来统摄“天、地、人”得出“夫大人者，与天地合其德”（《易传·文言》）的“合一”之看法，也有荀子在《天论》中说的“明于天人之分”和柳宗元在《答刘禹锡天论书》中说的“天、人”“其事各行不相预”的“天人不相干”之看法，而且就“天人相分”而言，也有刘禹锡的“天人交相胜”说和柳宗元的“天人不相预”之差异，它们均说明后人对《易经》“乾、坤关系”的理解，已经构成了“可批判之关系”。而作为以儒家观念为代表的“古代文明”，在今天因为与市场经济所强调的“个体权利”“生命力”“创造力”相冲突，使得漠视这些内容的儒家哲学难以再建立自己的伦理性和谐，所以，能包容上述异质性内容的“天、人”关系，就更需要作区别西方“天人对立”和儒家“天人合一”的解释，且可以在柳宗元的“天人不相预”基础上建立一种“既有创造的天人性质之分离，又有中国文化对世界的亲和性与尊重性”的“天人对等”之新解，并以这样的“天人对等”说构成当今全球化状态下的文化冲突的“中国声音”。如果这种“新解”受到鼓励，儒家一系列伦理观、学习观、思考观、人生观，其实也就都可以进行现代性批判改造。比如，无论是“学而时习之”，还是“学而不思则罔，思而不学则殆”，都因为“思”与“学”的思维方式限制，而没有深化到“怎样的思”“怎样的学”这一“中国问题”上，都只接触到“温习、消化、理解性的学和思”，而没有强调出“批判创造性的学和思”。冯友兰先生注意到孔子强调学习之后要温习和实习，这没有错；但温习和实习之后更重要的是批判与突破，这一点冯友兰先生忽略了。而且正是因为这样的忽略，才造成了中国文化现代转型中理论和思想原创果实的匮乏，也造成了中国知识分子在批判问题上只会“打倒”而不会进行“理论批判与理论创造相统一”的实践。所以我对“学而不思则罔，思而不学则殆”的改造是：“学而不思则罔，思而不批则殆”——只有在缺少批判创造性思考的时候，事情才会被慢慢耽搁（殆）。所以，“宗经”思维突出“温习和消化”之“思”，而否定主义哲学所讲的“本体性否定”[⑥]，则是在尊重“温习消化之思”的基础上，通过“不满足于”这样的“思”之张力，将“批判创造之思”凸显出来。这种凸显，即可以视为是对儒家观念的结构性批判改造；“学”“思”“批”缺一不可。

由于冯友兰先生对“继承什么”的问题没有解决好，自然也就影响到他对“怎么继承”“怎么批判”的理性思考。从冯友兰先生的“现在时代不同了，不学这些东西了，不去继承它”的意思来看，与“继承”相反的“批判”，已具有“不管它、可舍弃”之意，联系当时论争对象所说的“‘批判继承法’重在批判，这种方法运用的实际后果是传统文化在社会中几乎被人遗忘”；“按照……批判继承法，传统的内容只能（绝大部分地）被拒于当代中国之外”[⑦]，上述“舍弃性批判”之意更为明显；加上冯友兰先生在《再论中国哲学遗产的继承问题》中也强调“分析、批判、改造”[⑧]，但由于他把“改造”理解为“一般承”“特殊舍弃”，将“批判”理解为“舍弃”之意就明显加强了。我想，这种“舍弃性批判观”，不仅缺乏理论性批判必须持有的对批判对象的“全面尊重——全面改造”之意，而且无形中也阻碍了理论创新朝“性质”“结构”的改造方位去努力。在我看来，基本原理要具有建设性的批判功能，首先应该将批判的“对象”看做一个“整体”，并力争从“整体”的“内在结构”来理解对象的基本内容和性质，才能具有理论原创的可能性。就“学而时习之，不亦说乎”来说，正因为“诗”“书”“礼”很重要，才可能被孔子做了“学而时习之”的强调，所以孔子是否强调所有的读书都需要“时习之”，就是一个疑问。用今天的话说，消遣娱乐性的阅读是否必须“时习之”？所有的阅读都需要“时习之”是否可能？如果这种追问是成立的，“学而时习之”便不能简单作为学习的一般规定，也就成为当代对“学”与“习”的创新思考点。况且，如果我们读书都从时代需要出发，我们也同时将“读书”功利化、政治化了，作为提高文化素养的“读书”，就被遮蔽或放逐了。中国今天的教育与传统文化经典的中断，也是这种遮蔽使然。因此，即便“诗”“书”“礼”看起来在今天没有什么现实之用，那也不应该是被我们读书所“舍弃”的对象，而是一个与“符合时代需要的书”发生怎样关系的“改造的对象”。如此一来，“应该经常温习的读书”“不必经常温习的阅读”和“需要批判创造性的思考的读书”，就成为一种“阅读结构”，成为现代读书和教育观念告别传统单一化的读书和教育理念的方式之一。

所以我认为，理论创新意义上的“继承”，不是冯友兰先生所说的“继承抽象的哲学观念”，而是继承“抽象的原始精神文化符号”，理论创新意义上的“批判”，也不是包括冯友兰先生在内的很多学者所理解的对不合时宜的哲学观念的“舍弃”，而是“尊重——结构改造”的理性建设。这双重含义的“不在场”，成为20世纪50年代那场学术争论无有结果的直接原因。其间所暴露的创新思维方法的观念局限，在今天中国人文社会科学理论创新实践中，恐怕依然是一种常见的现象，这就是本文要再次“旧话重提”的原因。

二、“吸取精华、剔除糟粕”：从非有机性到非创造性

在理论创新方法上，“扬弃”所包含的“吸取精华、剔除糟粕”，是不少学者都能赞同的创新方法论。“对当下有用就是好的、是精华，反之就是不好的、是糟粕”，是这种赞同的一般经验依据。比如“尊老爱幼”，在今天依然有广泛的民间和社会基础，所以作为中华文化的传统美德应该继续提倡，自然也就是精华；而“君臣父子”在今天已被“干部是人民的公仆”的观念所替代，在现代民主和平等观念的冲击下，已不适应时代的需要，所以是糟粕。对待西方理论也是这样。比如西方的“人人平等”观念，因为与孔子的“不患寡而患不均”[9]和庄子的“至德之世”[10]可以打通，所以在中国文化现代化语境中，一直被我们作为西方的“精华”对待的；但就“人人平等”主要是指“权利平等”而不是“利益均等”而言，因为与中国文化崇尚在群体中去实现个人幸福的思想相左，所以即便被部分中国知识分子所认同，也很难在实践中被现实生活所支撑。其中所暴露的问题就是，且不说“什么是有用的”因为人的需求不同而众说纷纭，致使“精华”的确认变得很困难，即便是大家公认的精华，如果它们之间是性质冲突的[11]，我们该怎么办呢？因为相互冲突而产生不了实际作用和影响，被“剔除的糟粕”与“原来的精华”是一种有机体，就有重新复活的可能，所以“君臣父

子”就会成为“理论上无用、现实中有用”的状况而与“尊老爱幼”“论资排辈”一道成为一种潜在的、有机性现实性存在。

如此，这就提出了一个问题：“吸取精华、剔除糟粕”能否作为中国当代文明有机性建设的方法？如果不能，其要害问题又在哪里？

就文化在根本上来自于一个民族对世界的独特理解而言，就这种理解是一种结构性思想而成为有机系统而言，我们不仅可以有斯宾格勒的《西方的没落》[12]作为“文明有机性”而“生长消亡”为理论佐证，有中国古代思想“虽有差异但性质同构”的儒、道、释为观念支撑，而且有人类任何文明“因为是有机体而优劣并存”作为事实依据。特别是后者，任何生命有机体都因为有杂质和缺陷才成为可能，其文明的影响和作用自然也是“优劣参半”的。中国学者在这里之所以可以谈“剔除西方糟粕”问题，原因也正在这里。因为，要在号称先进文明的西方去找一些我们看不顺眼的“糟粕”，这不是一件困难的事情。西方文明重“个人权利”，自然会导致《资本主义文化矛盾》[13]的作者贝尔所说的“唯我独尊”之负面功能，这就像“个人”在儒家思想中也必然带有“从属性”之负面性一样。不少中国学者之所以不习惯建立一种“正是因为其短处才促成了文明有机体”的看法，除了中国知识分子有习惯用“做人之道德完美”代替“历史之有缺陷才生生不息”的伦理化思维作祟以外，更重要的是，把文明的“短处”作为需要“克服”的对象，在文明历史的生命机体演变中从来没有成功案例，在 20 世纪中国思想现代化运动中也是教训多于经验。因为，即便西方民主自由体制已经合理地使个人丧失了“否定社会”的冲动和力量，在马尔库塞的《单向度的人》中，这依然是一种可怕的社会缺陷[14]，因为社会由此就有停滞发展的可能，而任何“停滞”，都可能意味着文明从此就会走向像四大文明古国那样的衰落之路。既如此，我们用“精华与糟粕”分析文明“落后的因素”，与能否建立一种“没有糟粕”的文明，就是两回事。换句话说，因为“先进”与“落后”、“精华”与“糟粕”是一种思想和文明的辩证功能，我们要建立的中国现代文明，在思维方式上就不是要建立“剔除了糟粕”的文明，而是因为思想和文明的创造可能带来“新的精华”和“新的糟粕”并存的问题。章太炎先生虽然是针对进化论提出他“善恶苦乐之并进也”之“俱分进化论”[15]，然这种既有“正功能”也有“负功能”的“思想和文明”，却是正视“有机性的生命体”才能真正在现实中成活的历史经验使然。反之，“五四”先哲们曾经把中西方之优长分别以“整体/具体”“感悟/逻辑”“温情/理性”“非人/人”等进行二元对立的划分，却一直没有解决“既重整体又重具体”“既重感悟又重逻辑”“既重温情又重理性”的方法论，因为其理论内涵的模糊而难以进入现实实践，最后只能导致“此时重整体/彼时重具体”的分裂和破碎，“西方的具体是否是中国的具体”“西方的具体会形成怎样的整体”

“整体是否只是中国的整体”这些追问，自然也就成为理论研究的盲点。所以，在中国的文化批评实践中，“西方文化的优点”多是学者们憧憬的对象，而“中国文化的缺点”，却基本上还是学者们的实践本身。这种“言行不能统一”的状况，不仅造成中国现代知识分子的虚弱性，形成中国教育“课堂学的”与“社会有效的”是“两张皮”之现象，而且也形成中国现代理论创新“只能谈论”之现象。其根本原因，就在于两种我们都能认同的文化精华，是有冲突性的、非有机性的，它们不能形成像“儒、道、释”那样有内在统一性的可操作之方法。所以我对此的看法是：只要我们秉持中国文化的现实性、和谐性这一抽象的基本品格作为基础，我们可以对中国人依赖经验的“感悟、温情、整体”地把握世界的观念和方法有所改造，同时对西方的“逻辑”“理性”“个体”等也有所改造，并创造出新的思维方式和理论结构来统摄这些“思想材料”，使之发挥区别于中国传统文化、也区别于西方文化的功能，我们在理论上就可以突破这样的“精华冲撞”之格局，建立起新的有机性、可操作性的理论。而这种理论的“长处”，就既不是西方文明的“长处”可简单概括的，也不是中国传统思想的“长处”可简单概括的，其“短处”，当然同样亦然。

如此，“中国今天需要怎样的有机体文明”，才是一个可进一步讨论的问题。我们的直接经验是：中华文明一直是在包容、同化异质文化的“生生”传统中发展到今天的，而不太会去考虑今天的“文化现代化”是不是像当初“引佛入禅”进入儒道文明有机体中的问题。这个问题之所以重要，是因为中国传统文明的变迁是在不触动文明的内在结构和儒、道基本观念上进行的，所以可以以儒、道思想去“吸取”其他异质思想，并且只能选择“可同质、可同构”的异质思想。这样，印度“佛学”在与“儒、道”为伍时，不太符合儒家、道家的内容——如“怪力乱神”的思想——自然就被筛选掉了，而看“空”现实的一面，自然与道家“游”之哲学可以合谋。这样，真正起作用的就是“儒、道化的佛学”而不是“有机性的佛学本身”——“禅宗”不构成对儒、道学说的挑战，而只是儒、道人生失败后的“寂清”补充，从而使得以儒、道为中国文化主体之地位更加稳定。这种稳定，就不是“文明有机体的新的创造”而是“原有文明有机结构的丰富”。“创造”与“丰富”的区别就在于：“创造”必须改变“儒、道”循环的结构，并且用异质性思想冲击儒、道观念后产生能引领中国文化突破专制性体制和依附性文化的新的思想系统，而“丰富”则是在不触动“儒、道”循环的文明系统的前提下使得这种系统更具有张力和弹性。如果我们不是着重将创造理解为“结构”和“系统”的改变，就会将这种“张力”和“弹性”误解为“创造”。中国学界之所以喜欢用“创新”这个概念而有意无意回避“创造”的严峻性，正在于我们只要“吸取新思想材料”就可以称为“创新”，而且是“吸取”与本文明思想系统没有根本冲突的思想材料的“创新”。所以这种创新必然是“低程度创新”。反之，今天“中国现代文明”所讲的“创造性”，已经不是“吸取”“可同质化的异域思想”以“丰富自己的思想系统”的问题，而是要解决西方的“个体权利”“个体生命力”“个体创造力”这些与儒家、道家思想之间“不同质”的思想冲突问题，并通过提供解决这种冲突的“东方方案”给全球以独特的现代性启示，从而中国人安身立命；具体地说，就是要解决以尊重“个体”“生命力”“创造力”为前提又能穿越之从而体现中国文化“和谐”与“整体”的生命魅力之问题。因为这些问题，本身就是中国当代社会正在生长的“公民”“个体权利”、“私利”之萌芽与古代伦理思想内在冲突之表征。面对这些中国历史中没有出现过的问题，西方个体权利至上的“个体观”如果不予改造，就势必会形成与社会和群体的“对立”和“冲突”，而中国“天人合一”的和谐观不改造，个体权利、生命力、创造力就得不到应有的尊重和展开。这种“双重的观念改造”的必要性，不仅是中国现代文化能否影响西方化的现代进程特别是纠正西方“个体权利泛滥”之责任问题，也是中国现代的新的有机性文明建设能否真正完成从而摆脱“文明破碎”状况的问题。

比如，就前面提到的中国传统文化的“尊老爱幼”和西方的“人人平等”而言，这两个“精华材料”在中国人的实践中的冲突表现为：当你用平等的态度对老人的思想提出批评时，老人有可能会觉得年轻人不尊敬他。这样一种把“平等”与“尊敬”理解为有冲突的现象不会少见，所以这里就有一个需要同时改造“尊老爱幼”和“人人平等”的观念的问题。作为一种尝试，否定主义伦理学是以提出中国的“尊之含混”与西方“平等之绝对”的问题来对之进行双重改造的。因为“尊”在现代意义上至少包括“尊重”“尊敬”“孝敬”“膜拜”等不同含义，必须分别对待，不能混同；而“人人平等”作为西方民主所讲的“个体权利”，在中国可以作为“一般底线”，但不能代替“社会交往”；可以作为个体的一种需要、一种权利，但不能作为全部需要、至上权利。因为“助人”和“奉献”也是个体在面对他人困难、民族危机、自然灾害时的一种“自发责任”，这种责任是不以“个人利益”为准绳的，所以“私利——助人——奉献”是中国当代个体的一种自觉的结构性存在、时空性存在。也因此，告别无视这种结构和时空的“大公无私”“助人为乐”之审美和道德提倡，就成为逻辑推论。为此，我们必须分门别类地去对待，使之成为一个没有内在冲突的可操作的有机性观念链。否定主义因此的改造尝试是：“尊人”（即无论什么人都应该尊重——即便是有问题的人也应该尊重）、“敬优”（即我们只能尊敬优秀的人——这是不分男女老少的）、“孝老”（即老人无论是否优秀，我们都应该有一份孝心）、“护幼”（即呵护孩子成长而不是溺爱、宠爱孩子）。这样的一种“改造”，就把“吸取精华”

变为“改造精华”的意思了。而“改造精华”的目的，正是为了避免“精华之间”的性质冲突，也是为了避免由这种冲突产生的“难以进入现实实践”的困境，如此才能成为真正有建设性的“文明有机观念”。反之，“剔除糟粕”也就自然变为“改造糟粕”的意思了，如此才有可能完成“化腐朽为神奇”的壮举。

三、“化合、融会”：一般创新对理论原创的遮蔽

在中西文化观念面前，作为与“吸取精华、剔除糟粕”相辅相成但更具有中国传统文化特点的创新方法，自然要提到“融会、化合、整合”之说。在中国古代哲学中，“化生”作为一个专门术语，常常与“气”相关联。周敦颐说，“二气交感，化生万物”[16]，王夫之也说，“气化者生化也。”[17]，“气”在这里也就等于“生”，似乎均在阐明阴阳交合互动之气为“化生”的思想。其特征有二：一是“气”在多种情况下具有物质和自然属性，其“化合运动”有将自然性的变异与世界观之文明创造相混淆的倾向；二是由于“气”在中国哲学中含义的丰富性和难以把握性，在中国现代理性文化建设中如何与理性方法打通，是牵涉到中国现代文化能否具有现代理性品格的关键。其具体表现，就是在“融会什么”“怎么融会”“融会结果的理论性设计”，以及“融会的独创程度究竟怎样”等问题上，“融会”“化合”“整合”说常常难以深入而失语。

首先，当阴阳二气交感生万物的时候，它可以解释暖气流与冷气流交合形成雨，也可以解释两份氢加一个氧形成水，可以解释原始大气慢慢孕育了生命现象，当然也可以解释雌雄动物交合生下小动物……这里的“化”也好，“生”也好，其关键在于其“形态”有变，成分有变，但其自然的性质和基本基因是承传的。这就像生命的演变，其核酸、蛋白质和DNA是稳定的，所以人之前万事万物再怎么运动变化，均没有出现“异于自然性”的物种，所有物种也没有能摆脱自然性的“生老病死”的命运。问题并不在于古人发现自然之气的运动变化是“生万物、变万物”的动力，而在于中国古代哲学将这种动力用来解释人类的产生、文明的产生甚至特定伦理的产生时，就暴露出“万物之生”与“文明诞生”界限不清楚的弊端，进而也以“万物之生”来代替和要求“文明之生”。所以《易经·序卦》说：“有天地然后有万物，有万物然后有男女，有男女然后有夫妇，有夫妇然后有父子，有父子然后有君臣。”在这样的推论中，不仅男女、人类是天地之气运行的产物，而且君臣、父子也是天地之气的产物。疑问于是产生：如果西方的“人人平等”也是天地之气“化生”的结果，那么是什么“气”造成了“君臣父子”与“人人平等”的“伦理区别”呢？又是“什么气”造成了世界“七大宗教”的文化差异呢？反过来，当我们用自然性的“化”“生”之气来解释文明发展时，一方面我们就难以解释《易经》《易传》究竟是自然之气运

行的结果，还是中国古人在生活实践中通过自己的思想创造形成的；另一方面，中国文明史以“万变不离其宗”的性质在延续古人的基本原理，所允许的“变”只是对古人原理“阐释之变”，是否与自然界的运动变化性质很难有根本区别？自然性“化生”保持的是“基因”，变化的是“形态”，而文明的“化生”保持的是“基本观念和思维方式”，但可以因时因地使其“所理解”“所运用”发生变化。在思想史上，这样的变异是否必然形成“不触动世界观创造”的中国新儒学史呢？

重要的是，这种“生化”之变如果用来解释人类文明和伦理的产生，将面临这样棘手的尴尬：如果孔子的思想是“生生”“化合”的产物，那么“生生”“化合”的自然律令为什么到孔子这里就停顿下来、不再产生不同于孔子的“孔子”了呢？如果后人只是奉孔子为“圣人”，甘愿做《论语》的注解和阐释者，那就说明“生化”孔子及其伦理思想的“气”是可以中止的。这样的“中止”，显然不符合“生化”的“生生不息”之规律。所以《论语·卫灵公》说：“子曰：‘赐也，女以予为多学而识之者与？’对曰：‘然，非与？’曰：‘非也，予一以贯之。’子曰：‘由，知德者鲜矣。’”其意思是：孔子说，子贡，我不是对历史读得多，重要的是我能把历史贯连起来研究，找出历史发展的规律。强调的也是主体对世界的把握能力，而不是历史本身“生化”出来的。这就自然会产生这样的推论：人类文明及其哲学、伦理思想，是一种“不同于”自然性的“生化之气”的“人之创造”的产物，文明的重大发展和变革，不能依赖于自然性的“化生”，而应该依靠人的自觉的理性把握和理性创造。在这一点上，“马克思主义何以可能”可以作为最具体的正面说明。如果我们说“马克思主义”是对谢林、费希特、黑格尔等哲学家思想“融会、化合”的结果，那么上述诸种哲学的“相融”，推导不出马克思的“实践哲学”。因为黑格尔的“能进行概念抽象运动的辩证法”，费希特的“认识上的绝对的自我”和谢林以“形而上学的绝对自我”所建立的“自然哲学”[18]，以及包括洛克、斯宾诺莎、莱布尼兹在内的近代哲学家，他们无论被西方哲学史家归结为“经验主义哲学”还是“唯理主义哲学”[19]，都不可能“融会”出马克思的“劳动”和“实践”作为哲学的第一性概念。马克思以“物质的、历史的、辩证运动的并以人的全面解放为这种运动的终极形态”的“实践”哲学，根本上只能来自于马克思对前人哲学的“批判和改造”和“观念创造”。所以比之于“融会”不能提供依据，用“批判与创造”来解释马克思哲学何以成为可能的方法论，就像爱因斯坦的“相对论”不可能从法拉第、麦克斯韦、洛伦兹的物理原理中“化”出来一样，可能更为恰当。因为爱因斯坦基本上颠覆了原有物理学的思维方式，而不是在原有思维框架中修补、调适和整合。同样，尼采颠覆基督教传统的“超人”说，也不可能从基督教传统和西方理性传统中“生化”出来“整合”出来。

因此，中国理论界之所以对一些重大的理论问题“有创新之心”但“无创新之法”，正在于我们将“化合”“辩证运动”造成的“一般程度创新”用来面对需要“批判创造”才能面对的“理论原创”问题，从而造成了对“批判与创造统一”的方法论研究之遮蔽。在实践中，倡导“中西融会、整合”的学者一直难以深化解决如下具体但又重大的问题，也是这种遮蔽的有力说明。比如，马克思主义的“劳动实践”与中国道家的“体道实践”和儒家的“修齐治平实践”能“融会成什么”？是已经超出“阴阳互动”乃至“主客体辩证运动”的范围的，因为这三种实践是性质不同的“努力方向”。“劳动实践”以消除“异化”实现人的全面自由解放为目的，与儒家“仁爱的天下”、道家的“小国寡民”和“至德之世”，在性质和内涵上均有重要的区别；因为这种区别，马克思“改造社会”的方法论，与道家“坐忘”方法和儒家的“修身”之方法的区别，也是同样明显的。如果没有批判创造的思维方式介入，这三种世界观不可能“化为一种有机性世界观”。又比如，西方式的有内在紧张、创造关系的“超越”与道家不讲个体创造的、类型化恬淡的“超脱”，又该“怎样融会”？在“超越”这个观念面前，如果我们仅仅说中西方文化都讲“超越”，只不过西方是“外在超越”，中国是“内在超越”，但回避了西方的“超越”讲“思想的创造性”、中国道家的“超越”不讲“思想创造”这一重大冲突，“内在超越”和“外在超越”之区别又能解决什么样的问题？而“创造性”之所以不能用“内”和“外”去概括，正因为在“内在体验”和“外在把握”中都可以涉及世界观意义上的创造，也都可以丧失世界观意义上的创造。这就跟西方“自律论”的形式主义文学有毕加索，而“他律论”的批判现实主义文学有巴尔扎克一样——“自律”和“他律”怎么会影响两位著名作家共同的创造性呢？如此，“自律”与“他律”、“内在”与“外在”，正是“阴”与“阳”思维、辩证法思维的相同或相近的思维方法，它们均与“提出问题——分析既有观念局限——弥补局限的创造”的“批判与创造”的理性方法，是两种性质的创新方法论。所以，马克思提出的“劳动异化”问题——批判前人理论的“抽象的人、抽象的精神运动”之局限——设计通过“改造社会”实现人的全面解放的“实践”理论，已经表明“批判与创造”的原理创新方法论与自然性变异的“化合”“融会”之经验论方法的鲜明区别。

这就意味着，“人受自然化合决定的变化”与“人突破自然化合的创造”，是“不同性质的创新”，“人受文化演变决定的变化”与“人可以突破文化演变创造新的文化”，也是“不同性质的变化”——前者是“生生”，后者则是“独创”，前者可以世界观、思维方式不变而只是“阐释”的变化，后者则是创建“新的世界观和思维方式”的革命。中国文化的现代化问题，可以作为前者去理解，也可以作为后者去理解。关键是：哪一种选择可以使现代中国人不仅因为自己经济的发展、而且因为文化的自信让国人安身立命？哪一种选择是让国人依托在传统文化中“化入”一些西方现代因素而自信，还是使国人面对全球挑战性问题和自身的文化破碎问题创造了自己的新的文化观念而自信？本文挑明这样的问题，不仅是因为我们应该明了今天的“中国现代文化创造”与历史上的文明演变的不同性，从而在方法论上将“创新”与“原创”加以区分，而且意在说明：真正阻碍中国人文社会科学理论获得自己主体性、独立性的东西，首先是我们在“创新”观念上缺乏根本的“创新”。在这个问题上，本文愿意抛砖引玉，希望更多学者深入研究这一“创新问题中的问题”。

注释：

①冯友兰：《中国哲学遗产的继承问题》，光明日报，1957年1月8日。

②参见学究的BLOG：《批判冯友兰的抽象继承法》，http://blog.sina.com.cn/u/4a7037050100081y。

③参见郑文林：《冯友兰先生二三事》，http://www.academics.cn/Article/sophia/3325.html。

④冯友兰：《再论中国哲学遗产的继承问题》，哲学研究，1957年第5期。

⑤参见拙著：《穿越中国当代思想》，第192页，江苏教育出版社，2007年1月版。

⑥“本体性否定”是作者否定主义理论中的本体论和方法论。其基本含义是“批判与创造的统一”。主要包含三方面内容：一是“本体性否定”以尊重所有现实的态度出场，而不是轻视现实、优于现实、超越现实和回避现实的传统中西方否定哲学对现实的态度，从而一定程度上保证了“本体性否定”与现实关系的亲和性与整体性这一中国文化特征。二是“本体性否定”以“不满足于”现实来表明否定者对现实“性质上”而不是“材料上”的离开，这种“离开”是由否定者独特的对世界的基本产生的，所以批判性的离开与独特理解的产生不可分离。这样的张力为“穿越现实”。三是“本体性否定”所产生的“独特理解为基础的世界”，与原有的世界是“不同而并立”的关系，由此展开人类与自然、文化与文化、艺术与现实、文明与文明“不同而并立”的关系。“天人对等”由此区别于西方的“天人对立”和中国传统的“天人合一”。具体详见作者的《穿越中国当代思想》，江苏教育出版社，2007年版；《否定主义美学》（修订本），北京大学出版社，2004年版。

⑦朱宝信．论研究和弘扬传统文化的两种态度——朱德生、李登贵先生《从思想世界降到现实世界》献疑［J］．青海社会科学，2003（1）．

⑧同④。

⑨见《论语·季氏篇第十六》。

⑩见《庄子·马蹄》。

⑪如果“尊老爱幼”和“人人平等”这两种异质性精华放在一起，这种冲突是指：如果用西方权利平等和人格平等的观念在中国进行实践，就很可能会导致“不尊老”“不爱幼”的效果。因为观念在中国没有作为与人可以分离的存在，“批评老人”会被人觉得不厚道，老人也不会将这种批评理解为对他的尊敬。反之，把孩子作为有独立人格的对象来尊重，孩子选择什么都是他自己的权利，依赖性强的孩子也会觉得大人不管他（她）、不爱他（她），而很多大人也会觉得这是对孩子的放纵。

⑫［德］奥斯瓦尔德·斯宾格勒：《西方的没落》，商务印书馆，1995 年 1 月。

⑬［美］丹尼尔·贝尔：《资本主义文化矛盾》，严蓓雯译，江苏人民出版社，2007 年 9 月。

⑭［美］马尔库塞：《单向度的人》，张峰译，重庆出版社，1988 年 12 月。

⑮见《太炎文录初编·别录卷二》，选自《章太炎全集》，上海人民出版社，1985 年版。

⑯周敦颐：《太极图说》，转引自《哲学大辞典》，第 243 页，上海辞书出版社，1992 年。

⑰王夫之：《尚书引义·太甲二》，转引自同上。

⑱［美］梯利：《西方哲学史》，第 492 页，商务印书馆，1995 年版。

⑲同上。

（作者单位：浙江工商大学中国文化理论创新研究中心，摘自中国高校哲学社会科学发展论坛《方法创新与高校哲学社会科学繁荣发展》论文集）

管理采风

哲学社会科学要为国家现代化服务

宦　乡

编者按： 哲学社会科学的发展为我国社会和经济的发展提供了重要的智力支持，高校哲学社会科学研究作为哲学社会科学研究的重要力量也扮演了重要的角色。中华人民共和国成立60年来，中国哲学社会科学研究获得了长足的发展，从对哲学社会科学的地位和作用这样的基本问题研究着手，到研究哲学社会科学如何为国家服务、如何为社会服务，以及新时期的研究走向等问题，研究不断深化。本辑选出新中国成立以来，特别是改革开放以来各个时期中国哲学社会科学研究的代表性成果，以考察这60年间中国哲学社会科学研究的发展路径。

在进行社会主义现代化建设的今天，哲学社会科学工作者的一个重要任务，就在于探索和揭示中国社会主义现代化的发展规律，通过自己的科研工作，努力为国家的现代化服务。

一

我们要通过发展科学技术来大幅度发展生产力还必须改革生产关系和上层建筑中那些不完善的部分，必然会引起经济、政治、科学、文化、教育等各个领域的一系列变革。这些历史性任务迫使我国哲学社会科学工作者要创造性地回答时代向我们提出的各项重大问题。

一方面，长期以来流行一种思想，以为马列主义毛泽东思想的理论可以取代一切社会科学，而马列主义毛泽东思想的一些词句，被奉为“经典”。哲学社会科学的任务也被限制在为“经典”作些注解和阐释的范围之内。另一方面，又有一种狭隘的实用主义倾向，把科学研究为社会主义事业服务解释成只是为既定政策方针不管是正确或错误的找理论根据、作说明。

如果我国哲学社会科学处于这样停滞衰落的状态，不能充分发挥它应有的作用，我国的现代化的宏伟事业肯定是难以实现的。我国的哲学社会科学工作者今天应该根据理论与具体实际相结合的原则，在党和国家制定方针政策时，在理论上进行探索，并根据实践的检验，随时准备提出补充、修正、改进的方案。

哲学社会科学是研究理论的。研究理论，就必须与实际相联系。这是一个总的原则。但是，由于各门科学性质不同，它们的作用也就不同。因而，在为我们国家社会主义现代化服务这个总题目上，侧重点和相应表现就不同。哲学是对自然科学和社会科学有指导作用的一门学科。当然，这并不是说它凌驾于各门科学之上，更不是说它可以代替一切具体科学。而是说它在世界观、认识论、方法论方面，对各门科学都有普遍的作用。哲学如此。经济学、历史学和其他学科方面，都面临着新的繁重的任务。我们要积极开拓这方面的研究，使我们的哲学社会科学的研究，能够达到在世界范围里来说的一种现代化的水平。

二

从人类的思想史来看，任何科学，包括自然科学和哲学社会科学在发展过程中，总是在实践中碰到新的情况和问题，迫使人们去补充、修改旧的理论或者用新的理论代替旧的理论而这一新的理论又开辟了新的研究领域，提出了新的研究课题。整个科学就是循着这样的道路不断前进的。

在这个意义上说，我国社会主义建设三十年来丰富的实践，使我们取得了正反两方面的许多经验与教训，获得了极其宝贵的思想资料。现在，我国的哲学社会科学工作者正以马列主义毛泽东思想的立场、观点、方法，对哲学社会科学的各个学科进行新的探索。可以说，我国的哲学社会科学正处在蓬勃发展的新的起点上。

我国的哲学社会科学还相当落后。有一些学科被取消了，另一些学科本来就没有建立过，现在才开始建立。所谓落后，还不是指我们对于某一个学科缺乏知识，或者探索浅而不深，而主要是说，我们在利用社会科学的研究成果来指导我国的社会主义建设的实践方面，并没有起到应有的作用。

在中国这块土地上这样成长和发展起来的哲学社会科学，它首先要解决的是中国社会主义现代化所提出的问题。其次，在研究方法上，我们既反对脱离实际的教条主义，也反对狭隘近视的实用主义。为了把我国哲学社会科学提高到现代化水平，用科研成果来为国家现代化服务，对于我们哲学社会科学工作者来说，善于学习，提高自己的业务水平，是一个很重要的问题。

（摘自《哲学研究》1980 年第 8 期）

关于发展哲学社会科学的几个问题

胡　绳

一、哲学社会科学的地位和作用问题

哲学社会科学的地位和作用又怎样呢？从历史经验看，新中国成立以来我们社会主义建设中曾经有过重大的失误。失误的原因是多方面的，其中有一条，即我们不够重视社会科学的作用，对社会主义建设中的许多重大决策没有实行科学化、民主化，没有使社会科学为决策提供科学依据。

理论指导行动，而理论又是从实践中产生的。我们的社会主义建设既不能盲目地进行，也不可能是对任何一个具体事情都在理论上弄得一清二楚以后才去做。哲学社会科学的有些研究，并不直接为解决当前问题提供具体对策，然而还是必要的。我们要重视为解决具体问题寻求对策的研究。

社会科学在很大程度上是广义上说的历史研究。在研究历史时，要有现实的时代感，否则就成了为研究历史而研究历史。哲学社会科学的研究，对社会主义精神文明的建设有重要作用。为了提高整个中华民族的思想道德素质和科学文化素质，也必须发展哲学社会科学。

二、马克思主义指导的问题

我们提倡用马克思主义来指导哲学社会科学的研究。提倡，就是不带有强制性。这就给马克思主义者，首先是马克思主义的理论工作者和思想工作者提出了任务，要用自己的努力来实现和加强马克思主义在哲学社会科学研究和整个思想界中的指导地位。

马克思主义能够在哲学社会科学领域里起指导作用，能够在整个社会思想中、在精神文明建设中起指导作用。首先是因为，马克思主义不是教条，它要随着实践的发展而发展。马克思主义要在实践中显示自己的力量，要在解决各种实际问题和思想问题中表现自己的正确性。

还有一个问题，就是马克思主义对于各种学科、各种学派的态度问题。我们不是把一切学科、学派都分成马克思主义和非马克思主义两个营垒，也不是说只有马克思主义是正确的，其他都是错误的。有许多学科无所谓是马克思主义或非马克思主义，自然科学的各学科就是这样的。社会科学领域里，也有一些说不上是马克思主义还是非马克思主义。

三、理论联系实际问题

理论联系实际也是一个对待马克思主义的态度问题。马克思主义不是僵化的教条，按其本质来说，它是行动的指南。哲学社会科学工作者要善于运用马克思主义的立场、观点和方法，去研究、解决我国社会主义现代化建设和改革的实践中提出的各种问题，而不是从马克思主义的著作中去寻找社会主义的现成答案。但是，反过来说，因为马克思主义的书没有为我们准备现成的答案，我们就认为马克思主义不灵了，没用了，这个看法也是不对的。

实行理论联系实际的方针，是否会使理论研究的范围很狭窄？不会的。要重视基础理论研究，重视历史的研究。这些研究的目的还是为了解答现实的问题，也要贯彻理论联系实际的精神。我国社会主义建设与改革的伟大实践具有极其广泛的内容，我们也不能从狭隘的观点来看待理论联系实际的方针。

四、百家争鸣问题

“百家争鸣”不是我们主观任意决定的一个方针，这是思想发展、科学发展客观规律的要求。哲学社会科学上的不同意见，有些是社会上存在着的不同思想的反映。对人民内部的思想问题，只能采取民主的方法来解决。学术上的是非，只能通过学术界的自由讨论，并且最后经过实践来判定。

在学术问题上贯彻执行百家争鸣的方针，就要坚决摒弃“大批判开路”的错误做法，提倡平等的、民主的、充分说理的学术讨论方法和服从真理、改正错误的严肃的科学态度。

为了贯彻执行百家争鸣的方针，就要求意识形态方面的领导同志，对于学术问题注意不要横加干预，不要随意判定哪一个正确，哪一个错误，更不要组织围攻。社会科学研究工作者本身也要养成一种平等的、民主的、充分说理的学术讨论方法和作风，不能唯我独尊。

百家争鸣是一种发展马克思主义的方法。马克思主义者要敢于接触各种不同意见，敢于去研究和处理各种不同意见的争论中提出的问题，并且善于从各门学科中间、各种学派中间、各种意见中间吸取有用的思想材料和方法。这样才能使马克思主义理论研究通过百家争鸣而大大活跃起来。

（摘自《理论月刊》，1987年第1期）

对高校哲学社会科学研究为社会服务的一些思考

任珍良

一、为社会服务的两大主要功能

一是提高人们认识未来的自觉性。哲学社会科学研究以社会现象为研究对象，其目的就是阐述各种社会现象及社会发展规律，帮助人们认识社会，改造社会，不断地由必然王国走向自由王国。因此，启迪民族的觉醒，提高人们认识未来的自觉性，是哲学社会科学研究为社会服务的一个主要功能。

二是为建设有中国特色的社会主义服务。为建设有中国特色的社会主义提供精神动力、智力支持、思想保证、舆论环境，使研究成果成为党和国家决策的科学依据，是时代的呼唤，实践的需求，是党和人民的殷切希望，也是哲学社会科学研究工作者责无旁贷的光荣任务。

二、为社会服务的基本途径

一是配合党的中心工作搞好理论宣传。对党的中心工作用马克思主义的观点进行理论阐述并加以宣传，是高校哲学社会科学工作者为社会服务时效性较强的一个途径。理论宣传一般有两种形式：其一是通过书报期刊进行笔谈宣传，其二是在学习班上进行演讲宣传。

二是承担各级各类科研课题。主动、积极承担各级各类科研课题，是高校哲学社会科学研究为社会服务的一个重要途径。据有关资料统计，“七五”期间，国家哲学社会科学研究基金共资助了478个重点研究课题，高校承担有179个，占资助课题总数的37.4%，这说明高校哲学社会科学研究在为社会服务方面作出了很大贡献。

三是协助政府部门制定区域发展规划。协助政府部门制定区域发展规划是高校哲学社会科学研究参与决策的重要实践活动。

四是为实际部门提供咨询服务。为实际部门提供咨询，也是高校哲学社会科学研究面向实际、服务社会的一个重要途径。

五是为培养人才服务。高校的根本任务是培养人才。为培养人才服务，对高校哲学社会科学研究来说，既是责无旁贷的任务，也是为社会服务的基本途径。

三、加强管理，促进高校哲学社会科学研究为社会服务

一是进一步增强为社会服务的自觉性。哲学社会科学工作者要坚决改变自觉不自觉地只从书本出发、“唯书”“唯上”的思维定式，树立实事求是的学风，走出书斋，面向社会，面向世界，面向未来，广泛地开展社会调查和科学考察。要紧贴国家的经济和社会发展，为培育和发展社会主义市场经济服务，为法制建设服务，为提高全民族的思想、道德和文化素质作出贡献。要努力使自己的研究成果成为真正来自实际、经得起实践检验、能对社会实践起指导作用的科学结论。

二是发挥政策的导向作用。首先，要认真贯彻执行党的“一个中心，两个基本点”的基本路线，以及党和国家关于加快经济发展和扩大改革开放所采取的一系列政策措施，激励广大科研人员解放思想，大胆探索，勇于创新，为解决建设有中国特色的社会主义实践中的重大理论问题和实际问题有所发现、有所发明、有所创造、有所前进。其次，要结合实际，制定有利于促进科研人员为社会服务的配套措施“土政策”。

三是做好科研的组织工作。科研的组织工作也是相当复杂的，它涉及沟通信息、课题论证和申请、成果验收与推广应用，以及人力、物力、财力的合理安排等方方面面。鉴于目前高校哲学社会科学研究活动仍处于“自由发展”“人自为战”的小生产活动方式和思想仍统治着相当多的领域的状况，高校哲学社会科学研究要在为社会服务方面有所作为，必须充分发挥科研组织工作的作用。

（摘自《武汉大学学报》（哲学社会科学版），1995 年第 6 期）

当代人文社会科学研究方法的三大变革走向

李承贵

20世纪后20年，中国人文社会科学对20世纪前80年的研究方法实践进行反省和总结，正是这种理性与实践的结合，规定并展示着人文社会科学研究方法变革走向。

一、方法意识走向：从褊狭到合理

表现在对方法属性的认识上。关于方法的属性，过去比较倾向于从政治、阶级、意识形态等思路去规定。比如，实验主义方法、社会学方法被看成是资产阶级方法，人文主义方法被看成是超阶级的方法。自20世纪80年代开始，人文社会科学界对研究方法的性质看法有了根本性改变。

表现在对方法层次的认识上。80年代以前的人文社会科学研究中，虽然马克思主义方法、科学主义方法、人文主义方法、传统研究方法都存在，但对研究方法层次的理解是肤浅而简单的。80年代初开始，随着现代科学方法、人文方法的输入，随着对科学主义方法、传统研究方法遭到排斥现象的反思与检讨，研究方法三个层次说的划分广为学界接受。

表现在对研究方法功能的认识上。20世纪的前30年，基本上没有开展像样的关于研究方法功能的探讨。好在经过80—90年代的对研究方法的讨论、反思，人文社会科学界对研究方法功能的认识逐步走向合理，人文社会科学界一致认为研究方法的使用对人文社会科学研究具有拓展、深化的作用。

二、方法内容走向由一元到多元

一元到多元的走向，是20世纪80—90年代人文社会科学研究方法发展中的重要特征之一。在50－70年代，研究方法是典型的一元，即只有马克思主义一种方法。在80—90年代，呈现在我们面前的是丰富多彩的方法。

在研究单个对象上表现出来的方法多元性；在学科研究上表现出来的方法多元性；在各类方法论著作中所表现出来的方法多元性。

80—90年代的研究方法的多元化趋势，意味着中国人文社会科学界终于摆脱了研究方法架构上的"一元"格局，走向健康轨道。研究方法多元格局的形成，必将给中国人文社会科学研究带来繁荣气象和丰硕成果。

三、方法价值走向：由观念到实行

在以往的人文社会科学研究中，研究方法的形式主要是以定性为主，缺乏定量分析研究方法的内容，主要还是观念范围的，满足于依靠逻辑推理方法。概括地说，以往人文社会科学研究方法的价值指向是观念的而非实用的。所以，人文社会科学研究方法要成为人文社会科学研究的真正推动力量，就必须改变或完善其价值指向。80—90年代的人文社会科学研究方法对此作出了回应。

以数学方法为核心的量化方法在人文社会科学研究中的应用成为一股潮流。人文社会科学的课题日益复杂化、综合化、具体化，必须应用量化方法，对课题的资料、数据进行统计、分析，才有助于正确结论的获得。从实际应用而言，人文社会科学具体研究上的数学化趋势亦在蓬勃进行着。

人文社会科学成果对象化方法的研究成为新热点。如果说以往人文社会科学研究方法的研究重点是放在理论上的说明、解释的话，那么80—90年代，特别是90年代，其重点已转移到人文社会科学成果的实现方法的探索上。

四、几点启示

1. 建立健康的研究方法意识需要科学的指导思想。这个科学的指导思想就是实践是检验真理的唯一标准，就是实事求是。

2. 研究方法内容的多样化、应用的具体化是繁荣、深化社会科学研究的重要途径。20年来的人文社会科学研究方法的多元化是一大趋势。如果人文社会科学研究的繁荣与深化可以理解为对学术问题、现实问题的正确解决，可以理解为学科内容的丰富和探化，那么研究方法的多样化无疑是一个基本前提。

3. 实用化是当代人文社会科学研究方法价值指向的主要趋势。数学方法等自然科学方法成为80—90年代推崇的方法，其实质是对人文社会科学研究量化、精确化、实证化的要求。人文社会科学成果评价要求的提出及对评价方法的探讨，意味着研究方法的价值指向已经面向实用、面向大众社会。

（摘自《社会科学管理与评论》，2000年第2期）

人文社会科学评价的限制与超越

刘大椿

一、评价者角色的失范

在人文社会科学的评价中，专家系统十分重要。专家系统是某种学术团队，用以同行自治和评价，但这种独立性和自主权在中国的文科评价活动中目前却很难实现，因为专家系统及其同行评议所受干扰太多。评价者的学术名气是一个强相关系数，在评审的时候，利用名人的声望来占便宜的现象经常出现。非内行的评价者占的比重过大。从其本质来说，出现了一种“学术经济化”的现象，这些现象又与文科评价的制度环境很有关系。文科评价系统作为社会道德的风向标之一，如果不正当评价行为从评价者个人发展到整个学术共同体，必将触发全社会的信任危机。

二、对量化方法的迷信

量化评价提出的所谓在经费、学科点、院士数、成果级别、经济效益等要素的计量上一视同仁或按比例换算的法则，其结果是极大地伤害了人文学科和教育，从机构到学者再到成果的人文社会科学各个层级，被整体矮化。这个思路的片面落实，直接导致了人文社会科学之间的恶性竞争，使得强势机构（和研究者）愈来愈强，弱势机构（和研究者）愈来愈弱，学术竞争环境趋向恶化。量化评价指标体系的随意性、加权方式的人为性，更是难以准确而有说服力，价值序列的合理性也受到种种批评。量化模式更不利于学者个性的发展。

三、过度行政化与学术腐败

在学术权力的争夺中，文科评价中的行政干预无处不在，造成了文科评价的很多“硬伤”。首先造成困惑的是评价主体问题，即人文社会科学应由谁来评价？其次是所谓评价程序问题，谁来保证评价程序的恰当制定和坚决实施呢？在“官本位”依然盛行的中国社会，学术研究活动受到政治因素的严重干扰，产生“学术政治化”现象。“官本位”条件下的人文社会科学量化评价带有浓重的行政主导色彩。对于学术研究所必需的资源，在很大程度上处于行政支配和垄断之中，从行政本位延伸到学术研究的“官本位”。从“官本位”派生出的定量化管理，发酵成当前人文社会科学评价的严重弊端。

四、评价体系的基本限制

在现代中国，人文社会科学作为思想保证、价值导向、智力基础和精神凝聚力，在社会生活中不可或缺。人文社会科学的发展就其本性而言，要求评价体系与之相适应，但评价体系往往具有滞后性和有限性，突破性成果不符合评价标准之事时有发生，对评价体系的这个基本限制必须了然于胸，并努力寻求超越之道。一个成熟的评价体系不是理论思辨的结果，而是在实践的互动中诞生的，其中评价主体、评价对象、评价目标与评价方法的互动是极为重要的环节，不仅要研究方法的技术性问题，更要研究评价技术后面的目标和内在设定。

（摘自《中国人民大学学报》，2007 年第 2 期）

管理团队

强化服务理念　推进管理创新

——厦门大学社会科学科研管理团队的管理理念和特色

冯文晖

厦门大学是由著名爱国华侨领袖陈嘉庚先生于1921年创办的。建校以来，厦门大学始终坚持“做一流学问、服务国家和社会”的学术宗旨，素有浓郁的学术风气和优良的科研传统，云集了一大批学术领军人物。文学家、国学大师沈兼士、林语堂、鲁迅等曾在厦门大学任教，《资本论》的第一位翻译者王亚南教授曾任厦门大学校长。1996年社科处成立，十多年来，厦门大学社科管理团队以提高自身建设水平为根本，以建设团结、协作、奋发向上的团队为目标，坚持在改革中求创新、谋发展，努力在学习、探索和总结经验的过程中逐步形成符合学校实际、具有自身特色的管理理念和方式，取得显著成效，先后两次获得教育部“全国普通高等学校科研管理先进集体”称号，多次获得福建省哲学社会科学规划领导小组“年度社会科学规划管理工作先进单位”称号，2009年还荣获全国教育科学规划办授予的“全国教育科学规划课题管理工作先进单位”称号。

一、增强创新能力，提高管理效率

1. 以加强团队建设为根本，着力增强团队的创新能力

科研管理团队建设是推进学校科研事业发展，提升核心竞争力的基础。在人文社会科学大繁荣、大发展的新形势下，以科研管理团队建设为重点的管理创新是提升科研管理团队整体实力的基石。

一是重视人力资源的建设，将年轻化和知识化作为加强团队建设的首要工作。厦门大学社科处成立以后，对社科管理团队的人力资源进行了优化配置，对人员的专业、年龄、学历的合理分布进行优化，针对个人的专业特长进行合理的

工作分工。为满足科研管理信息化的要求，2009 年还新增了一名计算机与管理方面的专业人才。

二是重视人员培训工作，提高团队的综合能力与科研水平。厦门大学社科处围绕科研事业的新发展以及对与之相适应的管理水平的新要求，将科研团队的培训作为一项重要工作常抓不懈，着力抓好人文社科相关知识的培训、职业道德的培训和工作技能的培训，不断提高团队成员素质，开阔团队成员视野，增强团队成员能力，提升主动站位水平。

三是重视团队精神的建设，提高整体协作能力。厦门大学社科处十分重视团队精神建设，积极拓宽渠道，加强团队成员内部的工作经验交流，强调团队成员在工作中既有分工又要协作配合，取长补短，共同提高。

四是重视做好跟踪培养与服务工作，努力营造人才辈出的科研环境。厦门大学社科处十分重视了解与掌握国家科研管理的方针政策及最新动态，了解和掌握本校科研人员的研究特长和研究动态，要求团队对人、对工作不能就事论事，而是要用发展的眼光来开展工作，对有潜力的研究人员（尤其是年轻教师），对有发展前景的选题，要主动跟进，予以培养。

2. 以制度创新为重点，着力提高团队管理效率

厦门大学社科处十分重视对科研管理工作的各个领域进行建章立制，努力做到制度健全、程序规范，促进管理工作的制度化和规范化。

一是科学制定了科研管理的规章制度。多年来，社科处在实践中积极探索、不断总结，在各级各类项目发布部门的管理办法精神的指引下，根据厦门大学的科研特色制定了《厦门大学科研项目管理办法》、《厦门大学科研项目经费管理办法》，通过加强项目指导和项目管理，提高项目研究质量。

二是建立定期召开科研工作通报会议制度。近年来，学校每半年召开一次文科科研工作会议，通报科研工作的进展，表彰先进，解决问题；每年召开一次全校的科研工作奖励大会，以奖励优秀科研成果和科研人员，形成良好的示范作用。为贯彻落实教育部《关于大力提高高等学校哲学社会科学研究质量的意见》精神，我校在《厦门大学创新工程与繁荣计划基金管理暂行办法》中制定了科研成果奖励制度，以奖励来引导科研产出高水平、高显示度的成果。

三是完善科研评价体系。为了建立健全有效的激励机制和竞争机制，学校将评价体系作为科研发展的导向和科研管理的核心，充分发挥科学的评价体系对促进科研发展、调动科研人员积极性、增强管理措施执行力的积极作用。

四是积极运用现代化管理手段。为了配合全校数字化校园建设，增强管理的透明度，提高管理效率，做到最大范围的信息共享，目前，正在大力推进“厦门大学文科科研管理系统”的建设，使其成为科研人员和科研管理人员的信息库、资料库，极大地提高了管理的效率。

二、强化服务理念，提升管理水平

随着人文社科研究的繁荣发展，社科研究人员参与率的提高，科研管理的内涵和外延都在扩大，尤其是科研项目申报的增加，对科研管理水平提出了更高的要求。在科研管理面临新的挑战的形势下，厦门大学社科管理团队的管理理念也经历了从行政型管理到服务型管理并发展为学术型管理的过程。[①] 行政型管理基本上就是事务管理，上传下达，被动执行，其最大优点就是办事高效、运作协调、行为规范，主要缺点是不能主动服务。服务型管理是在做好行政型管理的基础上提出的更高层次的要求，其基本思想是强调管理就是服务以及工作的主动性，工作除执行之外，还应从深层次思考，进行谋划，提出工作的方案、草案。学术型管理是服务型管理的升华，强调管理人员自身的学习，重视建立学习型的团队，坚持在工作中要有全局观，了解国家相关政策，把握科研管理动态，了解科研管理规律，在工作中勇于拓展、创新，用研究的精神做好管理工作；同时不限于科研管理，甚至要参与科研，运用相关的学科知识和专家进行对话。

“学术型”管理要求管理者对学术研究的组织过程深度参与。一般而言，专职研究人员业有精专，在其专业范围内游刃有余，但他们多半关注其研究选题的学术价值，而较少考虑如何与国家发展的需要有机结合。而科研管理人员了解信息多、渠道广，长于捕捉和筛选信息、把握国家发展的战略意向，可以与学者长短互补，进而拓宽承担研究课题的能力。“学术型”管理还可以适当采用学术研究的某些方法，如计量分析法等。应用此类方法，可以通过严格的统计资料和数据分析，从客观实际出发对问题展开定量与定性相结合的分析。例如，每一次大批量项目申报之后，我们都要对各院系、各年龄段、职称、学科作分门别类的具体统计分析，总结经验教训，为下一次申报做好准备。

在学术型管理理念的指导下，“十五”以来，厦门大学的科研项目管理取得了可喜的成绩：国家社科基金项目中，我校2004年立项数位列全国高校第三名；教育部一般项目中，我校2007年立项数位列全国高校第二名；2008年立项数位列全国高校第三名。当然，我校在组织重大项目、跨学科研究项目方面还有待突破。

---

① 参见王旭：用“学术型”管理助推科研质量提升，详见教育部网站。http://www.moe.edu.cn/edoas/website18/65/info20965.htm

三、注重特色管理，取得显著成效

1. 加强重点研究基地的管理，服务创新型国家建设

对教育部人文社科重点研究基地的管理是社科管理工作的一个重要内容。除了学校上下高度重视、建章立制、资源倾斜、优先发展外，我们重点打造基地的品牌与特色，尤其注重为政府决策提供咨询服务。2004 年基地建设三年考核，我校四个基地中有两个被评为优秀。"宏观经济研究中心"开发的"中国季度宏观经济模型"（CQMM）自 2006 年 7 月投入运行以来，每半年举办一次新闻发布会。主要内容包括：(1) 根据当年的经济运行情况，结合当前世界宏观经济形势分析，预测我国经济下一年度的经济增长率及相关主要指标走势；(2) 模拟财政支出的传导机制，以此分析财政支出扩张的总量与地区结构效应；(3) 依据模型模拟结果，对宏观经济政策进行评价与展望。"会计发展研究中心"在会计准则建设方面向财政部提供会计准则咨询报告，为我国会计国际化进程的把握、会计准则尤其是基本准则的制定提供了重要的理论依据，为国家会计准则的发展作出了贡献，2007 年财政部会计司致函教育部对我校予以表彰。

2. 发挥学科优势，服务区域科学发展

一是发挥社会科学学科优势，服务区域科学发展。与地方政府和大型企业加强战略合作，参与解决经济社会发展的重大问题；开展校地校企专项合作，提供决策咨询服务。我们组织了"福建省地区综合经济实力评价""建设海峡西岸繁荣带战略研究""海峡西岸经济区主体与涵盖的周边区域战略合作关系研究""厦门市'十一五'规划总体思路""厦漳合并是建设海峡西岸经济区的重要战略举措"等一大批课题的研究，为地方政府和企业科学规划与决策提供了参考。

二是发挥地域优势，深入开展对台交流合作。目前，厦门大学已经成为台湾研究的重镇和两岸教育、科技、文化交流的重要平台。例如，台湾研究中心基地重大课题《台湾通史》课题组协助泉州市人民政府建设的国家级"闽台缘博物馆"，得到中宣部和国台办领导的高度赞扬，《福建日报》等媒体对此进行了报道。

三是发挥人文科学学科优势，推动海西大繁荣、大发展。为进一步挖掘、保护和宣扬海西文化，我们组织了"厦门市历史文化遗产保护现状、存在问题及对策""莆仙戏文化调查研究""闽南南音发展状况调查""海峡西岸茶文化调查研究""海西文化产业和谐发展调查研究""海峡西岸文化生态与遗产保护研究""加强闽南文化与世界优秀文化的交流与交融研究""发挥闽南文化优势，进一步拓展厦门与台湾文化交流的研究"等课题的专项研究。还受国台办和厦门市政府委托，正在编纂《闽南文化丛书》（一套 14 册）、《闽台民间族谱汇编》100 册和

《闽南文化百科全书》。这些课题研究和大部丛书的编纂，必将对海西文化的保护和传承发挥巨大的作用。

3. 加强校级研究机构建设，凝练学校人文社会科学研究特色

厦门大学最近修订了《厦门大学加强校内各类科研机构管理暂行办法》，提高了成立研究机构的门槛并明确了考核标准，对有研究特色和研究基础的研究团队给予优先支持。比如，艺术学院的管理一向是重艺术创造轻学术研究，为促进艺术学院的科研工作，厦门大学社科科研管理团队多次深入艺术学院调研，结合社会需求深挖科研潜力，于 2009 年 6 月成立了“厦门大学文化艺术创意产业研究中心”。该中心的成立，既顺应了目前全世界文化创意产业蓬勃发展的浪潮，又可实现厦门大学艺术、文化与动漫、软件开发等学科的交叉联合，同时成为创意产业人才培养的重要的学术科研教育基地。该中心的成立受到了福建省政府的高度重视和支持，并于 2009 年 7 月被省文化厅指定为“福建省文化创意产业研究基地”和“福建省文化创意产业人才基地”。至 2009 年 9 月，中心已签订科研委托项目合同经费 130.8 万元，成为厦门大学人文社会科学研究的一个新亮点。

实践无止境，发展也无止境。新的实践和发展机遇要求我们以改革创新的精神继续推进科研管理创新。秉持厦门大学的优良传统、发挥厦门大学的学术优势，是我校科学管理工作的光荣使命。厦门大学社科管理团队将继续打造具有学习力、创新力、锐意进取、充满生机与活力的团队，认真学习和实践科学发展观，不断增强创新能力，提高管理水平，提升服务质量，完善评价机制，努力实现人文社科研究工作从重数量增长向重质量提升的转变，全面提高我校哲学社会科学研究的总体水平。

（作者单位：厦门大学社会科学研究处）

青年园地

近十年国家社科基金项目立项的统计分析

杨 威[1] 唐小勇[2]

国家社会科学基金项目（简称国家社科项目）是目前我国唯一的国家级哲学社会科学类别的基金项目，其研究成果代表着我国哲学社会科学研究的最高水平。国家社科立项资助项目的学科与地区分布，在一定程度上反映了各地区相关学科科研生产力的发展水平。

目前，国家社科基金设有重大项目、委托项目、重点项目、一般项目、青年项目、后期资助项目和西部地区项目，共计七类，涉及22个一级学科，每类项目资助的侧重点有所不同。笔者将其分为“常规项目”和“非常规项目”两大类，常规项目包括重点项目、一般项目和青年项目；非常规项目包括委托项目、重大项目、西部地区项目和后期资助项目。相比之下，前者更具有普遍性和代表性，因此，本文即主要对重点项目、一般项目和青年项目进行统计分析。所使用的数据资料来源于“全国哲学社会科学规划办公室”网站中的“历年资助项目”。在对相关资料进行综合和归类的基础上，笔者建立了若干数据库，以确保统计数据的完整性和准确性。

本文拟将2000—2009年十年间的国家社科基金的立项项目作为研究对象，对项目的学科与地区分布以及成果类型分布进行较为深入的统计分析。并且，本文还以黑龙江省为个案，借以分析和说明该地区的优势和特色，探讨某些学科近年来的研究现状和发展趋势。

一、国家社科基金立项的基本情况统计

1. 立项数量与类型分析

2000—2009年，国家社科基金项目共立项11426项，平均每年立项1143项。

若将这10年分为两个时间段，即2000—2004年和2005—2009年，则前5年平均每年立项932项，后5年平均每年立项1460项，这反映了国家加大了对社会科学研究的支持力度，体现出国家发展和繁荣哲学社会科学的政策导向。从项目类型上看，重大与委托研究项目197项，重点项目526项，一般项目8262项，青年项目3057项，自筹经费项目114项。一般项目和青年项目立项数量最多，分别占立项总数的72.30%和26.75%。从中可以看出，国家社科基金重视对青年科研人员的“孵化”和培育，体现了国家按照出成果、出人才的原则设立青年项目的初衷。

2. 立项项目预期成果的类型分析

从立项项目预期成果类型来看（见图1），专著居第一位，共计4674项，占64.34%；研究报告居第二位，共计1418项，占19.54%；论文居第三位，共计1126项，占15.50%。而与之形成鲜明对照的是，在国家自然科学基金的项目成果中，绝大部分为科技论文，专著极少，这体现出社会科学研究与自然科学研究的各自特点和差别。从2005—2009年间的预期成果分布图可以看出，科研预期成果中的论文和研究报告呈逐年递增的趋势（见图2）。

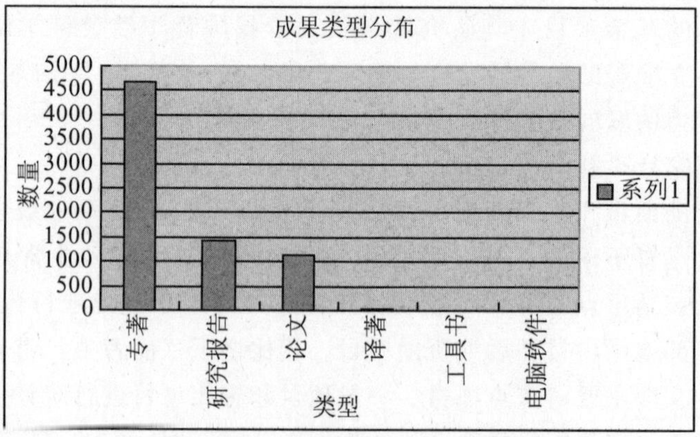

图1 十年间总预期成果分布图

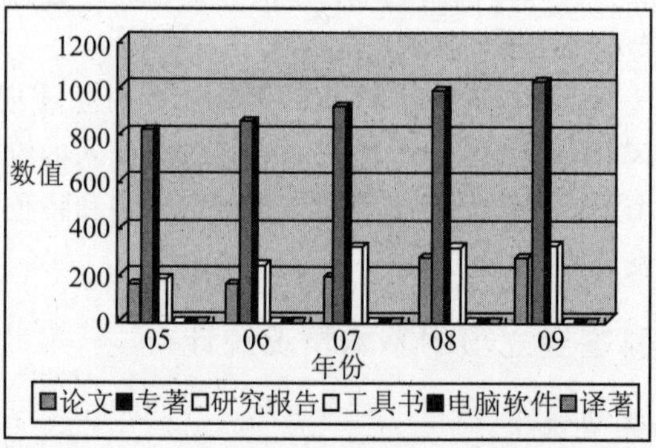

图2 2005—2009年各年预期成果分布图

二、国家社科基金立项的学科分布分析

1. 学科总体情况分析

从学科构成来看，根据目前全国哲学社会科学规划办公室的学科分类，共有24个一级学科，即马列·科社、党史·党建、哲学、经济学、统计学、政治学、社会学、人口学、法学、国际问题研究、中国历史、世界历史、考古学、民族问题研究、宗教学、中国文学、世界文学、语言学、新闻与传播学、图书馆情报与文献学、体育学、教育学、艺术学、军事学。其中，教育学、艺术学、军事学三个一级学科属于单列学科，不在本文的统计之列。经济学科又通常将其分为经济理论和应用经济两个部分，因此，最终总计有22个一级学科列入统计之列。

将22个统计的学科大致可分为四类：一是所谓的基础学科，包括哲学、宗教学、外国文学、中国文学、世界历史、中国历史、语言学、考古学，共计3978项，占立项总数的33.26%；二是经济类，包括经济统计学、经济理论和应用经济，共计2863项，占立项总数的23.49%；三是政治理论类，包括党史·党建、马列·科社、政治学、国际问题研究和法学，共计2736项，占立项总数的22.88%；四是其他类，包括民族问题研究、人口学、社会学、体育学、图书馆情报与文献学、新闻学、综合类，共计2382项，占立项总数的19.91%（统计表略）。

从上述立项比例可以看出，国家社科基金在立项上一般偏重于重大理论与现实问题的研究，但也会留出一定比例兼顾基础学科的研究。这就提示我们在申请立项时要做出合理的判断，注意有的放矢，有所侧重。

2. 单一学科近十年的变化趋势分析

国家社科基金单一学科在近十年间的变化趋势体现了该学科的发展状况，并也可从中预测其未来几年的发展趋势。本文主要选取哲学、社会学、马列·科社和政治学等学科（与笔者所处的省级重点研究基地的研究领域密切相关）进行重点统计分析。如图3所示：

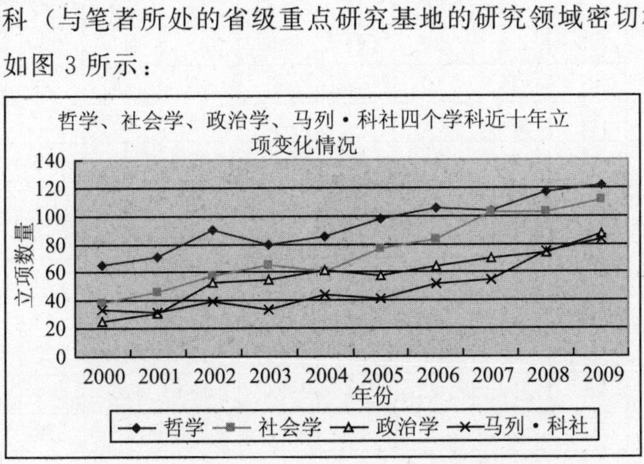

图3 哲学等四个学科近十年立项变化情况图

从图3可以看出，哲学等四个学科在近十年基本上是以单调递增的形式在增加，这说明国家在近十年内加大经费投入、相对重视这些基础学科的研究和发展；同时也可以预测：这些学科领域的立项数量在未来一二年内还将继续保持稳步增长的态势。总之，通过分析一些学科近十年立项数量的发展趋势，可以使我们在项目申请上做到胸中有数，在比较中有所选择，从而提高申报成功率。因此，对于准备申请国家社科基金的科研人员来说，分析拟申报学科的未来走势图是十分必要的。

三、国家社科基金立项的地区分布分析

如前所述，国家社科基金立项项目的地区分布，在一定程度上反映了各地区社会科学生产力的发展状况。因此，对各地区国家社科基金项目立项进行统计分析，有助于比较各地区间的社会科学生产力水平，从而为科研管理部门提供相应的评估标准和评价指标，以便制定科学公正的项目评审制度。

表1　2000—2009年立项项目地区分布统计表

年度	2000	2001	2002	2003	2004	2005	2006	2007	2008	2009	合计
北京	195	211	234	280	282	278	263	288	273	240	2544
上海	37	54	78	83	91	102	129	123	137	150	984
湖北	45	56	64	44	65	84	95	110	122	140	825
江苏	38	45	41	55	55	68	72	99	95	118	686
广东	33	47	54	46	45	46	51	74	88	78	562
湖南	20	27	55	43	55	60	74	78	87	99	598
山东	30	47	43	36	45	45	55	63	61	64	489
浙江	23	25	43	35	35	44	57	66	75	75	478
河南	34	33	28	25	30	40	47	47	41	54	379
福建	17	34	34	36	44	46	41	50	52	46	400
四川	39	35	35	32	24	26	37	41	63	71	403
天津	21	27	34	30	32	38	40	26	39	38	325
辽宁	20	27	34	20	27	32	39	38	32	39	308
吉林	26	27	21	23	26	21	27	37	40	36	284
陕西	17	23	23	22	27	30	27	28	32	41	270
江西	10	8	18	11	16	22	27	38	36	43	229
云南	8	10	10	17	20	25	30	33	35	39	227
安徽	13	12	12	13	11	18	23	32	38	52	224
甘肃	12	9	20	13	17	19	22	26	37	30	205
河北	15	8	11	7	14	18	19	20	21	30	163
新疆	12	11	20	17	19	17	15	13	16	23	163

续表

年度	2000	2001	2002	2003	2004	2005	2006	2007	2008	2009	合计
黑龙江	11	8	17	12	13	16	14	20	27	26	164
重庆	11	10	8	13	11	18	20	24	31	46	192
内蒙古	10	10	17	13	14	14	15	11	14	18	136
军队	4	4	7	10	12	15	12	24	27	22	137
广西	4	9	11	12	13	14	11	17	20	15	126
山西	11	5	14	12	7	10	15	18	15	17	124
贵州	6	10	8	9	9	10	11	11	10	23	107
青海	3	5	6	7	8	9	9	16	14	19	96
宁夏	3	7	8	5	7	5	7	8	4	10	64
西藏	1	1	7	5	4	4	6	5	4	2	39
海南	1	1	2	1	1	1	2	3	2	4	18
合计	730	846	1017	987	1079	1193	1312	1487	1588	1720	11949

从表 1 可以看出，各地区的立项数量分布不均，彼此差距较大。最多的是北京，共立项 2544 项，占立项总数的 21.29%；最少的是海南，只有 18 项，仅占立项总数的 0.15%。根据立项数量，我们不妨将上述 32 个地区分成 5 个组别：

第一组：北京（立项数达到 1000 项）；第二组：上海、湖北、江苏、广东、湖南（立项数为 500—999 项）；第三组：山东、浙江、福建、四川、河南、天津、辽宁（立项数为 300—499 项）；第四组：吉林、陕西、江西、云南、安徽、甘肃、河北、新疆、黑龙江、重庆、内蒙古、军队、广西、山西、贵州（立项数为 100—299 项）；第五组：青海、宁夏、西藏、海南（立项数低于 100 项）。由以上分析可知，第四组和第五组共有 19 个省份，立项数量仅占立项总数的 24.84%，与前几组相比呈现出较为明显的两极分化态势。

表 2　2005—2009 年立项项目地区分布统计表

地区	合计	比重%	地区	合计	比重%	地区	合计	比重%
北京	1342	18.41	天津	181	2.48	军队	100	1.37
上海	641	8.79	辽宁	180	2.46	新疆	84	1.15
湖北	551	7.56	江西	166	2.27	广西	77	1.06
江苏	452	6.2	安徽	163	2.24	山西	75	1.03
湖南	398	5.46	云南	162	2.22	内蒙古	72	0.99
广东	337	4.62	吉林	161	2.2	青海	67	0.92
浙江	317	4.35	陕西	158	2.17	贵州	65	0.89
山东	288	3.95	重庆	139	1.91	宁夏	34	0.47
四川	238	3.27	甘肃	134	1.83	西藏	21	0.29
福建	235	3.22	河北	108	1.48	海南	12	0.16
河南	229	3.14	黑龙江	103	1.39	合计	7290	100

对照表1、表2可以看出，北京、上海、湖北、江苏依然保持前4名的位置，说明这四个地区是我国社会科学研究的中心，具有较大的科研优势；其他地区的排名则发生了一些变化，如湖南、四川、浙江、江西、安徽等，排名均上升了数位，说明这几个地区在近五年来加强了科研管理，使得社会科学研究取得了长足的进展；而河南、吉林、新疆等地的排名则有所下降。

四、黑龙江省近五年国家社科基金的立项分布情况

由上述地区的分布情况可以看出，黑龙江省在全国社科基金的立项数量上是居于下游的，仅处于第四组。因此，分析黑龙江省近五年的立项分布具有一定的参考价值，能够使我们进一步认识到本地区的学科优势，以便在选题及申请立项方面做出适当的、必要的调整。详情如表3所示：

表3　黑龙江省近五年的立项分布情况

序号	学科分类	2005年		2006年		2007年		2008年		2009年		合计
1	应用经济	3	146	4	164	3	243	8	233	2	204	20
2	语言学	3	69	1	76	2	100	4	113	3	124	13
3	哲学	2	98		105	3	104	3	117	2	122	10
4	中国文学	1	86	1	96	1	110	2	128	3	146	8
5	法学		93	1	104	1	136	2	145	3	168	7
6	民族问题研究	3	47	1	50	2	56		62	1	68	7
7	社会学	1	77	1	83	1	103	1	103	1	111	5
8	国际问题研究		35	1	42	1	43	1	39	2	34	5
9	马列·科社		41	1	52	1	55		75	2	83	4
10	图书馆情报与文献学	1	38		45	1	47	1	61	1	66	4
11	党史·党建		43	1	45	1	40		35	1	41	3
12	政治学	1	58		64		70	2	74		87	3
13	中国历史		58	1	66	1	69		79	1	89	3
14	世界历史		21		22	1	24		24	2	25	3
15	外国文学	1	31		33		31	2	36		36	3
16	新闻学		25		34		39		41	2	48	2
17	经济理论		105	1	105		95		95		114	1
18	宗教学		27		31	1	27		29		37	1
19	人口学		18		16		16	1	16		19	1
20	考古学		10		11		9		10		14	0
21	统计学		30		26		24		18		25	0
22	体育学		37		42		46		55		59	0
	黑龙江省合计	16		14		20		27		26		103

从表 3 可以看出，黑龙江省近五年立项较多的是应用经济、语言学和哲学，特别是应用经济、语言学、中国文学和社会学这四个学科在近五年每年均有立项，具有较大的科研优势或发展潜力。

表 4　黑龙江省近五年国家社科基金的立项比例

序号	学科分类	2005 年	2006 年	2007 年	2008 年	2009 年	黑龙江省合计	全国合计	立项比例
1	语言学	3	1	2	4	3	13	482	2.7
2	国际问题研究		1	1	1	2	5	193	2.6
3	世界历史			1		2	3	116	2.6
4	民族问题研究	3	1	2		1	7	283	2.5
5	应用经济	3	4	3	8	2	20	990	2.0
6	哲学	2		3	3	2	10	546	1.8
7	外国文学	1			2		3	167	1.8
8	图书馆情报与文献学	1		1	1	1	4	257	1.6
9	党史・党建		1	1		1	3	204	1.5
10	中国文学	1	1	1	2	3	8	566	1.4
11	马列・科社		1	1		2	4	306	1.3
12	人口学				1		1	85	1.2
13	新闻学					2	2	187	1.1
14	法学		1	1	2	3	7	646	1.0
15	社会学	1	1	1	1	1	5	477	1.0
16	政治学	1			2		3	353	0.9
17	中国历史		1	1		1	3	361	0.8
18	宗教学			1			1	151	0.7
19	经济理论		1				1	514	0.2
20	考古学						0	54	0
21	统计学						0	123	0
22	体育学						0	239	0
	合计	16	14	20	27	26	103		1.41

从表 4 可以看出，尽管应用经济立项数量较多，但是由于学科本身的原因使得全国总体立项数量也较多，因此，黑龙江省所占的比例并不大。相比之下，语言学、国际问题研究和世界历史所占的比例则较大。对照表 3 和表 4 可以看出，黑龙江省的学科优势体现在应用经济、哲学和语言学这三个学科上，而显著特色

则在于语言学、国际问题研究、民族问题研究和世界历史这四个学科上。笔者认为，尤其是语言学应该成为黑龙江省进一步加大支持力度予以重点倾斜的学科，旨在使其特色、优势更加鲜明和突出，从而在全国该学科领域内占有重要的一席之地。

五、结　语

由以上统计数据可以看到，第一，国家社科研究力量在地区、学科上分布十分不均，表现出较为明显的离散态势。第二，围绕高水平社科研究项目基本形成了比较稳定的研究队伍及各学科拔尖的科研人员，但个别地区研究力量还很薄弱，亟待整合和加强。为此，笔者建议：其一，作为国内高校的社科管理部门，需认真分析本地区社会科学生产力的基本特征，努力培养并形成自己的优势学科，将过去习惯于“单打独斗”式的分散的科研力量凝聚为一个有机的整体，以结构合理的团队形式组织科研，同时加强科研管理和相关业务培训，这样才能够在激烈的竞争中崭露头角以至独占鳌头。其二，国家在“十二五”期间，既要考虑基础学科的建设，又要考虑其覆盖的地区、学科范围，应点面结合，以点带面，保证地区、学科之间社会科学研究的动态平衡和可持续发展（譬如可以设置诸如“东北老工业基地”倾斜项目等）。其三，对于准备申请国家社科基金的科研人员而言，应认真分析各学科在近些年的立项变化趋势，只有审时度势，运筹帷幄，才能在众多的申请者中脱颖而出。

参考文献：

[1]全国哲学社会科学规划办公室．http://www.npopss－cn.gov.cn

[2]黑龙江省社会科学网．http://www.hljsk.org

[3] 范全青，凤元杰．对国家社科基金立项项目的统计分析．现代情报，2006（2）

本文系黑龙江省高校人文社会科学重点研究基地基金资助成果（HEURS0901）

（作者单位：1. 哈尔滨工程大学大学德育与青年心理研究中心；

2. 哈尔滨工程大学理学院）

我国高校社会服务职能的演变及其与科研的关系

段江飞[1]　田晓刚[2]

人类步入现代社会后，高等教育与社会的关系比以往更加密切，大学作为高等教育的重要机构，需要从社会获得越来越多的支持，而社会也希望大学能为其发展提供更全面、更大量的支持。“大学需要和公共生活、历史事实以及现实环境保持接触，必须对其所处时代的整个现实环境开放，必须投身于真实的生活，必须整个地融入外部环境。”① 而在第二次世界大战以后，世界进入了长期的和平，政治相对稳定，经济快速发展，高等教育在社会发展中扮演的角色更为多样和重要。克拉克·科尔指出：“高等教育比过去任何时候更加是社会的一部分，而且，作为一个结果，更少脱离社会，在将来这很可能越来越正确。”② 而到了20世纪末，知识经济的出现更验证了这一说法。甚至有学者认为：“在社会信息化的进程中，大学教育必将成为城市社会和经济发展的中心。”③

在这一背景下，社会服务作为高校在教学、科研之外的又一大职能也就油然而生了。美国威斯康星大学校长范海斯（Charles Richard Van Hise）在1904年提出了著名的“威斯康星思想”（Wisconsin Idea），即“州的边界也就是大学的边界”，威斯康星大学应投身到解决威斯康星州的实际问题中去。此为现代西方大学社会服务职能的滥觞。我国高校在改革开放之后逐渐形成了有中国特色的大

① ［西班牙］奥尔特加：《大学的使命》，浙江教育出版社，2001年版，第98—99页。

② 克拉克·科尔：《高等教育不能回避历史——21世纪的问题》，浙江教育出版社，2002年版，第273页。

③ 杨羽：《浅析大学功能对城市发展的作用》，《成都信息工程学院学报》，2001年第1期。

学社会服务职能理论①。潘懋元先生②回顾了“我国高校社会服务职能的历史发展”，认为中华人民共和国成立以来我国高校以培养人才为主要职能，直到20世纪80年代以后，高等学校面对迅速发展的经济建设需要，除了完成国家培养人才的任务，还可以直接为社会服务，满足社会大量的人才急需，发展应用研究和进行科技开发。

本文认为，高校的社会服务职能是指，高校在教学、科研活动之外，利用自身的知识资源，从事了旨在推动其所处的社区、城市、国家乃至全世界的经济、科技、文化、价值观和社会全面发展的活动，其活动主体主要是教师和学生，学校依靠明确的理念和系统的制度对这些活动的定位和开展加以管理，将其作为组织自身的一种职能。

一、社会服务职能的发展过程

在新中国成立初期，由于受到苏联科学院和高等学校分开设置的模式的影响，我国高校的职能分工主要是教学，其科研职能受到极大限制，只保留有各学科的基础理论研究。在改革开放之后，科学技术被认为是第一生产力，其发展与否成为国家发展的关键，于是高校的科研职能才有了大发展。而在党和国家的工作重心转移到经济建设上之后，高校要为经济建设服务，才在注重基础研究的基础上，开始发展应用研究和进行科技开发，大学社会服务的职能此后逐步发展起来。简言之③，中华人民共和国成立前我国高校的职能只是培养人才一项，之后逐步形成了发展科学的职能。20世纪80年代，在国家明确“教育必须为社会主义建设服务，社会主义建设必须依靠教育”的指导思想后，高校的社会服务职能才迅速发展起来。

1. 教学职能的恢复和科研职能的重建

1976—1985年是“文化大革命”后我国高等教育拨乱反正和恢复发展的重要时期。“文化大革命”结束后，大学开始恢复招生，教学职能也随“大力发展高等教育事业”而得以恢复。

时任国务院总理的赵紫阳在第六届全国人大第一次会议上所做的《政府工作

---

① 此外，我国学术界对社会服务职能还有另一种表述“直接为社会服务”，其内涵与本文并无二至。直接为社会服务，一般指以高等学校的智力资源，满足当时当地的社会需要。也就是高等学校在通过正规的教学和研究，实现培养高级专门人才和发展文化科学技术的功能之外，发展起来的为社会服务的功能，包括承担政府部门、企事业单位或社会其他团体与个人委托的技术开发、智力咨询等。

② 潘懋元主编：《新编高等教育学》，北京师范大学出版社，1996年版，第569页。

③ 潘懋元主编：《新编高等教育学》，北京师范大学出版社，1996年版，第569页。

报告》中，非常明确地把“加速培养各方面的建设人才”放在了高等教育发展中最突出的地位。1978年，有人已经明确提出了高等学校“以教学为中心”的口号，并在教育界引起了一场讨论。讨论中不少重点大学的教师依据1977年7月29日邓小平的讲话“要抓一批重点大学。重点大学既是办教育的中心，又是办科研的中心”提出：高等学校不能只有一个中心，还必须以科研为中心。他们的理由主要是：（1）只有通过科学研究，才能不断取得新知识、提高教学质量；（2）高等学校学生，尤其是研究生应进行科学研究的训练，以提高动手能力和创造能力，所以开展科学研究是培养学生的重要途径。但讨论中的另一部分人坚持认为大学职能只能以教学为中心，否则会产生重科研轻教学的状况，削弱教学力量。

教育部的官员也参与了讨论，并表明支持大学的“两中心论”，但同时要求面向经济建设，安排好教学与科研之间和科研内部的关系①：“重点高等学校要培养高质量的专门人才，不把教育和科研结合起来显然是达不到的……高等学校只要善于安排，就能把教育和科研很好地结合起来，并使科研成果在社会上、生产中得到很好的应用……目前高等学校的科学研究要面向经济建设大力加强，从学校的实际情况出发，妥善安排应用研究、开发研究和基础研究三者的比例。”

经过讨论和不断的实践，大家达成了两项共识②：从高等学校的职能看，应该以教学为主，把主要力量用于教学工作，评定职称首先看教学工作，科研论文放在第二位③；从实际出发，不同层次的大学，其职能应有所不同，重点大学应成为教学、科研中心，多培养一些设计型、开发型、研究型人才；普通本科学校应以教学为主，兼顾科研，以培养应用型人才为主。

1985年5月27日，中共中央《关于教育体制改革的决定》以中央文件的形式把大学职能确认在教学和科研两方面，即“高等学校担负着培养高级专门人才和发展科学技术文化的重大任务”。

2. 社会服务职能的兴起

进入20世纪80年代，有些大学针对学校内部存在的经费不足、人浮于事等问题开始了改革试验，面向社会、面向经济建设，提供有偿的人才培养和科技研发等服务。其中影响最大的是上海交通大学的改革实践，其党委书记邓旭初1984年7月在全国高等学校管理改革讨论会上介绍，该校选择了10个研究所实

---

① 何东昌：《从中国实际出发，面向现代化、面向世界、面向未来》，《高教战线》，1984年第5期。

② 杨德广：《高等教育专论》，上海教育出版社，1998年版，第103页。

③ 高等院校的任务是出人才、出科研成果。参见，江景波：《勇于探索，大胆改革，把我校办成教学和科研中心》，《同济教育研究》，1984年第1期。

行有偿合同制，而且为了努力促使科研成果转化为生产力，还允许部分专业的少数科技人员与地方企业合办研究开发企业①等。

在理论界，高等学校要有第三职能的理由主要是②：（1）“教育必须为社会主义建设服务，社会主义建设必须依靠教育”的方针决定了高等学校应主动适应并服务于社会主义事业发展的需要；（2）国家现有的经济状况不可能大幅度提高教育经费，高等学校应在积极为社会服务中创收，并用于发展教育事业，改善教职工待遇；（3）我国高等学校具有为社会服务的潜在力量。从师资力量来看，1978 年全国有教师 20.62 万人，在校生 85.63 万人，师生比仅为 1∶4.15，教职工与学生比仅为 1∶2.06，多数教师难以流动出去，所以必须从社会服务中找出路，发挥潜力。

在这些论述中，大学与社会紧密结合、为社会服务的观念比较容易被人们接受，但是“创收”和“有偿服务”却引起了广泛的争议。大多数的社会服务实际上都是有偿服务，这对于刚刚从社会主义计划经济体制下走出来的民众来说的确不太容易理解。理论界也积极回应了类似的疑惑和批评，当时的学校经费紧张，有偿服务只是权宜之计，创收可以增加教育经费，有助于集资办学，发展教育事业，有助于缓解体脑收入倒挂的矛盾，改善知识分子的待遇，调动知识分子的办学积极性③，同时也推动了社会生产力的发展，是一种对高等教育和社会发展都有利而无弊的正面活动。

与教学、科研两职能一样，中共中央《关于教育体制改革的决定》也肯定了教育、科研、生产联合体是促进科技、教育和生产相结合的重要组织形式之一，要继续发展。以技术开发、科技服务为主的研究机构，还可试行与企业合办。其他类型的研究机构，也要与企业开展人才、技术交流，通过联合攻关、承接开发任务、转让技术成果、承担技术培训等多种途径为经济建设服务。要加强与中国科学院和产业部门研究所的联系，探索增进联合、协作的途径和模式。并积极鼓励大学在执行国家的政策、法令、计划的前提下，建立教学、科研、生产联合体，也允许大学利用自筹资金，开展国际交流。

邓小平南方讲话时恰逢高科技产业在我国初露端倪，于是，国家各部委局联合制定了多项政策来推动大学开办高科技校办产业，形成了 20 世纪末中国大学社会服务活动的又一次高潮。

3. 社会服务与科学研究的关系

由于我国大学开展的社会服务活动绝大多数都是有偿服务，而这正是伴随着

---

① 北京钢铁学院高等教育研究室编：《高等教育改革参考资料》，1984 年，第 29 页。

② 杨德广：《高等教育专论》，上海教育出版社，1998 年版，第 104 页。

③ 杨德广：《高等教育专论》，上海教育出版社，1998 年版，第 105 页。

市场经济体制的确立而产生的，因而也出现了一些问题：重应用开发研究，轻基础理论研究等。20世纪80年代，为适应国民经济发展需要，高校对学科结构进行重大的调整，科研的选题方向也转向了“经济建设的主战场”，应用研究和开发研究的比例上升，应用性科技成果的推广率普遍提高；高校建立了一批应用开放型的科研机构和科技企业。由于高校对自筹经费的依赖性日益增长，科技开发已逐渐成为许多学校赖以生存的主要经济来源。但是，这种倾向对于科学技术水平的提高却是十分有害的，“其一是很容易向低技术高收益的项目倾斜，其二导致单纯追求经济收益而降低技术要求”①。

中央政府和重点大学首先注意到了对基础研究的支持，纷纷加大对各种基金（如自然科学基金）的资金投入，并制定措施把一些大型国家工程项目、科研攻关项目向高校倾斜，而重点大学在学校内部的教师评价体系上也加大了从事基础研究和国家大型项目的权重。对应用研究则进行了规范，不再鼓励教师从事低水平、重复性而无任何学术创新意义的科研活动。

这些与国家发展观的进步、大学财政状况好转自然有着直接的关系，而反映在社会服务职能方面，则是其理论内涵更为丰富的结果。首先，把大学的三项职能作为一个整体来统一考虑，追求三项职能的和谐发展而非厚此薄彼。高校在开展社会服务时应该加强领导、严格管理，“本着既要放宽搞活，又要管住管好的原则。……校长的主要精力要放在抓好教学、科研上，保证学校教学、科研等各项工作的正常秩序”②；其次，不再一味鼓励社会服务的赢利性，而是要兼顾为社会主义精神文明建设服务③、提升全社会的人文素养、保持批判精神、引导社会发展等内容。

二、高校社会服务职能的来源

1949年新中国成立后，对高等教育事业重新进行了布局和建设，这既切断了与旧中国高等教育的联系，也构建了另一个全新的别具特色的高等教育体系，直接决定着此后中国大学的发展路径和改革基础。大学社会服务职能的产生是在20世纪80年代之后，它一方面发轫于改革开放之前实行的“教育与生产劳动相结合”的教育方针，另一方面也来源于改革开放之后“教育为经济建设服务”的

① 高大钊：《对八十年代高校科技改革的回顾与思考》，《研究与发展管理》，1989年第2期。

② 国家教委、财政部、人事部、国家税务局：《关于高等学校开展社会服务有关问题的意见》，1988年11月22日。

③ 高景德：《努力坚持社会主义的办学方向》，1986年1月。参见，中国高等教育学会编：《论中国高等教育》，北京师范大学出版社，1987年版，第72页。

实践。而这两个来源有着内在的联系，即为我国的社会发展观的历史演进。

1. 教育与生产劳动相结合

“教育与生产劳动相结合”是教学法的一个基本原则，新中国成立后，这一原则得到继承和发展①，在1958年，党中央把“教育同生产劳动相结合”作为教育方针的重要内容和“教育的基本原则”②。改革开放后，此原则继续受到教育学界的关注，成为高等教育发展从以往历史汲取营养的宝贵财富，20世纪八九十年代都产生了很多的研究成果③。1990年10月、1991年9月、1992年5月还分别在深圳、沈阳、石家庄召开了三次“全国教育与生产劳动相结合研讨会”，从理论与实践的结合上进一步探讨了教育与生产劳动相结合问题，成立了全国产学合作教育协会④。

作为教学法，“教育与生产劳动相结合”实际更偏重于对教育本身的提高⑤，与生产劳动相结合只是其中的一种手段。改革开放之后，人们逐渐认识到生产劳动在广义上指的是以机器大生产为代表的现代生产，与生产劳动相结合不仅仅是从事基本的体力劳动，更是要与现代生产相结合，使教学适应现代生产的需要。到了20世纪90年代后期，更多的文章开始有了明显的侧重，更强调教育对生产劳动的服务作用，其中有的认为“教育为经济社会发展服务”⑥ 才是教育与生产劳动相结合的实质。

同时，通过校内、外实践基地来加强实践性教学环节是新中国教育教学的特

---

① 有些场合也表达为，“理论联系实践”。

② “建国以后，中央教育部门多次做出决定，要求高等学校与政府各业务部门及其所属企业和机关建立密切的联系，并把教育同生产劳动相结合作为教育方针的重要内容和教育的基本原则。”参见，余立：《论教育促进社会发展与人的发展的一致性》，《高等教育研究》，1991年第3期。

③ 参见，王端庆：《教育与生产劳动相结合考》，《高等教育研究》，1982年第2期；刘智运：《当前高校贯彻教劳结合中的几个问题》，《教育研究》，1992年第9期；杜作润、郑礼：《教育与生产劳动相结合的现实要求》，《清华大学教育研究》，1993年第1期；夏继祥等：《教育与生产劳动相结合的新进展》，《高等工程教育研究》，1993年第1期；刘玉太、连义臣：《教育与生产劳动相结合的探索与实践》，《山东工业大学学报（社科版）》，1993年第3期；王绍海：《高等教育与生产劳动相结合的理论研究综述》，《高等教育（人大复印资料）》，1993年第12期；聂海清：《高等教育与生产劳动相结合的实践探索综述》，《高等教育（人大复印资料）》，1993年第12期。

④ 李方葛、邵森万：《产学合作概论》，四川大学出版社，1995年版，第34页。

⑤ “教劳结合的核心是培养全面发展的一代新人”。参见，刘智运：《当前高校贯彻教劳结合中的几个问题》，《教育研究》，1992年第9期。

⑥ 谭保斌：《试论江泽民教育与生产劳动相结合思想的时代特征》，《郴州师范高等专科学校学报》，2002年第3期。

色，但在改革开放之后却遇到了很多新问题：①学校经费不足，所能提供的学生实习经费，根本不能满足厂方要收取的各项费用，甚至连支付往返路费和住宿费用也不够；②由于激烈的市场竞争，工厂、企业十分重视产品质量与生产效益，大多只是组织一些参观性活动，学生很难有机会实际操作机器设备。所以，为了使实践性教学能够顺利开展，高校发现必须坚持“双向参与、互利互惠”的原则①，即要有强烈的服务意识，发挥智力与技术优势，积极主动地帮助工厂、企业进行技术改造、重大科技攻关、引进技术的消化吸收、产品更新、职工培训等。

正是在这种背景下，高校才先后办起了服务教学、科研的校办工厂，教学、科研、生产联合体②，技工贸一体化的外向型企业，高科技校办产业等，构成了今天社会服务职能的主要内容。

2. 教育为经济建设服务

改革开放后，党和国家把工作重点从无产阶级革命转移到社会主义现代化建设上，在理论上把生产力的发展摆在首位，在实践上以经济建设为中心，这也深刻影响着高等教育的理论研究，主张高等学校要为“四个现代化建设”服务，为经济建设服务，为发展生产力服务。

虽然起初的提法是为社会主义现代化建设服务，20 世纪 70 年代末和 80 年代初，学者们的见解③都集中在“高等教育必须为社会主义现代化建设服务”上，但由于很快国家制定了“一个中心，两个基本点”的基本国策，最终中央对教育方针的表述也就成为“教育为经济建设服务”。

而 1992 年邓小平南方讲话之后，更是出现了极力主张“高等教育为经济建设服务”的热潮，这既是因为邓小平的南方讲话标志着我国进入了以经济建设为中心的新的历史时期，也因为高科技产业已经崭露头角。

3. 高等教育适应国家发展观的要求

在改革开放之前的长时间里，虽然各个时期的具体任务不同，但教育为革命服务的宗旨却是一贯的，“强调服务于国家的需要，教育和知识的产品明显是为

---

① 聂海清：《试论高等教育与生产劳动相结合的中介与结合点》，《吉林教育科学·高教研究》，1995 年第 6 期。

② 苏联在 20 世纪 80 年代的改革中也曾设立过类似的机构，学者认为其新意在于，试图通过“教育、生产、科学一体化”和“教学、科研、生产联合体”来落实马列主义“教育与生产劳动相结合”这一经典性教育原理。参见，王义高、肖甦：《苏联教育 70 年成败》，北京师范大学出版社，1999 年版，第 487 页。

③ 郝克明：《高等教育必须为社会主义现代化建设服务》，《高等教育学报》，1985 年第 1 期；古雀芳：《试论高等教育必须为社会主义建设服务》，《广东省财贸管理干部学院学报》，1987 年第 2 期。

国家政治和意识形态的需要服务①”。这可以简要地概括为教育适应于国家的政治发展观。

改革开放之后，我国提出以经济建设为中心，也表明国家发展观发生了由政治到经济的大转向。相应地，高等教育也很快做出了反应，据统计，北京大学、复旦大学、中山大学仅在1984—1986年的三年中，就与生产部门建立了24个科研、生产联合体②，直接参与经济建设。其后兴起的高校大办高科技产业、科学园以及教育产业化的提出，都是高等教育适应国家的经济发展观的具体表现。

科学发展观的提出，无疑使教育界耳目一新，同时也是为教育的改革与发展建立了一个新的参照系，提出了新的评价标准。科学发展观与以往发展观的不同在于强调了社会各领域的平等和协调，在某种程度上有利于高等教育调整其与社会的关系，由完全从属走向必要的独立。

所以，如何以此为契机，继续扩大高校的自主权，是当今高等教育界的一件重要工作。各高校的社会服务职能也应该从以单纯的为经济增长服务的传统模式转变到致力于社会全面发展的新模式。

三、中美高校社会（公共）服务职能的比较

1. 美国高校的公共服务职能③

在美国加州大学，公共服务的定义是教师的科研、教学和专业技能的延伸，以达到为社区和更大社会谋福利④。对于教师的进步而言，相对于教学和科研的核心地位，公共服务总体上是比较边缘的，但有时又有着非常重要的意义。公共服务对于整个高等教育都是有益的：大学从推动大众对于公共政策的理解和讨论的工作中受益，教师从对实用性问题的接触和解决中受益，学生和课程也从新理论的实践应用中受益。

美国高校教师在进行社会服务时，强调的是使用自己的专业知识，这样就既能满足社会的需要，又能通过他们的专业技能来完成大学组织的使命。所以，有

---

① 阿瑞德·特捷达夫：《全球化与大学质量改进——全球化对大学服务质量和组织的影响》，罗丹、高晓杰译，《复旦教育论坛》，2004年第3期。

② 北京高等学校科研管理研究会：《我国高等学校发展科技横向联系研究报告》，1987年，第2～5页。

③ 公共服务职能是对其英文描述 public service 的直译，它与我国高等教育学中大学的社会服务职能是相对应的一个概念。

④ Dowling，Noreen Motivation and the Role of Faculty in Public Service in the University of California. Paper presented at the International Meeting of Urban Universities of the National Association of State Universities and Land Grant Colleges. U. S.；California；1986-09-18

些文章也把专业服务①用作公共服务的代名词。依据专业技能进行服务的好处是，“教师的专业服务是在学术理论和方法论上有所创新和发现的源泉，也能提高专业教育的质量，而且教师自己也会非常有成就感”②。

2. 中美高校的异同比较

与中国高校的社会服务职能相比，美国大学的公共服务职能内涵更为丰富，包括价值观推广、社会批评、解决社会问题、开展社会活动（比如提供专家咨询和公共信息）等，以及技术转让、技术援助、项目评估、职业发展等，公共服务可以“通过服务的接受者分类如下：社区，州和当地政府，商业和工业界”③。

相比之下，一方面我国的社会服务职能从表面上看并不羸弱，但事实上大多是有偿服务，属于经济行为，而非公益性的服务行为。另一方面，我国在技术成果转让方面的尝试则要比美国走得更快和更远，20 世纪末 21 世纪初高校科技产业的大发展即为明证。

在教师评价方面，美国跟中国情况最不一样的指标也就是公共服务④，基本上包含三部分内容：第一，为学校服务，也是最主要的部分；第二，为学术组织服务；第三，为公众服务。

但是，同处知识经济时代的两国的大学，都面临一个同样的挑战：财富的诱惑。在美国，生物医学工业的繁荣给大学教师带来了空前的财富诱惑，使得他们具有了教师和企业家的双重身份，但这些又给大学造成很多问题，妨碍了组织的其他职能，比如批评社会政策、解决技术难题、实现公共目标等⑤。而我国，在大学高科技产业兴起之后，本来就先天不足的公共服务职能更加萎缩，如果说美国面临的问题是如何不掉入财富诱惑的泥潭，那么我国的问题就是如何才能从财富诱惑的泥潭中爬出来。

3. 科技体制改革：中国特色的制度背景

1985 年 3 月 13 日，中共中央发布《关于科学技术体制改革的决定》，指出当时科学技术体制改革的主要内容是：在对国家重点项目实行计划管理的同时，运用经济杠杆和市场调节，使科学技术机构具有自我发展的能力和自动为经济建设

---

① 专业服务有很多形式，包括技术转让、技术援助、政策分析、项目评估、组织开发、社区发展、职业发展、专家咨询和公共信息等，很显然，其中很多都是非赢利的公益性活动。

② Lynton, Ernest A. Making the Case for Professional Service. Forum on Faculty Roles & Rewards.; American Association for Higher Education. Washington, DC. 1995

③ Crosson, Patricia H. Public Service in Higher Education: Practices and Priorities. ERIC Digest. 1985 (2)

④ 严文藩：《美国大学教授评价强调“社会服务”》，《人民政协报》，2004 年 5 月 26 日。

⑤ Bourke, Jaron; Weissman, Robert. Academics at Risk: The Temptations of Profit. Academe. 1990 (5): 15—21

服务的活力。文件还鼓励科技人员以个人身份在业余时间从事技术工作和咨询服务，收入归己。

1988年11月22日，国家教委、财政部、人事部、国家税务局联合发出的《关于高等学校开展社会服务有关问题的意见》，就把高等学校开展社会服务的范围定位在“可以承包科技项目，参与科研协作，转让科技成果，开展技术、经济和法律等方面的咨询服务；根据国家有关部门的规定，可以接受委托培养学生，在不影响正常办学条件的前提下，可以举办非学历的短期人才培训活动；可以开放学校实验室，利用学校设备和技术条件对外服务；可以充分发挥校办工厂、印刷厂和出版社等内部单位的潜力，在保证为教学科研服务的同时，为社会提供产品和服务；可以和企业、科研机构联合办厂，共同开发新产品或合股经营；可以组织教学、科研、生产联合体，或兴办技工贸结合的经济实体”。几乎可以认为，凡是大学能力所及的活动，都可以称之为开展社会服务。而这些活动，也无一例外地都“可以取得合法收入”。国家教委1989年12月14日起开始试行的《关于高等学校兴办公司、企业的若干规定》也把高等学校兴办的各种类型的公司和企业，视为开展社会服务的一种重要方式。进入21世纪后，国家开始调整大学的校办产业，对其进行改制和规范化。但大学创办高科技企业仍被看作是落实我国“发展高科技，实现产业化”战略的一项具体措施。

可以认为，科技体制改革是对高等教育体制面向经济建设进行改革影响最大的部分，而“以科技服务生产力发展”构成了此时我国科研系统和高等教育系统的科技体制改革的主要特色。

四、高校社会服务职能发展的经验与不足

1. 经验之一：坚持渐进改革，以实践作为检验的标准

坚持渐进改革并以实践作为检验的标准，是我国改革的指导思想和成功经验，在高等教育领域，大学开展社会服务的活动时也是如此。

1984年1月21日，时任国务院副总理的万里在接见上海交通大学的校领导时有一番讲话：“我们准许改革不成功，但不准许不改革。你们的改革要继续坚持下去，教育、生产、引进各方面工作大学都要介入。……你们注意了高等教育与经济建设密切结合，为四化建设服务，这是对的①”。

国家鼓励各大学进行改革，并根据实践的检验，及时地把改革的成功经验推广到全国范围。比如1989年1月15日国务院《批转国家教委等部门关于深化改革鼓励教育科研卫生单位增加社会服务意见的通知》，就是总结了此前高校综合

① 北京钢铁学院高等教育研究室编：《高等教育改革参考资料》，1984年，第9页。

改革的经验，着重要求各高校充分利用在专业技术人员、设备、仪器、图书资料、科技信息方面的优势，深化改革，从政策、制度上采取措施，调动教职工的积极性和创造性，正确引导和鼓励他们"以多种形式增加社会服务，为社会主义建设多做贡献，其中特别要鼓励科技人员到工农业生产第一线，直接为经济建设服务"。

高校的各种社会服务形式，也都是经过实践的检验，有利于解决当时大学面临的经费不足和机构膨胀等问题的改革成果。在与中国旧体制相同的东欧国家波兰①和匈牙利②，正是因为没有采取这样的办法，才导致了其大学在服务社会的改革中，只重视教学服务的扩张，而忽视了科研服务对学校长远发展的重要性，因此造成了戏剧性的后果：蔚为壮观的学生数量和急剧下降的教学质量并存，使大学的发展陷入恶性循环。

这些经验都证明，只有通过实践的不断检验而渐进改革的做法才是可取的。

2. 经验之二：扩大大学办学自主权，培养其主体性和自我认知

我国在渐进的高等教育改革过程中不断扩大大学的办学自主权，使得各大学能够根据自己的资源特色来积极投身改革，在改革中发展学校的各项事业。

1984年，中国教育学会会长张承先就高等教育改革问题接受《光明日报》记者采访时明确主张，要把高校办成有自主权的独立实体，认为其应该向社会开放，建立教学、科研、生产联合体，有条件的高校还可以充分发挥自己的智力优势，与有关部门、地区联合办技术密集型企业。大学还应该允许教学、科研人员兼职，利用专长从事技术开发事业。

1985年5月27日，中共中央《关于教育体制改革的决定》把"改变政府对高等学校统得过多的管理体制，在国家统一的教育方针和计划的指导下，扩大高等学校的办学自主权"作为改革的关键，积极鼓励加强高等学校同生产、科研和社会其他各方面的联系，其目的也是使高等学校具有主动适应经济和社会发展需要的积极性和主体性。1992年国家教委决定，进一步转变职能，扩大教委直属高校的办学自主权。

在此过程中，大学的地位逐步独立，主体性得到加强，其自我认知也逐渐觉醒和得到确认。其社会服务活动在适应社会需要的过程中，更多的是从自身优势出发，以改善办学条件和发展教育事业为目标。

---

① Sowa，Kazimierz Z. Higher Education Institution in the Process of Social Transformation. European Education. 1999. Issue 2：1056-4934

② Kozma，Tamas. Higher Education in Hungary：Facing the political transition. European Journal of Education. 1990. No. 4

3. 不足之处：欠缺公益性

大学社会服务职能具有公益性，这是世界高等教育的共识，而且也是大学内部进行绩效考核的一项重要内容，以及大学之间进行评比排名的一项重要指标。1906年，作为公认的大学社会服务职能的首倡者，威斯康星大学校长范海斯就说过："只要威斯康星州有一个家庭没有受到大学的帮助和影响，我就永远不会满意。"①

在我国大学的外部规律中，社会服务主要以有偿服务为主，缺乏公益性的内容。这固然与我国教育界长期与社会关系疏离有很大关系，但更主要的，是因为大学面临经费严重不足的困境，为了自我维持而不得不采取这样的策略。

但是，作为负有为人类社会及其未来培养人才和发展学术的崇高职能的大学，为社会提供公益性服务是责无旁贷的，是其目标实现职能的重要组成部分，如果不能得到充分履行，大学系统将不会得到其内部成员与外部社会的理解与支持，最终也不利于大学的维持与生存。更何况，大学一直以来已经得到社会大量的支持，实践也证明，大学的教师和专业人员能在为社会提供专业的公益性服务活动中使自己的专业技能、组织的声望双双受益。

所以，我国大学要国际化，要创办世界一流的大学，也就必须在公益性社会服务上有所发展。

五、我国研究型大学社会服务职能的未来

社会服务作为大学的职能，是由其组织主体的定位决定的。社会服务职能的内容应该根据具体的大学而有所不同，应该区分不同层次和不同类型的大学②。囿于笔者的研究兴趣和精力所限，本文将主要关注未来研究型大学的社会服务职能的发展。

1. 继续开展赢利性创业，同时注意坚持学术标准

由于本科生、研究生招生都在继续扩大规模，科技竞争更加激烈，我国研究型大学的经费开支将会持续走高，而来自政府——大学最主要的资助的经费将不可能有显著增加，于是，在双重压力下，转而面向社会进行赢利性创业，为工业企业、团体组织及公民个体提供服务，将是大学履行社会服务职能的必然趋势。

---

① "I shall never be content until the beneficent influence of the University reaches every family in the state."

② 有学者主张"以高等学校三大职能为依据，从纵向上将中国高等学校划分为研究型、教学科研型、教学型和应用型四种"。国家还可以通过编制"全国高等教育总体规划""地方高等教育规划及实施方案"，来明确界定各类型高等学校之间的职责。参见，陈厚丰：《中国高等学校分类与定位问题研究》，湖南大学出版社，2004年版，第221～222页。

与以往不同的是，我国研究型大学会在逐渐明确自己的核心价值观后，有意识地规范其赢利性创业活动。首先，继续进行校办产业的改制，以校为单位成立国有独资公司，实现具有公共事业属性的大学与纯赢利性的企业的分离。其次，以学术标准为准绳，决定社会服务的层次和内容。再次，尊重教育的内部规律，“只有当服务被认为是对传统的教学和研究职能有帮助时，学校和教师才会积极从事”①。

这样的社会服务，实际上是在走一条中间道路，那就是“努力做到把服务外部世界和较少功利性的学术追求结合起来”②。大学用自己的独特资源、以自己的内在逻辑对社会的需求做出反应，在自身发展的同时满足社会的根本需求。

2. 加强公共服务，承担批评、引导社会的公共责任

曾经将公共服务作为使命之一的西方大学，现在已经由于从事赢利活动而遭到了激烈的批评，“大学里的非营利性机构正在呈现出赢利组织的特色和活动。大学是市场的仆人、供应者和演员”③，可见，西方高等教育作为一个公共领域面临着被“私有化”的危险。

而我国大学在旧体制中几乎没有开展过公共服务，体制改革之后，又受到市场经济的冲击和诱惑，从此积极地全身心地投入到各种赢利活动中。可以说，与没有象牙塔传统一样，我国大学同样也没有公共服务的传统。于是，中国的研究型大学更有必要利用不断高涨的社会需求所提供的契机，在自我界定和自我调节中，重新建立一个承担社会公共责任、积极开展公共服务的学术共同体。

当然，公共服务也会带来一些财政上的问题，比如美国的密歇根州立大学就不得不减少公共服务活动，同时也着手实施了一系列创收行为④，例如创建科技孵化器、开办公共电台等。这对大学的领导者来说是个挑战，他们必须在公共服务和短期创收上艰难抉择。而研究型大学如果想要在未来继续领先的话，就应该考虑加大对公共服务的投入，因为它用少量的经费支出换回了大量的社会资源，这其中就不再仅仅是经费了。

大学在开展公共服务活动时，应该面向社会未来的可持续发展，勇于承担批

---

① Cummings, William K. The Service University Movement in the US: Searching for Momentum. Higher Education, 1998 (1): 69-90

② 赵卫平、陈贵青：《博克对美国现代大学社会服务功能的反思》，《江苏高教》，2003年第4期。

③ 加里·罗兹、希拉·斯劳特：《学术资本主义、被操纵的专业人员以及供应经济学政策的高等教育》，参见，王逢振主编：《美国大学批判》，王义国译，天津人民出版社，2004年版，第79页。

④ Cummings, William K. The Service University Movement in the US: Searching for Momentum. Higher Education, 1998 (1): 69-90

评社会和引导社会的责任①。批判性是现代大学责任和使命的最高境界②，大学批评社会的目的是最终要以新思想、新知识、新文化来引导社会前进③。在未来相当长的一段时期，我国研究型大学都应该加强公共服务，坚持以人为本，利用专业知识和专业技能上的优势，尽量缓解社会中存在的各种矛盾，致力于构建全面发展的和谐社会。

3. 哲学社会科学的责任

2001 年 8 月 7 日，江泽民同志提出“四个同等重要”：哲学社会科学与自然科学同样重要；培养高水平的哲学社会科学家与培养高水平的自然科学家同样重要；提高全民族的哲学社会科学素质与提高全民族的自然科学素质同样重要；任用好哲学社会科学人才并充分发挥他们的作用与任用好自然科学人才并发挥他们的作用同样重要。

在当前党和国家重视解决关系国计民生和人民群众切身利益的各种问题、致力于建设“和谐社会”的大环境下，哲学社会科学面临着比以往更大的挑战、更多的机遇、更宽的舞台、更重的责任，广大哲学社会科学研究者和管理者必须通过内容创新、知识创新、方法创新、组织创新与体制创新，为国家和社会的发展和进步做出应有的贡献。

六、结　论

现在，随着社会的发展，大学不得不在财政、人才、科技、政策分析、价值推广等诸多方面与社会发生更加密切的关系，其转型已经不可避免，大学必须树立企业家精神，以创业的态度来发展自己的事业，其间可以采取一些经过大学学术群体同意的措施来加强学校——尤其是在学科发展和人才培养这些核心领域——与实业界的联系。

但是，作为公共组织的大学，其社会服务职能在改革中“有必要”，也“完全能够”始终维护大学之所以为大学的特质，即根植于学习、教学和科研的教育价值④。在此过程中，大学积极地开展学术研究，参与社会活动，从中不断产生新知识，以此培养一代又一代的社会成员，服务于社会的全面、和谐发展，这才是大学对社会需求的最根本和可持续的满足。

---

① 有意见认为未来大学应该改造社会，其定位在“引导社会变革、建立社会规范、参与社会决策”。参见，眭依凡：《改造社会：未来大学新职能》，《上海高教研究》，1995 年第 3 期。

② 杨科正：《论大学的社会引导功能》，《高教论坛》，2003 年第 5 期。

③ 王冀生：《超越象牙塔：现代大学的社会责任》，《高等教育研究》，2003 年第 1 期。

④ ［美］伯顿·克拉克：《建立创业型大学：组织上转型的途径》，第 157 页。

即便在将来，对于大学财政的维持和学校的运作而言，社会服务职能的作用更加重要，大学也有必要清醒地认识到：社会服务是教学和科研的延伸，它的存在必须以保障和促进大学的前两个核心职能为准绳。毫无疑问，大学作为一种社会组织，其社会属性即为适应社会发展的需求、促进其可持续的和谐的发展，而这一目标的实现则具体依赖于其所培养的人才、创造的知识及其对社会的直接作用。

当然，大学也不能完全盲从社会的需求，否则就会有两个后果：一方面，大学迷失自己的方向；另一方面，社会缺乏必要的指导而畸形发展，积重难返。所以，大学要坚持学术价值，积极服务社会，同时社会也应该给予必要的空间，让大学自主地选择其服务社会的领域和方式。

只有在大学与社会如此和谐的对话和互动中，才能实现大学与社会的共生和双赢，也才能保证人类社会长远地、可持续地发展。其中，研究型大学由于在人才培养和发展知识方面肩负更大的责任，所以在社会服务方面也就更应该重视坚持学术标准，加强公益性，以人类社会的终极价值为己任，致力于引领社会未来的发展方向。

（作者单位：1. 清华大学文科建设处；2. 北京师范大学社会科学处）

管理动态

教育部学风建设委员会推出《高校人文社会科学学术规范指南》

由教育部学风建设委员会组织编写的《高校人文社会科学学术规范指南》（以下简称《指南》）在全国出版发行。这是继 2004 年教育部社会科学委员会出台《高等学校哲学社会科学研究学术规范》之后，又一关于人文社会科学研究学术规范建设的重要举措。

精心编撰。针对近年来学术界不断出现的学术失范和学术不端现象，为进一步加强高校学术风气建设，规范高校哲学社会科学研究工作，促进学术创新与学术交流，保障学术研究持续、文明、健康的发展，教育部学风建设委员会于 2007 年设立了关于“高校人文社会科学学术规范研究”专项课题，由学风建设委员会副主任，著名语言学专家王宁教授牵头组成课题组。课题组历时 2 年，多次深入高校开展专题调研，反复听取专家学者和研究生的意见和建议，数易其稿，形成《指南》初稿。在此基础上，学风委又多次召开工作会议对《指南》的内容进行审议，最终形成了近 3 万字的学术规范指南。

内容精当。《指南》就人文社会科学研究的学术规范制定了标准、做出了指引，是高等学校教学和科研人员关于学术规范的共同约定，同时也是进行学术规范教育的指导性用书。《指南》共有 8 节，在尊重学科差异的基础上，阐释了学术研究规范的共同性问题。在学术伦理层面，着重说明了人文社会科学学术研究者应具有的基本价值观和应具备的职业操守；在技术规范层面，着重介绍了人文社会科学学术研究的基本程序、技术标准和规则；在纪律和法律层面，则着重阐释了与人文社会科学学术研究有关的规章制度和法律条文，并针对现实情况预先说明了违法和违规行为将会产生的严重后果与不良影响，引起学者的戒惧心，增强遵守规范的自觉性。

特点鲜明。一是操作性强。《指南》依据学术界已有的共识和惯例、国家法律法规以及教育部的有关规定，对与学术研究相关的基本概念和学术伦理，选题与资料规范、引用与注释规范、成果呈现规范、学术批评规范以及学术评价规范等内容进行了全面、准确地解释和阐述，对引导高校从事人文社会科学学术研究的教师和学生自觉遵守学术规范，加强自律、提高修养都具有重要的指导意义。二是针对性强。关于时常见诸报端的因学术引用过度或成果署名等而引起的学风问题，《指南》均予以规范性指引。如，要求学术引用“应以论证自己观点的必要性为限”、“引注观点应尽可能追溯到相关论说的原创者”、“引用未发表作品应征得作者同意并保障作者的权益”、“学生采用导师未写成著作的思想应集中阐释并明确说明”；再如，成果发表时“署名次序应按对论著的贡献排列，执笔者或总体策划者应署名第一列”、“师生合作的论文视所起的主要作用决定署名先后”，等等。三是可读性强。《指南》对人文社会科学学术研究的基本伦理、纪律和法律约束以及相关的技术规范进行了深入浅出地阐述和解读，语言精练、文风朴实、分析深入、说理透彻，适合人文社会科学各学科专业人士或一般读者阅读。

传承中华文明，服务国家需求，铸造学术精品

——教育部哲学社会科学研究重大课题攻关项目成果出版座谈会召开

为深入贯彻落实党的十七大精神，大力宣传高校哲学社会科学工作者所取得的突出成绩，向国庆60周年献礼，教育部于2009年9月9日在京召开了教育部哲学社会科学研究重大课题攻关项目成果出版座谈会。教育部副部长李卫红，财政部党组成员、纪检组组长贺邦靖和新闻出版总署副署长邬书林出席会议并讲话。教育部社会科学司司长杨光主持了会议。教育部、财政部、新闻出版总署有关司局领导，部分重大攻关项目首席专家和高校科研管理部门负责人，以及特邀专家等，共100余人参加座谈会。

李卫红同志在讲话中指出，新中国成立的60年，是高校哲学社会科学与时代同发展、与祖国共命运、与人民同呼吸的60年，是高校哲学社会科学释放潜力、彰显活力、壮大实力、提升能力的60年。伴随着国家前进的伟大步伐，高校哲学社会科学从白手起家、艰难起步到繁荣发展、欣欣向荣，实现了跨越式发展，呈现出空前繁荣的发展局面。几年来，教育部哲学社会科学研究重大课题攻关项目以解决国家经济建设和社会发展过程中具有前瞻性、战略性、全局性的重大理论和实际问题为主攻方向，以提升为党和政府咨询决策服务能力和推动哲学社会科学发展为战略目标，集合高校内外优秀研究团队和顶尖人才，团结协作，联合攻关，产出了一批标志性研究成果，为推进马克思主义中国化，为服务党和政府决策，为弘扬中华优秀文化、建设中华民族共有精神家园，发挥了重要作用。她强调，高校哲学社会科学工作者一定要增强责任感、使命感，进一步采取切实有效措施，把重大攻关项目建设成为质量工程、品牌工程。一要坚持马克思主义指导地位，更加突出政治导向性。二要服务于国家发展战略需求，更加突出

针对性和时效性。三要服务于社会主义文化大发展大繁荣，更加突出基础理论研究。四要创新管理，更加突出成果质量。

贺邦靖同志在讲话中指出，繁荣发展哲学社会科学是一项重大而紧迫的战略任务，实现这一光荣而伟大的历史任务，不仅要依靠广大科研工作者的努力，还需要各级政府的大力支持，需要全社会的积极配合。高校是我国哲学社会科学的主力军，建设好中国特色的哲学社会科学，高等学校最有资格、最有义务，高校哲学社会科学工作者责任重大、使命光荣。财政部将一如既往地大力支持高校哲学社会科学的繁荣发展。通过加大投入，调动高校哲学社会科学工作者的积极性和创造性，为繁荣发展哲学社会科学，促进社会主义文化大发展大繁荣，提供强有力的支持和保障。

邬书林同志在讲话中指出，抓好学术精品建设，是教育工作的大事，也是出版工作的大事，是促进我国文化大发展大繁荣的一项基础性工作。教育部哲学社会科学重大课题攻关项目作为目前政府资助力度最大、影响最广的社科项目，会聚了当今高校一流学者和优质资源，取得了代表中国高校哲学社会科学研究最新、最高水平的学术成果。要充分利用这一宝贵资源，精心组织出版高校哲学社会科学研究成果，积极扩大宣传，用厚重的科研成果丰富我国出版资源宝库，用先进的出版理念增强出版社发掘、传承、弘扬中华民族优秀文化的能力和水平，用精心制作的精美图书更好地展示中国优秀文化和主流价值观，为中国出版和中华文化走向世界奠定坚实的基础。

重大课题攻关项目首席专家北京大学汤一介、中国人民大学陈先达、华中科技大学杨叔子、北京师范大学林崇德，分别围绕牢固树立马克思主义在哲学社会科学中的指导地位，传承中华文明和建设中华民族共有精神家园，促进社会科学与自然科学的交叉融合，培养创新人才和建设人力资源强国等主题，做了精彩发言。座谈会上还举行了向国家汉办、国家图书馆和首都图书馆的赠书仪式。

从2003年起，教育部启动“高校哲学社会科学繁荣计划”，开始实施重大课题攻关项目。每年评审立项40个，每个项目资助30万～80万元，这种资助力度在全国社科研究政府支持的项目中是最高的。到2008年，重大攻关项目累计设立235项；今年40个项目也在评审过程中。目前，首批34个重大攻关项目最终成果由财政部经济科学出版社正式出版，《儒藏》工程首批36册图书由北京大学出版社出版。

历经时间和实践检验，高等学校科学研究优秀成果奖（人文社会科学）评选揭晓一批优秀成果

日前，高等学校科学研究优秀成果奖（人文社会科学）评选结果正式揭晓，共有648项成果获奖，其中一等奖38项，二等奖205项，三等奖392项，成果普及奖13项。北京大学、中国人民大学、复旦大学、武汉大学、南开大学、浙江大学、南京大学、北京师范大学、清华大学、中山大学位列获奖总数前十位。获奖成果或推动了理论创新，或推动了学科建设和基础理论发展，或回答了国家经济建设和社会发展中的一些重要理论与现实问题，真实地反映了近年来高校哲学社会科学研究的质量和水平。

文史哲等人文学科获奖成果不仅数量优势明显，而且对文明传承、文化交流贡献突出，反映出高校人文基础学科的深厚积淀。四川大学古籍研究所历时二十余年编撰而成的《全宋文》，全面展示了宋代的学术文化成就，它的出版从总体上改变和提升了宋代文史研究的格局和水平。北京大学严绍璗教授潜心研究二十年，著成《日藏汉籍善本书录》。该书以最基本的文本事实，论证了中日之间两千余年的文化联系，显示了中国文化以“汉字”为基础，以“汉籍”为载体，对日本文化与文明的生成与发展所产生的重大价值。日本东方学会理事长、东京大学名誉教授户川芳郎评价说，“这本来应该是日本人做的事，现在由一位中国教授完成了。我为我们日本人感到遗憾，为严先生感到骄傲。我以为在未来100年

或200年间，很难有人在这个专题上再超越本书了。”由南京大学张宪文教授主编的《南京大屠杀史料集》，总计55卷、约3千万字，汇集了中方、日方、西方关于南京大屠杀的史料与证言，大量为国外档案馆原始文件、当事人日记书信、战争损失调查、幸存者的口述等第一手资料，其中《遇难同胞名录》公布遇难同胞名单简历13000余份，“铁证了南京大屠杀的真相，有力驳斥了日本右翼分子否定南京大屠杀的真相，有力驳斥了日本右翼分子否定南京大屠杀的谎言”，对“教育广大青少年，促进人类理性反思，真正实现中日友好及世界和平具有重要意义”。该丛书出版引起日本官方高度关注，国内外媒体争相采访报道，反响十分强烈。

基础性研究立足于本土实践，以重大理论和现实问题为主攻方向，提炼经验、创新理论，显示出高校学者植根实践沃土，密切联系实际的优良学风。北京大学作为我国人文社会科学的研究高地，其获奖成果以显著的优势雄踞高校榜首。其中有多部（篇）作品提出了创新性观点，推进了学科理论创新。厉以宁教授《罗马—拜占庭经济史》，综合运用经济史学、政治学、社会学、历史学的研究方法，对罗马共和国盛期到拜占庭帝国灭亡期间的社会经济变迁做了充分论述，深刻揭示了这一历史时期政治、经济、文化的相互关系，具有重要的借鉴意义。王建国教授《〈1P理论〉——网状经济时代的全新商业模式》作为一本理论专著，2007年5月首次出版后的半年内就连续5次印刷，其后畅销至今。张守文教授《财税法疏议》从大量的现实问题出发，提炼出财税法研究应关注的“两大基本问题”，即财税宪政问题与财税法的制度完善问题，并首次系统提出了财税法上的“可税性原理”，对财税法学理论的发展作出重要贡献。闵维方教授《探索教育变革：经济学和管理政策的视角》部分研究成果在全国经济学学术年会、全国教育经济学学术年会，以及联合国教科文组织和世界银行等国际组织举办的学术研讨会上发表和进行学术演讲，产生了重要学术影响。中国人民大学纪宝成教授等完成的《中国统一市场新论》从理论层面进一步把握了统一市场在社会主义市场经济中的独特地位及其在市场体系中的特征，为在实践中有效解决统一市场问题提供了理论基础。由西南大学温涛等合作完成的《中国金融发展与农民收入增长》，运用理论分析与实证检验相结合的手段，深入探讨了金融发展、农村金融发展与农民收入增长之间的关系，所提创新性观点引起国务院有关领导和中国银监会等相关部门关注。

研究咨询报告类获奖成果创历届新高，一批应用性研究成果直接服务于党和政府决策咨询，应用于经济建设和社会发展，取得显著成效。在《中共中央国务院关于深化医药卫生体制改革的意见》、《中共中央国务院关于促进残疾人事业发展的意见》、《国务院关于加快发展服务业的若干意见》、《国家中长期科学和技术发展规划纲要》等党和国家重要文件和政策的研究制定过程中，北京大学、清华大学等高校教师以其高水平研究成果得到医药卫生体制改革领导小组、卫生部、民政部、科技部等应用部门高度肯定。西南大学宋乃庆教授在《教育对重庆经济发展贡献的研究》中提出的关于职业教育改革与发展的对策建议上报后，引起中央领导关注，温家宝总理、刘延东国务委员就此做出重要批示。《中国人民大学中国发展报告》以年度发展报告的形式每年定期发布“中国发展指数”，该指数作为中国省级行政区的经济社会发展水平与差异的综合测量及评价工具，为中央和地方进一步落实科学发展观，科学制定宏观社会经济发展政策，提供了客观、科学、完整的测评依据。南开大学李维安教授通过研究将影响公司治理水平的多种复杂因素进行科学量化，形成了系统的公司治理评价指数（简称“南开治理指数”），先后应用于北京万通公司等10余家大型企业改革实践，取得了显著的经济效益和社会效益。中国矿业大学宋学锋教授《基于风险预控的煤矿安全闭环管理系统及其应用》经国家煤矿安全总局批准，在全国45家煤矿进行推广应用，取得显著经济效益。天津财经大学张维《计算实验金融研究》研究成果被中国金融期货交易所、国泰君安证券公司、长盛基金管理公司等多家金融实务界部门直接应用于投资策略与风险管理，产生了较大反响。华中师范大学项继权教授《关于农民工子女教育问题的调查分析及政策建议》直接应用于指导湖北省农村义务教育经费保障机制改革，为湖北省全面建立农村义务教育经费保障新机制提供了理论指导和实证案例，得到了省委、省政府领导的高度评价。

本届评奖首设成果普及奖，十余种传播普及人文社会科学知识读物多次重印，发行量数十万册，有的还翻译成其他文字，深受中外读者好评。由北京大学出版社策划出版的“人文社会科学知识是什么”系列丛书中，《心理学是什么》、《社会学是什么》、《宗教学是什么》多次重印，累计销售数十万册，有的翻译成韩文、越南文，或以繁体字在我国香港和台湾地区出版发行，深受读者好评。华南师范大学董志强教授的《身边的博弈》自2007年1月出版以来，两年间重印15次，被称为“读者好评如潮、华文媒体盛赞的博弈论通俗读物”。复旦大学葛兆光教授的《古代中国文化讲义》被列为2006年上海书展“十种最受读者欢迎新书”，被列为2007年新闻出版总署向青少年推荐的百种优秀图书之一，许多高校将之列为通识教育课的教材，该书多个章节多次被各种书刊或青少年读物转载。

高校哲学社会科学工作者在抗震救灾和灾区恢复重建中发挥突出作用

四川汶川特大地震发生时近一年。面对这场突如其来的灾难，高校哲学社会科学工作者作为全国抗震救灾的一支力量，积极响应中央号召，投身抗震救灾和灾区恢复重建工作。一年来，他们心系灾区、情系灾区，努力发挥专业特长和智力优势，为中央和当地政府提供了重要的智力支持，为受灾群众提供了及时的专业服务，得到中央领导和各级政府部门的充分肯定，深受灾区人民好评。

向中央和各级政府提交咨询报告数百份，其中多份得到中央领导批示并被直接采纳应用，为抗震救灾和灾区恢复重建发挥了思想库作用。汶川大地震发生后，高校迅速行动起来，积极组织召开若干场以灾后教育重建、文化保护、灾后重建中的经济、法律、金融、保险问题等为主题的学术研讨会，并自设研究项目或申报各级各类项目，深入研究受灾地区灾后重建与经济社会发展面临的各种问题，为灾区灾后重建和发展提供智力支持。北京师范大学等单位整合校内外及国内外防灾减灾、应急管理、心理学、教育学、公共政策等优势学科与科技资源，动员海内外200多名专家学者组建了“汶川地震应对政策专家行动组”，在第一时间赶赴灾区，先后考察了20个县100多个乡镇的灾情和灾民需求，组织了对绵阳市全部267个乡镇党委书记的访谈、9个市（区、县）2002户灾区入户问卷调查、35个村1067家农户的医疗卫生跟踪调查，为抗震救灾提供对策咨询，先后向中央提交建议报告近40份，多份建议报告被国家减灾委采用或在《新华社动态清样》刊发，其中《关于汶川地震灾后恢复重建体制及若干问题的研究报告》，从领导体制、灾民救助、社区建设等方面提出政策建议，得到中央领导积极评价。中国人民大学《关于抗震救灾中档案工作的建议》得到温家宝总理批示，直接被四川省委、灾后恢复重建组、国家档案局采纳应用。清华大学应急管理研究基地专门成立汶川大地震应急管理课题组，及时跟踪震情发展，对抗震救灾中的援救、安置、重建等现实问题进行深入研究，陆续推出一系列研究成果和咨询报告，引起了政府及相关部门的高度重视，许多建议被采纳。身处灾区的四川大学、西南财经大学等高校哲学社会科学工作者更是以重建家园的巨大热情忘我投入工作，提交咨询报告数十份，其中西南财经大学“以工代赈：抗震救灾与重建家园的重要抉择”上报后，得到温家宝、李克强、周永康等中央领导同志的重要批示，“以工代赈”的做法得到推广使用。

为灾区群众开展心理援助，对心理援助志愿者和基层干部进行教育培训，受众达数十万人，为帮助灾区人民克服震后恐慌、缓解悲痛心理，以及恢复重建教育、维护社会稳定发挥了重要作用。汶川大地震不但给灾区群众的生命和财产造成了巨大损失，而且给灾区群众造成了巨大的心灵创伤。为积极响应总书记为受灾民众做好心理辅导的指示精神，北京大学、南开大学、东北师范大学、华中师范大学、中山大学、厦门大学、重庆大学、西南大学等高校在第一时间组成由心理学、教育学等专业教师和研究生组成的地震灾区心理援助队，为灾区群众开展心理辅导，为当地的心理援助志愿者和基层干部进行教育培训，受众达数十万人。许多高校纷纷设立心理咨询热线电话、开辟心理辅导专题网站、编写灾后心理救助与心理重建辅导手册、录制灾后心理调适与救助光盘等，普及心理援助知识，对灾区群众进行心理疏导和干预。由浙江大学心理咨询中心主任马建青教授带队的浙江省教育厅支教团共为灾区师生开设心理团体辅导409场，听众达3.25万人次，开展个别心理辅导1000多人次。西南大学在震后三小时便紧急成立了心理危机干预专家组，开通心理救援热线电话，此后派遣两支专业的心理援助队深入灾区开展全方位的心理援助，对中学、小学、幼儿园上千名教师进行心理紧急救治培训，发放5万余份灾后心理自助宣传材料，对上千名个体进行心理辅导。北京师范大学编印《灾后心理救助与心理重建》免费发放达80万册。华东师范大学将调查研究和专业服务紧密结合，前后派出10多个课题组和服务组奔赴灾区，在四川广元、阿坝为当地乡村教师进行数百人次课程培训服务，在都江堰市对中小学班主任、德育干部进行安全及心理健康教育培训近1500人，在都江堰、成都、崇州通过实施“流动幼儿园”项目系列专题教育与心理健康讲座服务，先后培训三地幼儿园园长、教师、幼教管理干部等超过1000人次，还为绵阳市9个区、县市数十位中小学校长提供教育重建业务培训。

针对地震灾难处置和灾后重建中的法律疑难问题，法学院校积极进行相关法学研究，开展法律援助活动，主动参与重要法律法规的起草和修订工作。为满足灾区人民对法律事务的需求，四川大学迅速整合法学各专业资源，分别组成刑事法律服务组、民事法律服务组、政府法律事务组，积极开展法律咨询、现场宣传和法律援助活动。2008 年暑期，中国政法大学组织由刑法、行政法、民商法、经济法、环境保护法等专业 25 名法律学者和 10 名博士生参加的法律服务团深入灾区，就涉灾案件的审理、执行工作、灾后救助政策、社会治安综合治理、伤亡人员抚慰政策等问题向四川省、成都市、德阳市、绵阳市等地政法部门和司法机关提供了大量专业意见，获得一致好评。由中国人民大学法学院、中国政法大学法治政府研究院提交的《关于修改完善〈突发事件应对法〉的几点建议》、《不宜鼓励采取诉讼方式解决“5·12”地震中因学校建筑物垮塌致人伤亡的赔偿问题》和《地震引发的民事法律后果分析》等一批高质量咨询报告先后受到全国人大和国务院领导积极评价，被国务院法制办、国务院应急办、最高人民法院、司法部、民政部等部门采纳并在实际工作中应用。西南财经大学通过法律援助站，开通热线电话，接受灾区人民法律问题咨询。为了解决地震所引发的一些深层次社会问题和法律问题，为抗震救灾和灾后重建提供法律制度保障，西南政法大学急国家之所急，想国家之所想，主动向国务院抗震救灾总指挥部、全国人大法工委提交了《重大自然灾害处置特别法令（专家建议稿）》，《关于赈灾救助与重建若干问题的法律建议》等，同时还设立《汶川大地震灾后恢复重建相关重大问题研究》专项课题，就按揭断供、卡折遗失、拾得物归属、捐赠物管理等敏感问题进行研究，直接将成果应用于解决实际问题，取得良好成效。

2009年中国高校哲学社会科学发展论坛在重庆大学举行

2009年11月7日，由教育部社会科学司主办、全国高校社科科研管理研究会和重庆大学承办的“2009年度中国高校哲学社会科学发展论坛”在重庆大学隆重举行。教育部社科司副司长张东刚、武汉大学校长顾海良、重庆大学校党委书记欧可平、天津财经大学副校长张维、中国高等教育学会副秘书长叶之红、重庆大学党委常务副书记陈德敏、重庆大学副校长张宗益、重庆工商大学副校长何勇平等领导出席论坛。来自社科界的知名学者、各省市教育厅社科管理部负责人、高校社科管理部门负责人等146名代表与会，重庆地方高校社科管理部门负责人及重庆大学的200余师生代表列席了会议。

本届论坛以“方法创新与高校哲学社会科学繁荣发展”为主题，旨在深入贯彻落实党的十七大精神，以科学发展观为指导，研讨谋划推进高校哲学社会科学进一步繁荣发展的新思路、新举措，推动哲学社会科学科研方法创新。

会上，重庆大学校党委书记欧可平、重庆市教育工委副书记邓卓明分别致辞，教育部社科司副司长张东刚、全国高校社科科研管理研究会新任理事长顾海良、中国高等教育学会副秘书长叶之红在大会上发表了热情洋溢的讲话。

张东刚同志指出，方法创新是学术创新的先导，它是哲学社会科学研究可持续发展的关键和基础，是繁荣发展高校哲学社会科学的必然选择和有效途径。他同时指出，一支高水平的科研管理队伍对高校哲学社会科学的创新发展起着重要的作用，作为科研管理团队，应当以管理创新为本，以服务高校为本，推动管理和科研协调发展。本届论坛由专家学者和科研管理者共同参与、直接对话，希望大家能够增进理解、增加共识，共商哲学社会科学发展大计。

武汉大学校长顾海良教授、天津财经大学副校长张维教授、中国人民大学统计学院金勇进教授等著名学者分别作了题为《马克思经济学方法重读》《学术研究中的范式变迁——以微观金融学基础研究为例》《抽样调查漫谈》的主题报告。他们运用丰富的案例，形象生动的语言，结合自身的研究经验，就哲学社会科学研究的理论基础、方式方法、运用实践等进行了全面而深入的论述，发表了许多精辟的见解，为高校哲学社会科学研究提供了很好的借鉴。分组会议上，20 多位论坛征文入选者作了专题发言，分别围绕“哲学社会科学研究方法的拓展”、“范式转移与方法创新”等论题同与会代表展开了热烈的讨论。通过研讨，进一步深化了大家对哲学社会科学科研方法创新的理论和实践问题的认识，扩展了思路。大家表示，这种形式的交流与对话对未来进一步做好社科管理工作，推动科研方法创新和科研制度的创新大有益处，很有收获。

举办中国高校哲学社会科学发展论坛是教育部社科司促进高校社科交流、推进高校哲学社会科学发展的一项重要举措，每年举办一次，是全国最有影响力的社科科研和管理学术交流活动之一。2007 年和 2008 年，中国高校哲学社会科学发展论坛分别在武汉和南京举办，深入研讨了“高校哲学社会科学发展与评价”和“跨学科研究与哲学社会科学创新”两个主题，产生了广泛影响。明年论坛将继续举办，论坛将围绕社会责任与哲学社会科学发展这一主题进行探讨。